世界文化景观遗产

——左江花山岩画研究论文集

主编：韦永恒

中央民族大学出版社
China Minzu University Press

图书在版编目（CIP）数据

世界文化景观遗产：左江花山岩画研究论文集 / 韦永恒主编 . —北京：中央民族大学出版社，2021.6

ISBN 978-7-5660-1834-2

Ⅰ . ①世… Ⅱ . ①韦… Ⅲ . ①岩画—宁明县—文集 Ⅳ . ① K879.424-53

中国版本图书馆 CIP 数据核字（2020）第 214380 号

世界文化景观遗产——左江花山岩画研究论文集

主　　编　韦永恒
策划编辑　赵秀琴
责任编辑　于秋颖
责任校对　杜星宇
封面设计　舒刚卫
出版发行　中央民族大学出版社
　　　　　北京市海淀区中关村南大街27号　　邮编：100081
　　　　　电话：（010）68472815（发行部）　传真：（010）68933757（发行部）
　　　　　　　（010）68932218（总编室）　　　　（010）68932447（办公室）
经 销 者　全国各地新华书店
印 刷 厂　北京鑫宇图源印刷科技有限公司
开　　本　787×1092　1/16　　印张：23.25
字　　数　294 千字
版　　次　2021 年 6 月第 1 版　2021 年 6 月第 1 次印刷
书　　号　ISBN 978-7-5660-1834-2
定　　价　98.00 元

前言

清清左江，曲折迂回，流淌于峰峦丛中，一派青山碧水之景色。

在左江及其支流明江两岸两百多公里的悬崖峭壁上，保存有神奇瑰丽的文化古迹——至今已有2000多年的左江花山岩画。岩画主要分布在崇左市管辖的宁明、龙州、江州和扶绥四个县（区）境内。古老的岩画，巍峨的山体，蜿蜒秀丽的左江和左江两岸炊烟袅袅的壮家村寨，共同构成了融“岩画—山体—河流—村庄”为一体的文化景观，呈现出自然美、社会美、艺术美的统一。左江花山岩画如此壮美，引众多学者竞相研究。

广西民族师范学院建有广西高校人文社会科学重点研究（培育）基地左江流域民族文化研究中心、广西左江花山岩画研究院等自治区、崇左市级民族文化研究平台，还有民俗学、民族体育、民族艺术、壮汉双语教育等自治区级民族院校特色学科。尤其可喜的是学校民族学学科于2018年被列入广西新增硕士学位授权点立项建设学科。在这些科研平台和优势、特色学科的驱动下，学校广大教职工利用地缘优势深入左江流域开展花山岩画文化考察与研究，产生了一批研究成果。这些研究成果有的是以咨政报告的形式提交给崇左市委、市政府有关部门并获得相关领导的肯定性批示；有的是以内部资料的形式在左江花山岩画文化景观申报世界文化遗产期间提交给崇左市申遗办，有关教师因此获得“左江花山岩画文化景观申报世界文化遗产突出贡献个人”荣誉称号；有的是以学术论文的形式公开发表在学术期刊上，并有部分论文获得自治区、崇左市哲学社会科学优秀成果奖。

为总结学校本科办学10年来关于左江花山岩画研究的成果与经验，同时也是为了给民族学硕士学位授权点的建设打下基础，我们决定编辑出版这本论文集。论文集收录的是曾在学术期刊上公开发表的我校部分教师的左江花山岩画研究成果。根据论文的内容，将论文集分为花山岩画文化内涵研究，花山岩画艺术、体育研究，花山岩画品牌传播研究，花山岩画旅游开发研究四个专题。

左江花山岩画文化景观于2016年被列入世界文化遗产名录，填补了我国岩画类世界遗产名录空白。面对这一份厚重的文化遗产，作为新升本科院校，无论是研究力量还是研究成果，我们显然是还不够的，但是我们不妄自菲薄，因此，这本论文集就算是我们向花山岩画研究领域的专家学者们的抛砖引玉之作。

作为在左江之滨，花山脚下办学的民族高等院校，我们要把包括左江花山岩画在内的民族文化研究的责任扛在肩上，带着这份责任感、使命感迈向学校发展的下一个10年，踏上民族学硕士学位授权点建设新的征程。就此而言，编辑出版这本论文集对我们来说既是总结，也是再出发的号角。

目 录 Contents

第一篇 花山岩画文化内涵研究 /1

第二篇 花山岩画艺术、体育研究 / 201

第三篇 花山岩画品牌传播研究 / 249

第一篇

花山岩画文化内涵研究

左江花山岩画：壮傣先民祭祀仪式场景的再现

黄新宇

摘　要：中国西南边陲广西左江流域的宁明花山岩画为壮傣先民创造的文化艺术结晶，其图像独特，为壮傣先民祭祀仪式场景的再现。壮傣先民通过舞蹈等祭祀仪式，表达对神灵、自然的崇拜和敬畏，同时进行酬神、娱神及娱人活动。探究壮傣先民的文化意识和民族文化心理，为现当代壮傣族群乃至中国与东盟的友好交流交往寻求和谐共荣的新途径，为提升中国文化在东盟的影响力提供政策参考与实例分析。

关键词：花山岩画；壮傣族群；祭祀；仪式

前言

在中国西南边陲左江流域两岸，高耸陡峭的崖壁上，远远近近，高高低低，大小不一地分布着"壮族祖先留下了众多的气势恢宏的岩画，这就是闻名世界的花山岩画"[①]。左江花山岩画所在地崇左市是现今中国人口最

① 梁庭望、朱秋平：《遗落崖壁间的壮族古骆越文明》，《中国文化遗产》，2007年第6期，第24-30页。

多的少数民族——壮族人口最为集中的区域，背靠云南、贵州、桂北，面向东南亚，是中国西南的门户要塞，也是中国通往东盟的陆路大通道和重要枢纽，中国华南经济圈、西南经济圈与东盟经济圈的连接点，中国与东盟经济走廊的陆路交通要道。据考古发现以及对服饰、语言、文化习俗、人体体质、文化心理等多方面特征的考察研究，各国学术界基本认为中国的壮族和东南亚部分国家，如越南、泰国、缅甸、老挝、柬埔寨等国的傣族、泰族、侬族、布依族、热依族、佬族、布央、掸族、阿洪人等，都是同源异流同根生的民族，但由于各国社会发展进程以及地域文化、民族政策、语言语音差异等产生不同的称谓。[①] 近年来，民族学、社会学、人类学等各界学者为便于研究，将属汉藏语系、壮侗语族、壮傣语支的同根生民族统称为“壮傣族群”。[②] 骆越群落为壮傣族群先民，在历史上创造了辉煌灿烂的文化与文明，其瑰宝之一即为左江花山岩画。

壮族是中国55个少数民族中人口最多的一个少数民族，主要聚居在今广西、云南、贵州等西南一带，与东南亚各国毗邻而居，为中国华南经济圈、西南经济圈与东盟经济圈的重要接合部，既是大湄公河流域及其次区域合作的重要枢纽，又是中国与东南亚各国经济合作的核心区域，为中国与东盟经济走廊的陆路、水路交通要道。根据对考古以及古文献的研究，范宏贵认为：“壮族，是由古代百越（粤）人的一支发展而成的，它在历史上与秦代前后出现于史籍的西瓯、骆越有着渊源关系。”[③] 徐松石也认为：“古百粤族与今日的僮族泰族不过是名称上的分别，其实乃属同一

① 范宏贵：《同根生的民族——壮泰各族渊源与文化》，北京：民族出版社，2007年，第47页。

② 黄新宇：《中国西南与东南亚壮傣族群文化认同及其启示》，《钦州学院学报》，2013年第10期，第96–100页。

③ 范宏贵：《华南与东南亚相关民族》，北京：民族出版社，2004年，第69页。

系统。”[①] 千百年来，中国的壮族以及越南、泰国、缅甸、老挝、柬埔寨等东南亚各国的傣族、泰族、侬族、布依族、热依族、佬族、布央、掸族、阿洪人等就居住、生活在中国西南边陲和东南亚一带，逐渐发展形成现今的壮傣族群，其先人创造了花山岩画、铜鼓等文明及优秀文化遗产。在古文献中，如《后汉书·马援传》里提到“于交趾得骆越铜鼓”;《水经注·温水》云，在今越南中部“盖籍度铜鼓，即骆越也，有铜鼓，因得其名。”说明在秦汉及其后时期，壮傣族群的交流交往较为频繁。在千百年的历史发展进程中，壮傣先民创造了辉煌灿烂的艺术文化瑰宝，探究其集体活动，体察古人的族群文化心理，探本溯源，求同存异，为今天的双边乃至多边的交流交往搭建和谐共荣与互助互信的友谊桥梁，巩固西南边陲的稳定和平，为国家的长治久安提供理论依据与实例参考。

一、岩画内容解析

壮傣先民在左江流域一带留下了大量的文化艺术珍宝，创造了独特的文明，流传至今。通过现代科学精准的碳–14测定，左江两岸河段高山峭壁上的岩画，基本断定其“成画时间在战国至西汉，但不排除作画年代上限扩展到春秋晚期，下限延伸至东汉的可能性”[②]。从画面内容、形态分析，这应是壮傣先人进行祭祀、朝拜活动的仪式，为古人进行娱神娱人的场景再现。“近年来，大江采沙船在崖壁画下的江底附近采沙，不断有高级青铜器和玉器出水，如戈、钺、桶、钟、剑和玉龙、玉人等，这些文物

① 徐松石:《泰族僮族粤族考》，北京：中华书局，1946年，第3页。

② 原思训、陈铁梅、胡艳秋:《广西宁明花山崖壁画的^{14}C年代研究》,《广西民族研究》，1986年第4期，第27–34页。

多带有骆越文化特征的纹饰，多为骆越古国的标志性文物”[①]，距今两千多年时的壮傣地区，民众尚未完全开化，重巫风，盛祭祀，剑、玉龙、玉人既是权力的象征，又是朝拜、祭祀神灵的法器，代表着神圣、高贵、权势、法术和威严，展演着当时族群活动的场景，为壮傣先民举行祭祀仪式及其活动的再现。

花山岩画的画面最多的是人物造型，其次是动物，如狗、马，再次是太阳、刀剑、铜鼓等影像。在这些画像造型中，其人物造型基本上是两臂弯曲向上伸展，手指外张上举与头顶基本持平，犹似举重运动过程中的半举状态，所有人像都是双手手指向外张开，并没有抓握任何物品；两腿弯曲半蹲，呈马步站桩式，两腿张开的宽度与双手伸展的宽度大致相同，似乎在模仿青蛙跳跃的动作，又似乎是进行某种祭祀仪式活动中的踏步跳舞。古人在这些影像造型组合排列的阵势中，究竟表达何种意义？传播壮傣先民何种文化意象和思维？为何要在高山崖壁及激流险滩边留给后人难解之谜？

从画面的内容以及构图排列分析，可粗略有以下认识：人物的举手下蹲应包含舞蹈造型和祭祀仪式元素。无论在古代文献，还是今人举行祭祀仪式或庆祝某种事项时，绝大多数都会跃舞、喃唱、念诵等，并配以统一规整的动作，以表达内心希求。至今壮族师公、巫婆在举办丧葬活动，求神赐子，搭桥造屋等仪式中，依然有集体舞蹈，这些动作与仪式“体现了人的本质力量和人的理想追求，是人对象化的结果和自我确证的结果……体现出人的本质力量的对象化精神”[②]。花山岩画图像展演的跳

---

① 杨炳忠、蓝锋杰、刘勇主编:《花山申遗论谭》，南宁：广西人民出版社，2010年，第162页。

② 张利群:《从花山崖壁画造型透视壮族舞蹈文化蕴涵的三维构成》,《广西民族师范学院学报》，2010年第4期，第1–6页。

跃、伸屈、狂欢、娱乐场景，表达了壮傣先民的集体意志，即追求和平、安宁、富足、昌盛的群体理想，以祭祀仪式作为载体，将群体观念传承流布，把族群祈盼凝固在崖壁上，成为自我力量、自我追求的永恒外化，进而成为族群精神与宗教朝拜的对象。

春秋战国时代，壮傣先民尚未创制文字，为通过某种具有重大意义的场景再现，使某种庄严盛大的活动能教育族人及子孙后代，使其产生敬畏心理并世代延续、永存，将其当作灵魂永生不灭的代表，首先想到的必定是在人畜较少接触、不能轻易破坏损毁的崖壁上作画，通过岩画记录其灵魂不灭观念，表达其对神灵的信仰和崇拜。凝固化的场景描绘体现了壮傣先民的生活想象力和艺术创作才能，再现当时社会的经济、文化及活动仪式、场景。先民在崖壁上描绘集体舞蹈、祭祀仪式，"反映着一种原始世界的观察力和想象力，其中某些普遍的样式在现代艺术中仍然存在"[①]。其中，人是活人，举手投足，动感十足；狗是活狗，迈步张嘴，活灵活现，这是当时举办某种集体仪式或现场活动的真实再现。部分人物身上佩带长剑，腰挎大刀，显得威武雄壮，而且人物造型也较为高大壮实，并居于画面中心显赫位置，可能是巫师、道公等神职人员，或是德高望重的族群勇士或军事首领，其周围人物造型相对矮小，神态恭敬。同时，众多的小矮人围在高大人像旁跳跃，甚至是侧身面对"大人"，双手有如托举物品在供奉进献。古代社会生产力极低，限制了先民对自然、对人自身的认识，极易产生对神灵的超级想象力，于是就以歌舞的形式祭祀天地、祖先甚至人自身，进行酬神、娱神、娱人等活动，从而期盼达到风调雨顺、五谷丰登、民族兴旺的目的。至今在一些少数民族、后进民族地区，如非洲、南美、东南亚等土著部落和少数族裔，举行祭祀仪式时民众依然是"手之舞

① 陈兆复:《古代岩画》，北京：文物出版社，2002年，第2页。

之足之蹈之”，其部分动作与花山岩画的人物影像极为相似。

在今天的壮傣族群地区，仍然存在师公舞、扁担舞、青蛙舞、打榔舞，其中部分动作也有双脚叉开下蹲式的马步站桩造型，在拜神、祭祀之时，也有双手弯肘上举，有如祈求上天恩赐，托举容器承接神赐灵物，或双手托举祭品敬奉神明、首领等。在花山岩画的人物图像中，都有弯肘下蹲动作，或是跳跃状，或是侧身托举物品半跪式，或双手大开狂欢等，在这些影像图形的人物造型中，无一人直立、双手下垂，亦无双脚并拢直站型。从画面上看，在这些大规模的群体活动中，人人参与其中，可见这是集体的祭祀仪式场景。试想，从长达250公里共189处上千个图像的规模，而且绝大多数处在临河的悬崖峭壁，以及选址沿线、作画位置、影像高度、作画难度及危险性等方面考察，其作画时间绝对不止五十年，甚至要数百年，能够持续进行如此艰苦卓绝的工作，甚至不断有人员伤亡，如果仅仅是一种娱乐行为或行政命令，而不是一种族群集体的宗教信仰，非族群集体精神力量支撑、驱使，那是极难完成的事情。

从各处画面看，每个人物影像造型都有比较规范统一的动作，其中高大的人像基本都是正面对着江河，说明作画前画师是进行统一培训和要求的。图像不能凭空想象，而是现实生活场景的再现；画像动作规整划一，势必也要进行严格的集体统一培训。这种整齐的动作，要么是众人跟着某种节拍跳跃，要么看着指挥棒跟随其舞动，进行同一种动作姿势表演，说明其头领应该具有极高的威望和感召力，甚至是某种神灵力量依附的代表，他（她）要利用民众的宗教信仰、族群的心灵信念，作为一种群体的精神内驱力，才能调动如此规模的大型活动。作画地点分散在左江沿岸，画面高低不平，山崖陡峭高耸，下临急滩险流，最高处距离地面、水面垂直高度一百多米，甚至两三百米，可见作画艰难程度之大。在延绵250公里的左江石崖上分布189处，89个点的岩画规模，所需的人力、物力，在春秋战国时期的技术条件下，必定要数百年持续不断的努力。能让在时间跨越数代人，在空间上相隔上百公里，生存环境险恶、灾难频发地域的人群做如此规范、统一的工作，没有族群精神的内在驱使，没有宗教信仰的坚持笃定，是难以完成的。由此可知，花山岩画的影像是壮傣先民在举行一种宗教活动，是一种族群文化仪式的内在表达与诉求的反映。在尚未有文字可记录、表达的年代，把当时的宗教活动固定化、格式化在悬崖峭壁上，当成一种永久崇高的信仰和崇拜，将其映照于险峻崖壁上，再现其仪式场景，使其成为族群世代朝拜的圣地，成为族群灵魂的栖息地。在随后的活动中，壮傣先民发现这种活动娱神的同时还具有娱人和审美的功能，于是代代延传下来。

二、作画地点选择的缘由

从作画的地点选择来看，主要有以下考虑：选择在高耸陡峭的崖壁上，作画难度加大，在一两千年前的生产技术条件下，部分河段的峭壁如何攀爬作画，其地面、山顶距离画面数十米，四周无路径可达，即使是现代人尚难以想象，先民如何绘画，如何爬到那样的高度，目前仍只是各种合理想象及想当然的猜测。如果说一两千年前左江河床可能比现代高，水位比今天高，但这种假设难以令人信服，实地查看发现，河对面是一片长八九公里、宽三四百米的平地，要使河水全部淹没漫涨数十米，估计当时的水流量和今天长江下游的水流量相当，甚至更大更急，同时在花山附近还有几个较大的支流和低洼山坳，河水上涨早已就先从这几个支流河口、山坳口溢出了。

古人选择这样的峭壁作画，原因可能有以下几种：第一，这是神圣、洁净之所在，是族群灵魂栖息地，应当尽量减少人畜破坏与玷污，使其尽可能长久地保存，最好能永垂不朽并生生世世保佑一方平安。至今部分地区的少数民族依然认为“万物有灵”“祖魂永恒”，将具有神圣意义的仪式场景描绘于人畜罕至的地方，而花山这些仪式图像又是先民赋予其灵魂的对象物，寄托了民众“灵魂不灭”的祈求与护佑愿望。第二，左江沿岸的岩画几乎全部选择在下临河流的崖壁上，而且都是水流湍急、拐弯有漩涡的凶险地带，这与西南亚热带雨水丰沛的“陆事寡而水事众”有关。第三，从地域的气候特点来看，西南地区处在亚热带上，春末至秋初多雨，经常有暴雨、大暴雨，容易引发涝灾及各种疫病传播，甚至是大规模的流行病。部分年份又严重干旱，致使民众颗粒无收。在春秋战国时期，骆越先民的生产技术、科技水平、认识自然等能力较为低下，在无法抵御强大的自然灾害肆虐面前，只好向存在于心灵空间的神祇求助，于是先民们就到河边举行宗教仪式，祈求河神、山神等各路神仙恩赐保佑，期盼族群四季平安，风调雨顺，子孙繁衍，人畜发达，如同岩画画面一样人多势众，战胜自然灾难，免受外部势力的入侵。第四，在急流险滩的岸边作画，也是事故高发地带，春秋战国时期，由于工具、技术、能力等诸多原因，左江流域一带的先民只能造出简陋粗糙的木船、竹排，这些交通工具规模小，在急流中稍不留意就有翻沉的可能，民众认为此处河神凶险，特别爱害人，为减少灾难，就到事故易发、多发地段举行祭祀活动，组织族群参与朝拜仪式，给神灵送上好酒好菜，祈求神灵慈悲为怀，在娱神的过程中同时也逐渐娱人。

在远古时期，由于科技、知识等方面的欠缺，同时人的生命的偶然性、脆弱性与唯一性，让人不得不对自然造化肃然起敬。但人类在大自然的威力面前也不能事事消极等待或逃避，“花山岩画作为壮族先人精神的外化物，是特定时期的历史产物。壮族先民的泛生命意识首先表现在对自我生命的关注上，这种朦胧的意识在花山岩画中得到充分的体现，使之成为一个鲜活的范例。壮族先民通过多角度、多方位使用形体语言，在这些跳动、奔腾的图像中，将自身的原始宗教信仰、生产生活场景描绘在岩石上”[①]。在远古时期，科技欠发达，先民多存在“万物有灵”的观念，面对瞬息万变的自然现象和桀骜不驯的自然力量，民众难免对自然产生敬畏并有所祈求。壮傣先民亦不例外，认为自然物自然现象都具有生命、意志、灵性，具有人力难以企及的神奇功能，并且能够影响人的命运，从而将其作为崇拜的对象，向其表示敬畏。为了生存以及人种的繁衍，求其保佑和降福，希望通过祭拜仪式和神灵沟通，调解人与自然的关系，祈福禳灾，使五谷丰登、人畜平安，以满足精神上的慰藉和需求。在自然面前，古人多数只能安于天命，常常把不可理解、难以驾驭的自然物和自然力人格化、超自然化，甚至是畏惧、恐惧强大无情的自然力，同时又无法对变幻莫测的大自然进行解释，在不断的困顿挫折甚至是种群面临巨大危机之时，只能向“万物有灵”的自然界祈求平安幸福，以减少损失和灾难。因此，祭祀活动大都具有功利性成分，都是从自身的现实生活需要出发，目的是祈福禳灾，以本族群、家族、个人利益为诉求，从而在心灵上增加安全感，得到精神上的安慰并壮大自身。

为了求福禳灾，趋利去祸，壮傣先民对一些自然物或自然现象产生敬畏、崇拜心理，进而进行祭祀祈福，以达到逢凶化吉，求得心灵的慰藉和安抚的目的。在日复一日的祈求祷告活动中，不断总结、强化和完善，久而久之变成一种集体仪式，集群事项，进而通过集体仪式去取悦、愉悦神灵，在这个过程中也逐渐地娱乐自身，并在日积月累的仪式活动中，更多地体验到心灵的安慰，甚至是快感，逐渐地形成了从娱神向娱人的迈步和转变，将这种集体仪式固化为一种信仰、一种群体的理念，最后通过某一

---

① 黄晓娟:《生存的渴望与艺术审美的知觉——花山岩画的艺术人类学探析》,《杭州师范学院学报》(社会科学版)，2007年第3期，第85-91页。

宗教首领的"神谕"，将其活动场景凝固化在崖壁上，以求得神灵的世代保佑，于是就成了后人见到的花山岩画。壮傣先民"将祭祀水神的场面以再现的形式描绘在临河峭壁上，希望通过仪式化表演的再现表达对水神的虔诚崇拜，以此达到消除灾难与恐惧的目的"[①]。

启示

壮傣先民在上千年的历史发展过程中，不断地认识自然，认识自我，不断地发展进步、繁衍壮大，其后裔扩散到中国西南以及东南亚一带。中国的壮族与东南亚的泰族、傣族、侬族、布依族、热依族、佬族、布央、掸族、阿洪人等是同源异流、同根异支，同属汉藏语系的同根生民族，[②]左右江流域是其迁徙地、发祥地之一，双方有较为接近的民族文化心理，各国山水相连，文化交流历史悠久，其文化心理认同感较强，民间互信、商贸往来等较为频繁，对促进建设和谐繁荣的中国-东盟双边、多边关系，维护中国西南边疆和平具有其独特性、地域性、民族性、民俗性和国际性意义。在全球化、区域化越来越凸显的今天，运用文化交流交往，构架友谊长廊，搭建文化桥梁，发展文化、经济产业，互通有无，增强自身力量。

中国与东盟各国同处南海周边，由于历史、地理、民族、宗教以及领土等诸多问题，各国之间不可避免地存在各种各样的不信任和纠纷。南亚各国普遍缺乏安全感，甚至互不信任，乃至正在成为亚太地区越来越危险

---

① 黄晓娟:《生存的渴望与艺术审美的知觉 —— 花山岩画的艺术人类学探析》,《杭州师范学院学报》(社会科学版)，2007年第3期，第85-91页。

② 范宏贵:《同根生的民族 —— 壮泰各族渊源与文化》，北京：民族出版社，2007年，第47页。

的区域，如果族群、民族的交往还不能作为国家外交的有益补充并起到一定的缓和作用，这个敏感区极有可能爆发武力冲突。同时也应该看到，在中国南海以及东盟陆地部分地域产生国家摩擦等不和谐杂音之时，各国民间的经贸、文化等交流交往依然频繁。双方举办民俗仪式、民族节庆、旅游活动等文化交流，进行始祖寻根等活动，将壮傣族群骆越先民的文明传播到东南亚，传播到世界各地，将其当作民族文化心理、民族精神来凝聚中国与东盟，以文化为纽带和动力，增强经济实力，增强各自综合国力，达到双赢、多赢的目的，使中国与东盟和平携手共进，求同存异，平等对话，互信共荣。在国家间官方交流存在困难时期，通过民间文化交流交往活动作为其弥补办法及助推方式，推动双边、多边的接触交流，维系族群文化心理及友谊，以促进国家间的友好交往，共建和谐共荣的东南亚秩序，巩固中国西南大后方边疆社会的稳定平安，提升中国与东盟各国的壮傣族群文化影响力及国家软实力，并发出自己的最强音。

在合作共赢的过程中，利用双方较为接近的族群文化认同，族群文化心理，抱团取暖，唤醒沉睡之狮，认识自我。只有"当人们一旦意识到自己并且用'我'来称呼，就说明他已经认识到了其与世界的关系的基本形式、他接受的世界的基本形式"[①]。在认识自身的同时，加强与他者文化的合作交流交往，弥补不足与弱项，使壮傣族群文化的价值得到有尊严的体现并赓续发展。通过建设互信与共生共荣的中国－东盟文化圈，强化合作，繁荣壮傣族群文化，提升共同的文化认同，为多赢互惠的经济建设夯实基础，促进双方求同存异、平等对话，推动东南亚的友好和平，大力发展以文化为纽带的中国－东盟经济增长点，建设美丽和谐共荣的家园。

探究花山及其相关文化的传播，通过研究了解中华文化对东盟各国的

① 西美尔著，陈戎女等译:《货币哲学》，北京：华夏出版社，2002年，第8页。

浸润，特别是对同根生族群的传播影响力，了解中国文化在东盟文化架构中的地位，理解在全球化、国际化、区域化、信息化时代背景下加强国家之间、民族之间的文化互动的重要性、互动的特点及必然性，促使中国与东盟和谐共生共荣，减少摩擦，加强共识。

花山作为文学景观的价值探讨

罗瑞宁

摘　要：文学景观，属于一种特殊的人文景观，往往比一般的人文景观更具文化价值魅力。花山，作为广西乃至中国当下最为热门的世界文化遗产申报项目，因其丰富而独特的人文属性，其作为一处著名人文景观而备受世人瞩目，这已经是既定的事实。同时，花山，因其潜藏的独特的文学属性——花山文化与广西当代文学互动关系事实的客观存在，所以还可以进一步挖掘、打造成一处著名的文学景观。具备了著名文学景观资格的花山，将可以更全面地展露其时代人文意蕴，提高自己的文化景观价值地位。

关键词：“意义的注意力”；花山；文学景观；文化价值

花山，壮语“岜莱”。曾长期任职广西宁明花山景区管理处，现为该县文联主席的花山文化研究本土知名学者吴能贞先生指出：“它有两重概念：一是指花山岩画群，即左江岩画群；二是特指位于宁明县明江河岸的花山岩画。”[①] 关于花山的整体文化价值地位，吴先生也有这样的概括：

① 吴能贞：《花山岩画文化地位刍议》，《广西民族师范学院学报》，2010年第1期，第10-15页。

“花山岩画是世界岩画的极品；花山文化是壮民族文化形成的标志，是岭南文化的缩影，是连接中国-东盟的文化桥梁”；“花山岩画具有着世界性的突出意义和全人类的普遍性价值。”[①] 类似于吴先生这样的花山文化价值定位，正逐渐成为区域内各界人士越来越广泛的共识。早在2006年，花山就已经进入了中国申报世界文化遗产预备名单重设项目。并已于2016年7月15日，在土耳其伊斯坦布尔举行的联合国教科文组织世界遗产委员会第40届会议上成功入选世界遗产名录。

围绕花山文化价值奥秘做更全面深入的学术探讨就成了广西当下一项具有战略意义的文化重任，期待每一位有志于花山文化研究的学者积极参与。笔者拟从“文学景观”相关理论出发，延伸探讨花山文化的价值地位问题。希望自己的探讨能开辟一方崭新的花山文化研究学术小天地，为宣传花山奉献自己的一份热情关注。

一、从“注意力经济”到“花山文学景观”

区内知名文化学者杨炳忠先生在一篇名为《花山岩画“申遗”与广西文化发展》的学术性论文中曾提到这样一个观点：“申报世界文化遗产，是实现花山岩画从观赏价值到研究价值再到财富价值升级的必由之路。”[②] 围绕这一基本观点，杨先生有一系列阐述。他认为：花山作为独一无二的世界级人类遗产文化资源，本身潜藏着巨大的文化财富价值，这些价值“既有物质的，也有精神的”；通过“信息技术和市场的拉动”，花山文化

① 吴能贞：《花山岩画文化地位刍议》，《广西民族师范学院学报》，2010年第1期，第10–15页。

② 杨炳忠：《花山岩画“申遗”与广西文化发展》，《广西民族师范学院学报》，2010年第1期，第1–4页。

财富资源可以转化为当下社会真正的财富——文化产业化的商品财富；“花山岩画一旦‘申遗’成功，它给中国、广西乃至新兴的崇左市带来的影响力和价值效应将是难以估量的”①。笔者认为，杨先生提到的花山文化资源的“物质财富”其实可以进一步明确为“花山的经济价值”，尤其指“花山的景观旅游资源价值”。花山，作为独一无二的世界级人类遗产人文景观，同时又是一处江河弯曲石岸秀美难得一见的便于行船旅游的中国南疆喀斯特地貌的自然景观，在当今市场经济时代，花山所具备的景观旅游资源的价值意义，确实难以估量。

由杨先生的观点，笔者想到了一个曾经风行一时的经济学术语——注意力经济。这个术语，据说由美国著名的经济学家迈克尔·戈德海伯（Michael H. Goldhaber）②正式提出。但后来美国另外一位著名的经济学家托马斯·H. 达文波特（Thomas H.Davenport）却因为与搭档一起出版了《注意力经济》一书而一举成名。达文波特等人通过这个术语简明扼要地指出了市场经济时代价值产生的普遍规律。他们看到，高度的信息化和市场化是后工业时代社会发展的基本特征，而信息化最为重要的体现就是社会信息的“大爆炸”。但信息本身并不可以直接产生价值，只有被关注到的信息，才有可能产生相应的价值，即“有价值的不是信息，而是注意力”（赫伯特·西蒙）。所以他们认为人们把“市场经济”称为“信息经济”或者“知识经济”其实是误解，确切的说法应该是“注意力经济”。达文

① 杨炳忠:《花山岩画“申遗”与广西文化发展》,《广西民族师范学院学报》，2010年第1期，第1-4页。

② “注意力经济”这一概念是美国的迈克尔·戈德海伯（Michael H. Goldhaber）1997年在美国发表的一篇题为《注意力购买者》的文章中提出的。他在这篇文章中指出，目前有关信息经济的提法是不妥当的，因为按照经济学的理论，其研究的主要课题应该是如何利用稀缺资源。对于信息社会中的稀缺资源，他认为，当今社会是一个信息极大丰富甚至泛滥的社会，而互联网的出现，加快了这一进程，信息非但不是稀缺资源，相反是过剩的。而相对于过剩的信息，只有一种资源是稀缺的，那就是人们的注意力。

波特等人的观点经由石培华博士等国内学者的介绍，由一个单纯的经济学术语的延伸，变为除了经济学之外，在文化学甚至文学理论领域内，也同样具备阐述能力的一个术语。

其实，从构建性文化理论视野来看，不管是经济的，还是精神的，大凡所谓的“文化”，关键还在于“价值的发现”，或者说是“意义的构建”。而发现也好，构建也好，其必然基于“注意力”。花山申遗，作为广西乃至中国当下一项重大的文化行为（工程），其重要动因如果能归结到“意义的注意力”之上，这无疑堪称睿智的文化策略、举措。确实，从“意义的注意力”这个已经被延伸了的经济学术语出发，进一步探讨花山的文学景观价值问题，这本来就是花山文化探讨的题中应有之义。毕竟，所谓的“花山文学景观”，其前提条件早已客观地存在，即作为文学景观的“花山形象”及其相关的价值意义早已客观地历史地存在于那里，但花山能否真正成为现实的文学景观，关键还得看人们对于花山有无相应的“注意力”。

二、作为文学景观存在的花山

（一）文学景观：作为特殊的人文景观

在文论领域，关于“文学景观”一词，国内著名的文学地理学专家曾大兴教授曾有一番颇具见地的概念归纳。在《文学景观研究》一文中，曾先生有言：“文学景观是指那些与文学密切相关的景观，比普通的景观多一层文学色彩，多一份文学内涵。一个景观之所以能够成为文化景观，除了它的自然属性，还有人文属性；一个文化景观之所以能够成为文学景观，在于除了它的人文属性，还有文学属性。文学景观就其源头来讲，可以分为两种，一种是虚拟性文学景观，一种是实体性文学景观。文学景观不仅具有丰厚的经济价值，而且包含丰厚的思想内涵，人们游览文学景观所得到的人生感悟，比读那些枯燥的历史著作来得更真实、更丰富、更深刻。”[①] 文中曾先生还谈到文学景观中的虚拟景观和实体景观，其实是可以互换互化的，彼此相辅相成。曾先生文采飞扬地介绍或者阐述了自己对于“文学景观”及其价值意义的看法，理论后面多附实例，说理过程饱含热情，一种学者的笔墨，一份人文的情怀，读来犹如醍醐灌顶，豁然开朗。笔者不禁油然产生同感：文学景观，作为特殊人文景观的一种，在文化价值领域其实占据着非常重要的一席之地，值得研究者去关注、探讨。

（二）虚拟性花山文学景观

“所谓虚拟（文学）景观，就是文学家在文学作品中虚构的景观……大凡能够让文学作品中的人物看得见、摸得着，具有可视性和形象性，又能让读者觉得具有某种观赏价值、审美价值和文化价值的景或物，都可以称为虚拟性文学景观。”[②] 根据这样的定义，所谓的“虚拟性文学景观”不外乎就是人们通常所说的作家笔下所刻画的“景”或者“物”，说到底它们其实也还是属于“文学形象”所要讨论的范畴。

文学是必须通过形象说话的。抓住了文学形象也就抓住了文学创作乃至文学批评理论的命脉。任何地域民族、任何流派风格文学的形成，最终必须基于特定文学形象的成功塑造。文学精神的价值内核就必然地包藏在作家所塑造的一个又一个成功的文学形象之中，这样的形象可以进一步称为“文学典型”（简称“典型”）。落实到本话题，当代广西文学精神价值的实现，或者说，转型期“文学桂军”的一举成名，在很大程度上，就

① 曾大兴：《文学景观研究》，《广东技术师范学院学报》，2011年第4期，第76-80，141页。

② 曾大兴：《文学景观研究》，《广东技术师范学院学报》，2011年第4期，第76-80，141页。

肇自当代广西作家寻找到了“花山”这个独具本地域民族精神意蕴魅力的文学形象/典型。这个“找到”的具体时间段，是二十世纪八十年代初至九十年代中期。代表作家作品有诗人杨克所写的诗集《图腾的困惑》（漓江出版社，1990），黄神彪的长篇散文诗《花山壁画》（广西民族出版社，1990），聂震宁的中篇小说《岩画与河》（1984年发表，后入编多种文集），等等。温存超教授在《花山岩画与广西当代文学》[①] 中对于以上提到的几位作家诗人怎样通过个性的笔墨塑造“花山形象/典型”以寄托作家本地域本民族时代精神意蕴进行了比较到位的美学分析、阐述，恕笔者不再赘言。

需要进一步说明的是，正是“花山”所提供的创作素材和抒情灵感；或者说，正是因为受“花山形象/典型”成功塑造的文学精神动力鼓舞，广西文学在中国文学“寻根”浪潮形成之初，就已经涌起了自己的强劲潮头，广西当代文学因此终于寻找到了自己可以不断开枝散叶的文化之根——即“花山形象/典型”所蕴含的以壮民族为代表的广西少数民族那种源远流长、生生不息、多姿多彩、充满神奇、富于创造活力的文化潜能存在。毋庸置疑，正是二十世纪八十年代之后广西作家诗人笔下所成功塑造的“花山形象/典型”——虚拟的“花山文学景观”的确立，广西文学在二十一世纪即将来临之际终于寻找到了自己可以向前突破的巨大精神动力；广西文学凭此发起第一轮富有成效的“集体冲锋”；“广西三剑客”乃至整个“文学桂军”因此驰骋中国文坛，饮誉区内外。在此之前一直处于边缘状态而无人问津的广西文学终于第一次真正地实现“洼地崛起”，实现了多年的夙愿。

简言之，“花山形象/典型”——虚拟性花山文化景观的存在，其价

① 温存超：《花山岩画与广西当代文学》，《广西民族师范学院学报》，2010年第1期，第16–17页。

值意义不容忽视。

（三）实体性花山文学景观

“所谓实体（文学）景观，就是在现实生活中看得见、摸得着，与文学家的生活、学习、工作、写作、文学活动密切相关的，具有一定的观赏价值、审美价值与文化内涵的景观。”① 根据这样的定义，花山作为一处世界文化遗址，一处广为人知的人文自然景观，它其实还称得上是一处实体性文学景观。只是实体性花山文学景观所生成的时间不是古代的，而是当代的。更确切地说，让花山成为实体性文学景观的文学家及其活动不是发生在遥远的古代，而是发生在广西的当代，是“转型期广西作家创作活动与花山本身的直接关系”而生成的“当代实体性文学景观”。于是，问题出现了。目前为止，一般的老百姓也就罢了，就连专业的花山文化研究者，其实还没有哪一位已经鲜明地站了出来，给花山“实体性文学景观”的价值定位。这就不能不说是广西文化尤其是当代文学研究的遗憾了。

究其原因，大概有两点：其一，尽管人们对于花山作为祖国南疆壮族先祖——骆越民族遗留于今的世界独一无二的古代文化珍贵遗产——神秘的巨型的崖壁绘画群，即花山作为重要的历史文化人文景观已经毫无疑问，但人们对于花山可以作为一处实体的文学景观存在的缘由还不是特别明了，因为不了解，自然无从说起。其二，人们对于中国当代文学，尤其对“转型期”广西当代文学创作的卓越成绩，还缺乏承认的信心和胸襟。文学史论中所谓的“当代无历史”的说法，即不承认当代文学具有客观的历史地位的看法，这其实是一种普遍存在的文化心态问题，或干脆说是一种文化病态，即所谓的“厚古薄今”。既然整个中国当代文学都得不到应有的承认，处于“转型期”的广西当代文学又岂能例外？所以，不承认也

---

① 曾大兴:《文学景观研究》,《广东技术师范学院学报》，2011年第4期，第76-80，141页。

在自然情理之中。因为不承认广西当代文学，进而对于与“文学桂军”崛起有重要渊源关系的花山能否成为实体性文学景观这样的问题也就显得不屑一顾……不管何种原因，花山，作为实体性文学景观存在，哪怕仅仅是一种名分而已，至今尚未得以确立，更遑谈广为人知和广为认可了，这是必须承认的事实。但这样的事实，必须要加以突破。因为这是事关我们这个时代的本土文学文化研究者对于花山文化价值深度挖掘的能力，以及对于广西当代文学研究文化构建的魄力问题，是广西当代文学批评者真正的责任所在，绝对不可以忽略不谈。

从文化的“意义的注意力”出发，或者说从构建性文化理论视野出发，实体性花山文学景观的确立，显然已经具备了非常充分的理由。基于以下两点分析：

其一，花山作为广西当代文学“风水宝地”的历史客观性。文学创作，说到底是作家通过诗性的笔墨去寻找故乡。这样的故乡，本质上是一个精神的所在，本身虚无缥缈。但作家总是试图要把它具体化、具象化。也就是说，作家的抒情最终往往需要落实到具体的现实对象上。这个现实的对象，会因人而异，但最终都能够充分地指证作家精神灵魂的皈依所在，这就是作家所苦苦追逐的所谓的“故乡”。具体到地域性民族性创作的作家，他们的抒情，他们对于“故乡”的追逐，最终往往需要落实到本地域本民族某个现实的地理所在。当然这样的一个所在，往往就是该地域该民族一处具备了高品质文化价值的地方景点、景观。

花山成为广西当代作家文学追逐的精神故乡，尤其成为“转型期”众多广西当代知名作家得以催生的一块“风水宝地”，这已经成为一种历史性的客观事实存在。区内知名文化学者黄伟林教授在自治区人民政府主办的“花山岩画与广西文化”研讨会上曾指出：“花山岩画在广西当代文学历史上占有重要地位。她是广西文学重要的灵感源泉，是广西文学崛起的集结地，她激活了广西作家的文学想象，开启了广西作家的文化自觉。花山承载着广西壮族的神性体验。”① 受考古科学发现带来的影响，广西作家在长期的灵魂追逐过程中终于逐渐地认识到了花山作为本民族精神故乡的价值意义所在。受花山这一具有民族根性文化神秘意味的现实景观吸引，尤其在中国文学文化“寻根热”盛行之后，一批又一批的广西本土青年作家，主动来到左江流域，来到宁明的花山脚下，一住多日，甚至经年不走，上下求索，流连忘返。他们在这里，深入生活，观摩壁画，追念先祖，反思当下，品味生命，苦苦寻找创作的灵感，苦苦追寻个性诗意的栖居之所。花山，就这样有幸地偶遇上了广西当代青年作家，并很快成了这些人一直苦苦追寻的“精神故乡”的具象指称。

几千年风雨侵蚀，花山一直静默不语，这一次的花山也还是同样的。但所不同的是，这一次的花山没有辜负这些前来膜拜它的广西本土青年作家。花山以其深邃的历史和神秘的意蕴滋养着他们，丰厚其创作情愫，激发其创作灵感，让这些人从这里走出来之后便很快地“下笔如有神”，一个个地成了广西文坛新星，不断地冉冉升起，并以此为基点，迅速地耀眼于全国文坛。前面提到的诗人杨克、散文诗作家黄神彪等，以及没有提到过的广西著名散文家冯艺等，这些人当年之所以年纪轻轻便锋芒毕露迅速抢滩全区全国文坛，究其原因，莫不是都曾经亲临膜拜于广西的宁明花山。当然，也有本来家就住在花山脚下的，比如诗人黄神彪，他其实就是一位不折不扣的宁明人，是名副其实的“花山儿子”…… 如果把文学创作再进一步扩大为整个艺术创作，那么花山对于广西当代本土艺术家尤其是画家创作的影响则更值得大书特书。原籍广西武鸣，现在定居美国、早已享誉全球的华裔画家周氏兄弟，其实当年就曾经蹲守花山，进行过好几

① 会上黄伟林先生的发言题目是《花山与广西文学的边缘崛起》，文章曾作为内参材料刊发。

年的绘画临摹。正是借助于从临摹花山所领悟到的两种绘画元素——原始壁画和原始洞穴，兄弟俩终于创作出了一幅又一幅不仅个性鲜明同时价值不菲的现代抽象画作品。

但事实还远非如此，有一点更需要申明的是，“花山会议”的胜利召开，这一事实其实可以更加有力地落实花山作为广西当代文学“风水宝地”的光荣称号。“花山会议”，又称“广西青年文艺工作者座谈会”，它于1996年7月召开，由当时的广西壮族自治区党委宣传部部长潘琦主持，地点特意选在广西宁明花山。正是得益于这次会议所形成的精神共识，区党委宣传部于次年终于启动了“作家签约制”，这是全国首创的一种地方文学人才培养和奖励的重大机制。它的强力施行，不久便使得一批又一批广西青年作家脱颖而出……学者们曾把这次会议誉为“吹响文学桂军逐鹿中原的号角”[①]、“揭开了文坛新桂军‘文学北伐’的序幕。”[②] 笔者更愿意把这次会议成功召开的地点——广西宁明花山称为“广西当代文学机制产生的发祥地”，但不管怎样说，他们都再次证明了花山作为广西当代文学“风水宝地”的历史客观性。

其二，转型期广西当代文学“洼地崛起”的事实存在性。受花山文化精神所鼓舞，甚至直接得益于“花山会议”制定的“广西文学机制”所激励，转型期以来，具体地，进入20世纪90年代以后的十几年间，“在中国西部的一个经济欠发达地区——广西壮族自治区，崛起了一个引人注目的作家群。这就是以‘广西三剑客’东西、鬼子、李冯三人为领军人物，包括林白、凡一平、蓝怀昌、潘琦、梅帅元、聂震宁、黄佩华、冯艺、彭

① 温存超:《花山岩画与广西当代文学》,《广西民族师范学院学报》，2010年第1期，第16–17页。

② 黄伟林:《从花山到榕湖——1996–2004年广西文学巡礼》,《南方文坛》，2004年第4期，第44–48页。

甸、黄继树、常弼宇、喜宏、杨映川、刘春等作家和王杰、张燕玲、陈学璞、李建平、黄伟林、张利群、杨长勋、唐正柱、彭洋等评论家所构成并被文学界称作的‘文学桂军’”[①]。“文学桂军”的崛起使得“广西当代文学”终于获得了历史性的崭新突破。他们不仅给世纪之交的中国当代文学奉献了数量众多且质量上乘的精品佳作，而且他们还纷纷“触电”，进军影视演艺领地，一时间营造了中国影坛戏苑前所未有的美丽；尤其是，这个“军团”中的女性作家和女性文论家，前者以林白为代表，在一段较长的时间内，她们曾经高高地扛起了中国女性文学创作的领头大旗；而后者则是以张燕玲为代表，由她主持的《南方文坛》一时间成了中国南方的文论重镇……同时，“文学桂军”的迅速勃发、成长壮大，这种情况也及时地获得了国内许多著名评论家热情的关注和到位的评价，这些评论家的名单包括陈晓明、曹文轩、张颐武、马相武、洪治纲、葛红兵、谢有顺等一长串。简言之，“转型期”之后，秉承着花山文化那种民族创新的时代精神，广西当代文学在长期艰苦探索之后终于一朝迎来“洼地崛起”，呈现出佳作迭现、人才辈出的一个良好局面，迅速抢下了“中国当代文坛的半壁江山”，这已经是一种中国当代文学区域创作的重要历史事实。这样的存在，其实早已被记载入国家的权威报告之中。评论家贺绍俊为《中国文情报告（2004—2005）》所撰写的《广西群体的意义》一节中，“广西群体”成为这部国家级文情报告中唯一以专节加以报告的区域作家群，这就是最为充分的证明。当然，作为一种“当代的历史事实”，广西当代文学边缘崛起远未停歇，相反它依旧继续向前推进着，一波紧接着一波，如今，自治区文联提出“广西文学再出发”就是这种崛起的又一轮响亮的回波……当然，这些都属于后来的事情了，篇幅关系，本篇不再展开。

① 李建平、黄伟林等：《文学桂军论——经济欠发达地区一个重要作家群的崛起及意义》，北京：中国社会科学出版社，2007年，第2页。

以上阐述充分说明这样的事实，跟虚拟性花山文学景观一样，实体性花山文学景观也是客观存在的。只可惜的是，这种存在目前还属于潜藏着的一种状态，还没有得到公开的承认，所以特别需要当下花山文化研究者进一步去努力确立。

需要补充的是，市场经济时代，实体性花山文学景观必然具备巨大的经济潜能，尤其是景观旅游资源开发的价值潜能，这点毋庸置疑。所以，对于花山作为实体性文学景观的发掘、发现和进一步的构建，这绝对具备了更为现实的社会价值意义。不过要进一步声明的是，花山文化价值的构成，绝非仅仅经济价值 —— 比如说“景观旅游门票”所能涵盖的。甚至可以说，花山的文化价值核心其实不在于经济的层面，而应该是精神的层面。花山，作为广西少数民族 —— 壮族根性文化的具象存在，这早已是广泛而深刻的文化共识。在当今文化产业化语境下谈论花山“申遗”，难免要关注到花山的经济价值问题；这样的价值，其实也是一种客观的存在，刻意回避，显然愚蠢。但笔者担心的是，鉴于国内目前一般人尤其是地方行政负责人对于文化产业化相关知识认识境界可能尚存在诸多缺陷，一味地挖掘、探讨、强调花山的经济价值，这样的行径所导致的结局只有一种可能，那就是花山的经济效益没有捞到，相反花山的文化价值却意外地被掏空、流失殆尽，这样岂不遗憾？其实，杨炳忠先生在他自己的文章中已经早有坦言：“保护好花山岩画，就是维护世界文化的丰富多样性，就是守护我们的精神家园。”[①] 此话算是说到要害处。毋庸置疑，花山“申遗”，当务之急，首先要谈好花山遗迹的保护问题，然后才有可能继续涉及花山的旅游开发、利用问题。这样的说法，显然符合“基于意义的注意力经济”一词原有的科学内涵，这就是讲究“意义优先”而非“效益优先”

① 杨炳忠:《花山岩画“申遗”与广西文化发展》,《广西民族师范学院学报》，2010年第1期，第1–4页。

的良性经济原则，唯有遵循这样的原则，才有望达成花山文化事业的可持续发展。

结语

花山作为文学景观的价值意义概而言之，文学景观，作为“人文景观”特殊的一种，往往比一般的“人文景观”更具文化价值。花山，作为广西乃至中国当下最为热门的世界文化遗产申报项目，因其丰富而独特的人文属性，其作为一处著名的“人文景观”而备受世人瞩目，这已经是既定的事实。同时，花山，因其潜藏的独具魅力的文学属性——花山文化与广西当代文学互动关系事实的客观存在，所以还可以进一步打造成一处著名的“文学景观”。具备了著名“文学景观”资格的花山，将极大地丰富自身的人文内涵，更好地提高自己的文化景观价值地位。

随着花山“申遗”的东风，“基于意义的注意力经济”，从构建性文化理论视野出发，努力挖掘花山作为文学景观的价值所在，尽早将花山确立为著名的文学景观，事关我们这个时代的本土文学文化研究者对于花山文化价值深度挖掘的能力，以及对于广西当代文学研究文化构建的魄力问题，是广西当代文学批评者真正的责任所在，意义毋庸待言。

左江花山岩画：壮傣先民的主体性对象化探析

黄新宇

摘　要：壮傣族群先民在广西左江流域的高山峻岭上以及激流险滩边作画，乃是其在千百年的劳作中对周围世界的认知与理解的一种对象化创作，先民将世界主体的人影像描绘到崖壁上，进行朝拜和祭祀，祈求其永生，并赋予影像以人格化、神格化，使其人神相通，人神相悦，人神相和。壮傣先民将族众的世界观、人生观、价值观等以绘画的形式赋予图影以生命与力量，显示出对大自然伟力的敬仰，对生命的崇拜，对种群延续的渴求，将世界主体的人的内在生命本质和心灵祈求变为外化的现实对象，从而在欣赏观照对象的同时，达到自我欣赏和肯定的目的。

关键词：花山岩画；壮傣族群；生命意识；对象化

一、前言

在中国西南边陲广西左江流域两岸延绵250公里左右的悬崖峭壁上，分布着89个岩画点，其中包含189处，280组，目前仍可识辨的图像总数为五千多个，为迄今发现的世界最大岩画群，这就是“壮族祖先留下了许多恢宏的岩壁画，这就是闻名世界的花山崖壁画”[①]。左江流域干流及其支流遍布越南北部以及中国广西的龙州、宁明、大新、江州、天等、扶绥等地，该河段多高山少平川，各处地势险峻。本文所说的左江流域岩画主要是指宁明县明江河段驮龙镇耀达村一个叫作“岜莱”的地方发现的岩画，此地的岩画为左江岩画的代表，整幅画面宽约220米，高40米，面积约8000平方米，画面距离江面最高处约90米，最低处约30米，其上用赤红色颜料平面涂画人物、动物、日月星辰、刀剑等影像，该处目前仍可辨识的图像大概有1800个。20世纪50年代以来，不断有专家学者对左江岩画进行考察研究，特别是80年代中期以来，考古工作者利用现代仪器从明江河段崖壁上取样，通过较为科学精准的碳-14测定，基本断定“成画时间在战国至西汉，但不排除作画年代上限扩展到春秋晚期，下限延伸至东汉的可能性。”[②] 左江流域在战国至秦汉时期为骆越故国辖地，世代居住的骆越民族即壮族先民及其后裔，至今左江流域仍是我国壮族人口最为集中的地方，也是壮族人口比例较高的区域，根据中外各国两三百年来的考古发现以及对传统服饰、语言、语音、文化习俗、信仰习惯、人体体质、文化心理等多方面特征进行考察研究，专家学者基本一致认定中国的壮族和东南亚部分国家，如越南、泰国、缅甸、老挝、印度等国的岱族、侬族、布依族、泰族、佬族、掸族、布央、阿洪人等，都是同源异流同根生的民族，但因各国社会发展进程以及地域文化、国家民族政策、语言语音变异等原因产生不同的称谓。[③] 近年来，民族学、社会学、人类学等各界

---

① 梁庭望、朱秋平：《遗落崖壁间的壮族古骆越文明》，《中国文化遗产》，2007年第6期，第24–30页。

② 原思训、陈铁梅、胡艳秋：《广西宁明花山崖壁画的 ^{14}C 年代研究》，《广西民族研究》，1986年第4期，第27–34页。

③ 范宏贵：《同根生的民族——壮泰各族渊源与文化》，北京：民族出版社，2007年，第14–15页。

学者将同属汉藏语系、壮侗语族、壮傣语支的同根生民族统称为“壮傣族群”。[①] 据此推论，左江岩画就是壮傣族群先民创作的文化结晶。那么，壮傣先民为何要在悬崖峭壁上冒着生命危险历时数百年时间连续作画，其作画动机是什么，作画地点又为何选择在河流湍急的拐弯处，画面上的影像到底赋予了何种文化意象和族众诉求，其颜料为何能历千年而弥新，这是否与壮傣先民对周围世界及自我的认知有关，是否是其世界观、人生观、生命观、价值观的某种反映，还是和其灵魂崇拜、宗教信仰有关?

二、岩画影像探析

两千多年来，左江花山岩画经历日晒雨淋，旱涝肆虐，烟火损毁，至今仍焕发出壮傣先民的文化智慧及创造精神，不愧为壮傣族群杰出的文明代表。探溯先民作画的内在生命价值观念与深层文化根源，阐释其原初古朴的生命意识、精神信仰及理想信念，把握其创作活动背后隐藏的宗教内涵和文化特征，以及凝结在岩画上的生命情结、审美意识和文化心态，[②] 并将其族群文化及其族群文化心理认同扩展运用到壮傣族群地区，缩短中国与东南亚各国之间的心理距离、文化距离，搭建和谐稳固的友谊桥梁，构建和平友好的中国与东南亚国际秩序，实行睦邻、善邻、安邻的对外方针政策，抵御来自东南方向的海上威胁，巩固好西南大后方的和平格局，化解来自东南亚、西北亚的压力，实现战略物资来源及战略物资储备的多渠道、多方位、多途径准备，拓宽我国在国际外交上的回旋余地，延续经

---

① 黄新宇:《中国西南与东南亚壮傣族群文化认同及其启示》,《钦州学院学报》, 2013年第10期，第96-100页。

② 黄晓娟:《生存的渴望与艺术审美的知觉 —— 花山岩画的艺术人类学探析》,《杭州师范学院学报》(社会科学版)，2007年第3期，第85-91页。

济发展，巩固文化根脉，将是一个极具现实意义的选项。

根据左江岩画所具有的地域性、族群性、原初性以及绘画特点、构图布局、影像造型，可以看出其画面内容展演了壮傣先民在远古时代对自身力量、生命、信仰、思维、观念的某种认知，并将这种意识赋予到岩画上，使其所描绘的图影具有人格、神格，祈求族众像所描绘的图影一样具有激情活跃的生命形态，具有雄伟壮硕的身躯，威武刚强的力量，延绵不息的顽强生命，旺盛的繁殖能力。整幅画面气势恢宏壮观，结构布局协调合理，单个影像造型简洁、生动、古朴，色彩鲜红灿烂，图影线条夸张奔放，洋溢着生命与力量的热烈与激情，展演出宏大强盛的生机活力。远古时期，在万物有灵、神灵不灭的原始思维影响和信仰驱使下，壮傣先民将周围世界视为与人、神一样具有灵魂与活力的生命体，即便是涂绘于崖壁上的岩画也一样被赋予灵性、力量和生命。因此，在以人物为主体的整版画面上显现出壮傣先民朴素的宗教信仰和族众精神追求，以及对周围自然世界乃至自身生命的认知，展演先民简朴的生命观、价值观、世界观。

从目前发现的图影遗存来看，花山岩画上的人物造型基本为正面型与侧面型两种。正面型人物都是双手向外张开、上举，与头部齐平，双脚呈马步站桩平分半蹲式弯曲向下，宽度与双肩基本一致，状如青蛙跳跃。此类图像数量所占比重最大，所处位置最为显要，人物形象也最为高大威武，部分人还腰挎大刀、长剑，显得孔武雄壮，俨然一副首领的尊长模样。侧面型人像大多上身微微前躬，两手上抬举起，手心向上，有如托举物体，两脚稍微弯曲下蹲，似乎是向神灵或首领供奉物品。人物影像头部多数为圆形，少数为方形，部分人物头发盘为双角，高高上扬，部分还戴有羽毛类高耸的头饰，也有部分孕妇腹部隆起，长发绑束成条状飘垂及地。壮傣先民认为万物皆有灵魂，而且灵魂永存不灭，时刻游走于天地之间并护佑天下子民。山有山神，河有河伯，各路神仙都有其居所，都应该得到祭祀朝拜，特别是一些凶神、恶神、厉鬼，要对其进行日常性、定期性祭祀，否则族类就要受到报复或惩罚。壮傣先民在悬崖峭壁上作画，越是高峻雄奇的大山，越是难以攀爬，人类越难以征服，越容不得他物侵犯，因此也只有神灵才能栖息，因而要对其进行固定朝拜和供奉。高山巨川具有人力不可战胜的巨大威力，无时无刻不在显示其自然之美、力量之美，这样的强力就应得到敬仰，如同在蒙昧时代，族众之中谁力量最大，谁打下猎物最多，谁战胜强敌最多，谁就能代表族群的力量，成为族众的“最美”人物而得到敬仰和朝拜。

壮傣先民为何选择以蛙形人物造型作为影像涂绘于崖壁上呢？笔者认为，这是先民们原始图腾崇拜中的族类生命意识的显现。第一，在春秋战国时期，左江流域已出现稻作农业，并有可能已成为主业，狩猎已逐渐退居到次要位置，族众对雨水的渴求就成为生活乃至生存的一种本能。众所周知，蛙的鸣叫，蛙的跳跃，代表着春天的到来，代表着雨水即将降临，代表着万物复苏，昭示着农作物开始种植、生长，更预示着农业的收成，民众将能解决生存中最基本的温饱问题，也解决了种群生存、繁衍、延续的基本难题。第二，青蛙的生殖能力超强，冬眠之后的每年开春，一只母蛙产下的蝌蚪成千上万，具有极其顽强的生存能力、种群繁殖能力、生命延续能力，因而也契合了壮傣族群在农业社会时代多子多福的世界观、人生观。壮傣先民不仅要进行生产资料的生产，还要进行自身的生产，将人种在族众的血脉中延伸就成为其最基本也是最崇高的追求，成为族众的共同理想意识。第三，青蛙的高高跳跃显示其生命活力，说明其生命机体是运动的、存在的，并具有蓬勃的生命活力和捕杀猎物的强大力量，其跳跃动作迅速敏捷，也是其捕获猎物以求得生存延续的姿势之一，跳蛙的这种姿态极易被壮傣先民赋予人的生命力量与美感知觉，并在这种认知过程中将族众自身的意志、诉求、心理、追求、观念等通过不断描绘的方式投影到崖壁上，使其附着在坚硬的石壁上而与日月同辉与江河同存，从而成为灵魂不灭生命不息的永恒存在，并展现出人的生命存在、精神意志与神赋力量，赋予蛙以人的生命、精神、灵性、思维，以及赋予人以蛙的能力、活力、技艺，乃至成为最终的相互对象化，于是在岩画中的影像，人就具有了蛙形，蛙也具有了人形，这就是“人蛙同构”。正如苏珊·朗格所说的那样，“虽然这个形象是一个创造出来的虚像，是一种纯粹的形式，但它仍然是客观的（或真实的），它看上去似乎浸透着情感，因为它的形式准确地表达了情感的本质，因此它就是主观生活的对象化。”[①] 少数正面图像还画有高高勃起的男性生殖器，部分岩画边缘处还绘有极少量的人体春宫图，形同青蛙交媾场景，由此也可从另一侧面印证壮傣先民对青蛙旺盛的生殖繁衍能力的崇拜，是一种对子女遍地的向往，希望将青蛙的精力、活力、神力对象化到族众身上来，使自身拥有强大的力量，并在生产生活实践中不断壮大自己，充实自己，使本族众“人多力量大”，并在天灾人祸面前把握主动，延绵种群的繁衍生息。因此“花山崖壁画不是为了庆丰收祝胜利而绘制的，而是为了本民族或本部落的繁衍兴旺而绘制的。”[②] 事实上，壮傣先民在其原初宗教意识里所赞赏、敬畏乃至仇视的都是其世界观、价值观的一种真实反映，并通过以集体祭祀、朝拜仪式的形式把族群文化意识象征到个体身上，并传达到他们的整体生活特质之中。

壮傣先民把人描绘成蛙形，把蛙当作族群图腾，表现出对蛙的无限崇拜，希望人也同样具有蛙身上所特有的优势、活力与能量，将蛙人格化，对象化。结合到骆越时代壮傣先民“俗信巫鬼”的文化心理，况且西南族众“陆事寡而水事众”，通过对蛙图腾的崇拜，使自身的主体生命意识具

① ［美］苏珊·朗格:《艺术问题》，北京：中国社会科学出版社，1983年，第9页。

② 刘益之:《关于花山崖壁画若干问题的思考》,《艺术探索》，1990年第1期，第17–35页。

有神格，以达到“神人相通、神人相悦、神人相和”，“达成天人相通、天人相合的生态目的”。[①] 古人在生产生活实践中，不断克服困难，一方面在认识、改造、创造着自然，也在人化着自然，将自己的思想、意识、文化、认知、精神、信仰赋予到山川河流中；另一方面人又在创造着自身，创造作为群体社会的思维、意志、理想，并将这种诉求描绘到崖壁上，使其成为一种群体的固定形态、动作，并对象化到对象物身上，使其成为生命与力量的象征。先民在劳动实践中逐渐认识周围的自然世界，并由蒙昧的人逐渐觉悟到文明的人，人的主体性地位逐渐得到认知和确立，通过对生命的体会、认知，自然就对自身的本质以及本质力量和生命产生对象化需求，产生原初朴素的“生命就是美，力量就是美”的思想意识，并在生产生活实践中“对自然的审美愉悦感，强化了主体对自然的亲和情感”。[②] 于是遍地跳跃，生命顽强，能呼风唤雨，繁殖能力旺盛的青蛙便成为崇拜的偶像，成为族群图腾，对象化到作为世界主体的人身上，再将其描绘到崖壁上，使其名正言顺地成为族众永恒的对象物而受到朝拜。

在花山岩画中，所有描绘于崖壁上的人和动物影像都是具有生命力的活物，至今尚未发现存在涂绘一具死尸影像的现象，所有动物图像都在展现其强盛的生命力，都处在生命活力的旺盛期，都有舞蹈、跳跃、举手、蹲足、托举等运动动作。占据岩画主体的人像全都以粗线条显示人物外部轮廓造型，以平涂描绘的方法展示影像，无论是举手屈膝马步站桩式的正面人像，还是腹部凸起上身微仰的侧面人像，其主体躯干基本都是倒三角形，显得胸肌发达结实，手臂、双腿丰满张扬，整个人形孔武有力，极富虎虎生机。多数影像双手向两侧弯肘平举外张，与头顶基本处于同一

---

① 袁鼎生：《壮族先民的和谐理想 —— 花山岩画的生态批评》，杨柄忠等编：《花山申遗论潭》，南宁：广西人民出版社，2010年，第304页。

② 王杰：《现代美学原理》，桂林：广西师范大学出版社，1999年，第184页。

水平线，双脚半蹲打开与双肘齐宽，整个人型的造影动作无不显示出沉稳雄壮、威武刚强的生机活力，展现出先民奔涌豪放的生命姿态。岩画上人物、动物的动作姿态，大多造型夸张，孔武雄伟，坚强有力，显示出勃勃生机。先民将对生命的崇拜和敬仰，对力量的追求及向往的族群意识、理想描绘到崖壁上，赋予其与活人同样的灵魂与精神，希求通过朝拜将其互相转化，也就是将岩画影像的生命力量及神性通过祭祀朝拜的方式而转化到族众身上，同样，人的活力、创造性、灵魂、精神、愿望同样在描绘及祭祀朝拜的过程中赋予到影像身上，使影像与人互相对象化，互相转化，使双方都具有灵性和神力。在万物有灵以及在“灵魂崇拜的意识作用下，将影子——灵魂作为绘画对象，这不仅有强调人的灵魂、精神的作用和意义。花山崖壁画正是人类的理想、欲望、灵魂、精神的投射，也正是人的本质和本质力量的对象化。”[①] 这也是壮傣先民选择高山大川作为绘画地点的缘故，只有奔涌的江水，陡峭的崖壁，才是生命永恒不息的象征，才是神灵得以栖息的处所。选择人畜不可轻易冒犯的险峻处作画，将影像对象化到人身上，使人同样具有岩画上图影一样的灵魂，日夜观照山水，在长年累月的虔诚祈求中将江山灵魂转化到族众身上，使其威力强大无比。整幅画面氛围热烈奔腾，挥洒着生命活力与力量，动作整齐划一，队形排列成行，手脚舞动雷同，弯曲伸缩一致，展现壮傣先民蓬勃的生机以及对力量和生命的崇拜。同时，壮傣先民通过宗教仪式化来强化族众联系，强调群体社会结构，通过举行宗教仪式和集体活动而对基础社会价值进行认知，把族众内在的观念、精神、目的、情感、理想变成客观外在的固定图影，并展演在族众心目中的崖壁圣地上，从而使外在世界烙上人类的痕迹，并服务于人自身的生存与发展需求，这就成为今天我们所看到的左江

① 张利群、张逸：《花山崖壁画的艺术人类学价值和意义》，《西华大学学报》（哲学社会科学版），2011年第2期，第63–68页。

岩画。

三、结语

综观整个左江流域岩画，特别是花山岩画人形图像所占数量比例最多，所占岩画画面面积最大，整幅画面人物所处的位置最为显赫，图形最为高大威武，人物活动内容最为丰富，体现了壮傣先民以人为本位的世界观、人生观、价值观，人的世界主体性觉悟意识在作画年代已逐步得到确立，“随着人们实践经验的日益丰富，智力、体力水平不断增进，对神的力量的崇拜渐次淡薄，对于自身能力的信心与日俱增，于是，以神为本的文化逐渐开始向以人为本的文化过渡。”[①] 人逐渐成为世界的主体，“以人为本”、以人为中心的思想观念逐步成为意识主流，人对自身的生命意识、人生价值、力量审视、世界观念乃至精神追求、文化意识、种群理想、社会意识已开始确认，因此，人形图影占据了绝大部分画面。

壮傣先民以悬崖峭壁及激流险滩处作画，将赋予灵魂不灭的影像涂绘到坚硬险峻的石壁上，将作为世界主体的人的认知、意识、观念、理想、精神等对象化到蛙形影像中，从而在欣赏观照对象的同时，达到观照自我，欣赏自我，崇拜自我的目的。在年复一年的创作及劳作实践过程中，岩画影像逐渐成为族众的一种宗教信仰、部众精神、族群理想乃至文化心理，在重复作画以及朝拜祭祀中成为自觉的宗教仪式并固定下来。在壮傣先民看来，江河川流不息，两岸是青蛙生存繁衍的福地；高山崖壁上指苍天白云，下临河流深渊，凛然不可侵犯。先民选择花山及类似花山的崖面作为涂绘点，乃是以其天然具有的神秘险峻、宏大壮阔、粗犷强劲、

---

① 张岱年、方克立：《中国文化概论》，北京：北京师范大学出版社，1994年，第81页。

瑰丽灿烂的特征，表明壮傣先民对天地万物神灵的依附、依靠、依赖，并为求得神灵的庇佑而必须全民出动、倾其所有进行顶礼膜拜，而且要虔诚到“非高山难以托其情，是大海才能纳其意”的程度才可获得平安幸福。[①]先民将自身的内心诉求、精神信仰、理想目的、人生追求、生命力量、种群繁衍需求等进行对象化，使族群的内在诉求与理想信念以岩画的形式作为可以日常观赏、观照的客观对象物，即便这个对象只是一种映在崖壁上的图影，一种粗线条涂抹的轮廓影像，一种虚构存在的象征物，但因其赋予了族众的思维、观念、灵魂、神性乃至人性，最终变成了族群图腾，进而成为朝拜对象，最终具有宗教图腾的文化意义而受到膜拜和敬仰。反映到图影的创作上，也凸显了壮傣先民迫切的功利色彩，他们以本族群、宗族的现实生活需要为描绘旨归，目的是求吉去灾，为了自身的平安利益，增加安全感，祈福祛灾，从而得到心灵上的安抚。而这样的心理诉求也正契合了先民原初的世界观、人生观、文化观、价值观，顺延而下，自然就出现了祈求族众种群生命能够像青蛙一样子孙繁衍昌盛，力量像江河一样奔腾不息，生命像花山一样屹立千万年不倒，使其具备江山一样的永恒性、无限性，同时将赋予了生命、力量、意识与灵魂的人影涂绘到崖壁上的方式使人画同构，人神同构，求得灵魂不灭，生命不息，期待有朝一日影像如同青蛙冬眠之后苏醒过来并重见天日，就像埃及金字塔木乃伊一样沉睡千百年之后而获得重生。

壮傣先民将族众的宗教仪式、歌舞形态、生活场景以及一切能够显示族类力量、生命、活力、理想、诉求等的事物描绘到左江流域崖壁上，把这些影像当作族众心理信息的媒介进行世代传播，化作部众自觉自愿的情感追求和宗教信仰进而反复朝拜，从而不断在怡然自乐、心灵抚慰的精神

---

① 黄秉生:《壮族文化生态的奇葩 —— 左江岩画在壮族文化生态中的地位》，杨炳忠等编:《花山申遗论谭》，南宁：广西人民出版社，2010年，第196页。

享受和满足之中潜移默化，并影响到族众的行为实践，为民众的行为实践注入精神动力和信仰能量，推动其群体的发展壮大。以花山岩画为代表的壮傣族群文化孕育着一代又一代周边族众，作为壮傣族群文化发祥地之一的左江流域也在涵养着同根生的民族，凝聚着中国与东南亚各国之间的壮傣族群，搭建和平友谊桥梁，拉近双方心理距离。在中国-东盟自贸区合作建设的有利时机，通过相同相近的族群文化心理沟通，强化族群认同、文化认同，“拉近中国与东南亚各国的文化距离，促进中华民族文化的传播，推动更宽领域、更广范围、更高层次的文化交流与合作，推进双方边境地区文化事业和文化产业的发展，实现地区繁荣，构建富裕文明和谐新社会”[①]，使以花山为代表的左江流域文化不断发扬光大，使其成为世界文明共享共荣的文化典范之一，以建设共生共荣的东南亚和平格局。

① 吴能贞:《花山岩画文化地位刍议》,《广西民族师范学院学报》，2010年第1期，第10-15页。

左江花山岩画：壮族先民生命意识与力量的文化表征

黄新宇

摘　要： 广西左江流域花山岩画是春秋至汉代壮族先民将群落、族群对世界、对人自身的生命意识以及力量的一种认知，并将其朴素的文化表征再现于崖壁上。从现存岩画来分析其创作动机，以及从岩画画面内容、形态、手法及形式的表现来看，乃是壮族先民对部落、族群文化的一种表现形式及文化表征。花山岩画作为中国与东南亚相邻各国壮傣族群共同的文化发祥地以及根祖文化所在地之一，具有重要的历史文化价值和现实意义。

关键词： 花山岩画；壮族先民；生命意识

广西左江源自越南，其流域地处中国西南边陲，是中国壮族人口最为集中的区域，并与越南北部接壤，其“与东南亚各国在地理位置上互相接近，背靠祖国大西南，面向东南亚，为中国华南经济圈、西南经济圈与东盟经济圈的接合部，既是大湄公河流域及其次区域合作的重要枢纽，又是中国与东南亚各国经济合作的核心区域，为中国与东盟经济走廊的陆路、水路交通要道。”① 根据中外专家学者几个世纪以来的考古发现以及对传统服饰、语言、语音、精神信仰、文化习俗、人体体质、文化心理等多方面特征进行考察研究，各国学术界基本一致认为中国的壮族和东南亚部分国家，如越南、泰国、缅甸、老挝、印度等国的岱族、侬族、布依族、热依族、泰族、佬族、掸族、布央、阿洪人等，都是同源异流同根生的民族，但由于各国社会发展进程以及地域文化、国家民族政策、语言语音变异等原因产生不同的称谓。② 近年来，民族学、社会学、人类学等各界学者，将同属汉藏语系壮侗语族壮傣语支的同根生民族统称为“壮傣族群”。至今，左江流域88%以上的原居民为壮族，花山岩画正处在中国西南与越南北部的接合部，其为壮傣族群区域，而“壮族，是由古代百越（粤）人的一支发展而成的，它在历史上与秦代前后出现于史籍的西瓯、骆越有着渊源关系。”③ 探究左江流域花山岩画的文化内涵，促进中国与东南亚各国的友好交流交往，具有重要的历史意义与现实价值。

一、花山岩画概况

左江干流及其支流遍布越南北部及中国广西的龙州、宁明、大新、江州、天等、扶绥等地，该河段地处西南边境，多高岭少平川，各处地势险峻，中华人民共和国建立前山路蜿蜒崎岖，交通艰险，与外界的文化、信息交流交往极少。其中，左江明江河段两岸高山耸立，崖壁陡峭，远近不一分布着大大小小、高高低低的红色岩画，这就是“壮族祖先留下了许多

① 黄新宇：《中国西南与东南亚壮傣族群文化认同及其启示》，《钦州学院学报》，2013年第10期，第96-100页。

② 范宏贵：《同根生的民族——壮泰各族渊源与文化》，北京：民族出版社，2007年，第14-15页。

③ 范宏贵：《华南与东南亚相关民族》，北京：民族出版社，2004年，第69页。

恢宏的岩壁画，这就是闻名世界的花山崖壁画”[①]。自古以来，左江流域河流纵横，溪谷遍布，道路坎坷，且多为羊肠小道，岩画又多集中在崇山峻岭人迹罕至的悬崖峭壁之间，致使壮族先民创造的灿烂文明在古代极少有人知晓，直到唐宋时期，中央政权集团加强对西南地区少数民族的治理，先后推行羁縻制度和土司制度，并派汉族官员督查，花山岩画才开始逐渐被外人所知，并载入典籍。[②]即便如此，在交通、传播媒介以及信息闭塞的年代，花山岩画依然待字深闺，直到20世纪五六十年代，广西壮族自治区人民政府数次组织、邀请区内外历史学、考古学、民族学等各行各业的专家学者进行实地大规模勘探考察，共发现左江河段崖壁画有岩画点89个，其中包含189处，280组，图像总数约5258个。20世纪80年代中期，考古工作者利用现代仪器从明江河段崖壁上取样，通过较为科学精准的碳-14测定，基本断定“成画时间在战国至西汉，但不排除作画年代上限扩展到春秋晚期，下限延伸至东汉的可能性。”[③]左江流域岩画延绵250公里左右，其中以宁明县明江河段驮龙镇耀达村一个叫作“岜莱”村边上的岩画最具代表性，其规模最大：整幅画面宽约220米，高约40米，面积约8000平方米，画面距离江面最高处约90米，最低处约30米，画中仍可辨认的图像大约1800个，有人物、禽兽、圆圈、刀剑器具等。此处山体庞大，崖壁陡峭直耸，面水临江，地形险要。岩画绝大多数画在距离地面较高同时又距离山顶较远，人畜难以触摸到的悬崖峭壁上，所画人物多数是双手上举、手指外张与头齐平，两脚平分下蹲，犹如马步站桩；所画禽

① 梁庭望、朱秋平:《遗落崖壁间的壮族古骆越文明》,《中国文化遗产》，2007年第6期，第24-30页。

② 吕文杰:《花山岩画及其传说研究综述》,《南宁师范高等专科学校学报》，2009年第2期，第21-24页。

③ 原思训、陈铁梅、胡艳秋:《广西宁明花山崖壁画的^{14}C年代研究》,《广西民族研究》，1986年第4期，第27-34页。

兽基本都是犬类动物，并围绕在形象高大的正面人物周围张嘴奔跑；一些类似日月星辰的圆圈也不少，有单圈、双圈或少量三圈，部分圈内有星芒，还有部分圈外有芒纹；环首刀剑等器具在画面中多处出现，表明作画年代至少已经进入青铜时代，证明当时左江流域已经能够制作粗糙的金属工具。

从画面内容形态、手法及形式分析上，花山岩画展现了壮族先民对人类生命与力量意识的文化认知及其文化表征，传递族群集体的精神审美旨趣及信仰追求。在自然条件恶劣以及人力、科技水平低下的远古时代，天灾人祸频繁，先民在生存以及生命延续的道路上不断追求，希望通过祈求冥冥中的神灵而得到幸福安康，并在实践中展现自我的生命意识与力量。

二、岩画内容及主题形式解析

发现并不断对花山岩画进行考察以来，社会各界对岩画影像的内容、主题形式、作画目的、文化意蕴等做了各种猜测和解析，目前认可度较高的大致是壮族先民狩猎说、庆祝说、仪式说、舞蹈说、歌舞说等，也有人认为是求雨说、求花赐子说、招魂归宗说等。综合看来，其主题文化思想应是古人对生命的认知，以及对力量的崇拜。

（一）狩猎活动说

花山岩画画面绝大部分是人形图影，高大的人像居于画面中心，同时这些人物腰佩环首刀或斜挎长短剑，显得威武雄壮、身强力猛，围绕其四周特别在其脚下、脚边有一些形象稍小奔跑的狗等图影，还有一些类似于猎犬的动物在低头嗅闻，似乎在追寻猎物行踪或引导主人进行抓捕。先民通过影像造型，把生命意识及力量意蕴表达在岩画中，展现“当时壮族先民的最常见生活姿态，如狩猎、耕作、祭祀等，是将其概括化、抽象化和形式化后的定型”[①]。从多数图影内容、形式分析，该说法较契合实际，但未能详加分析论述。在古代的狩猎活动中，科技、猎具等远未发达，人犬配合围堵猎物习以为常。画面中该部分人像图影高大壮硕、气势威猛，可能是享有崇高威望的部众首领或拥有超凡法术和力量的巫师，或许是狩猎高手，也可能是驯兽师，皆因其具有某些突出功绩、某种超常力量而得到族众的认可和推崇，因此其形象高大雄伟并居于画面显要位置。这些高大雄伟的人像，多居图像中央，得到众多小人物的推崇和拥戴，为大力士化身及强力象征。左江流域在春秋战国时代，仍然处在封建、奴隶甚至是原始部落时代，个体的人谁力气大，谁打下的猎物多，谁就可能成为王者，得到追捧和拥戴。在这样的文化语境下，生命的繁衍，力量的展示，就成为族众公认的“最美”，将狩猎画面描绘在崖壁上并进行朝拜，具有较高的可信度。

（二）庆祝胜利说

有学者认为，花山岩画反映的内容是壮族先民举行庆祝某种胜利的狂欢仪式，可能是庆祝某次大型的狩猎收获，也可能是庆祝某次抵抗、击败外敌的重大胜利。如梁任葆认为，岩画“是古代桂西的壮族为了纪念某一次大规模战争的胜利所制作的”[②]。仅从明江河段岩画图像来看，该说法具有一定的说服力，但把左江两岸所有岩画当成系列整体来综合分析，则值得商榷。经过科学精准的碳-14测定结论，目前已明确崖壁上的影像并不是在三五年短期内完成的，而是在前后长达700年左右的时间里进行的，而且分别散落在89个点，189处，间隔分布两百多公里，劳作规模之大，攀爬作画之艰险，对于先民来说作画的难度非同小可，先民们恒久的毅力

① 张利群,《论花山崖壁画影象造型的生命意识及其人类学意蕴》,《贵州民族研究》,2003年第2期，第48-53页。

② 梁任葆:《花山壁画的初步研究》,《广西日报》，1957-2-10。

也不容低估。另外，左江岩画是由一组组共189处画面组成，把每一单组画面都当作某一次相同的庆典来进行长达数百年的绘画记录，显然过于牵强和武断，缺乏说服力，况且部分画面也无法证明就必定与庆祝有关。而先民将巫术或礼仪通过模拟各种生产活动，把生产活动中分散的东西集中起来，在操练、演习、协同、合作等过程中，把族众团结起来，组织起来，巩固起来，延续其宗教，① 共同庆祝常见的胜利则有其部分可能。

（三）宗教仪式说

有学者认为，花山岩画表现的是骆越人（壮傣族群先民，笔者注）举行宗教祭祀仪式的场景，原因是作画地点基本上都是选择在河流湍急的拐弯处，下临深渊，上抵高山悬崖，这些地方多是行船事故多发点，水患严重，因此在此处作画祈祷，以求得神灵超常力量相助，保证族人不再或少受侵害。如陈兆复教授认为，花山岩画“最大的意义应当是为了镇水除魔”，② 即先民通过祭祀水神的宗教仪式，传达出集体神灵观念和抵抗洪灾的信仰。梁庭望教授根据影像形态以及南方雨林气候及稻作文化等特点进行分析，认为岩画是壮族先民举行宗教祭祀仪式的图景再现。潘其旭教授从文化人类学的角度进行解读，认为岩画是“以入社仪式为主体，并渐向繁殖仪式、祭祖仪式和祭神仪式演化，形成多层次文化积累的图腾文化现象。”③ 至今，在传统壮族民间，凡有亲戚在外因意外导致非正常死亡的，都要请道公巫师带领死者亲属到出事地点举行招魂仪式，其后逝者方可名正言顺归葬祖坟场，接受子孙祭祀朝拜及供奉，享受与列祖列宗相同的待遇，才不至于变成孤魂野鬼游荡无居，就不会时常回家作祟使后代不

① 李泽厚:《美学四讲》，北京：生活·读书·新知三联书店，2004年，第192页。

② 陈兆复:《中国岩画发现史》，上海：上海人民出版社，2009年，第183页。

③ 潘其旭:《花山崖壁画——图腾入社仪式的艺术再现和演化》,《民族艺术》，1995年第3期，第21–40页。

得安生。先民将招魂仪式场景描绘于崖壁上，使其时刻都在呼唤逝者魂归故里，同时通过鲜血一般的红色影像来镇压水妖，安抚亡魂，使其不再胡作非为以保住一方平安。持宗教仪式说的专家学者较多，也得到较多的认可，但少有对其进行文化内涵以及主体生命意识上的深入分析。同时，岩画场面宏大壮阔，人物众多繁杂，且基本为青壮年，几无老人及孩童，恐非为宗教场景的真实再现。

（四）集体舞蹈说

人类作为群体共同生活，需要通过集体活动的方式满足自我需求和欲望，必定要有一种集体精神信仰在支撑部众的生存延续，在远古时代，物质、技能等远未昌明发达，生产力限制了先民对客观世界的认知，个体、独家独户难以抵抗外部的强力入侵与灾难，因而要依靠群体性的合作来完成生命的延续，并得到生存所必需的基本生活保障。因此，对自然的依赖以及对神灵的信仰就成为族众心灵得以安宁、抚慰的重要存在方式，先民以舞歌祭祀天地万物，娱神酬神，进而娱人，希望以此求得风调雨顺，四季平安，族丁兴旺。花山岩画绝大多数都是数个乃至数百数千个人物集中描绘在同一幅画面里，较少见到单个人物图像画在偏僻之处。另外，画面内容高度统一，人物的形态、动作、姿势基本一致，多作举手半蹲式，形式单调，具有程式化的剪影式特征，题材鲜明，主体突出，生动谐调，变化统一。[①] 因此，有学者认为画面再现了两千多年前的壮族社会，是先民在举行集体舞蹈，“人们喜欢用欢歌狂舞来表达自己的情感”。宁明县本土学者黄汝训常年进行田野调查及资料搜集，认为岩画中所展现的是骆越民族的歌舞习俗。[②] 另从画面来看，人物排列较为整齐、集中，动作规整统一，与集体舞蹈场面颇为相似，这或许是先民在举行集体宗教祈祷仪式或

① 李浴：《略论广西宁明花山岩画》，《美苑》，1988年第2期，第4–8页。

② 黄汝训：《花山岩画钟鼓乐器与骆越民族歌舞习俗》，《广西文物》，1992年第1期。

是集体狂欢。对于岩画的内容、主题、形式、作画动机等事项，各家各派各有说法。结合西南边陲的地形地貌特点，以及梳理壮族的历史发展进程和地域民族文化意蕴、内涵等，笔者认为，岩画应是表达壮族先民对生命存在的一种意识，以及对力量的敬仰和朝拜，表达了先民求吉去灾的文化心理诉求。

1.求风调雨顺。有关考古发现和历史文献记载，两千多年前壮族地区已经以种植水稻为主。从地理、气候等情况来看，西南左江流域春夏天气炎热，农作物种植需要雨水浇灌，如常年风调雨顺，就较少出现大饥荒、大灾疫，就能五谷丰登，族众繁盛。因此，通过道公巫师的非凡法力，上天入海，沟通神灵，祈求掌管风雨雷电的神灵降下平安，为民众求得幸福安康，就成为最大诉求。远古时代先民尚未掌握现代科技，偶合事件极具神秘之力，而某些年景确实也能如巫师所祈祷的那样平安顺利，那些掌管话语权的首领、法师为了某种需要顺势宣扬，选择固定时日举行盛大祈福求雨仪式，就具有极强的召感力，甚至成为族众的一种精神信仰，事毕将活动场面描绘于石壁之上，就成了花山岩画，这种与结绳记事类似的可能性是存在的。

2.求子孙繁衍。左江岩画上的人物动作、造型多为跳蛙形，酷似泳蛙形态。壮族地区在远古时代生产力低下，科技蒙昧，民智未开，在不可预见、难以抗拒的频繁灾祸面前，自然力常常被人格化、神格化而夸大，西南地区春夏季节随处可见的青蛙又较符合先民子孙繁盛、趋利求福的心理预期，自然成为族众敬媚、朝拜的对象。时至今日，壮族地区多以蛙为图腾，在铜鼓上铸造蛙形动物，春季举办蚂蚜节也较常见。第一，根据多年的耕作经验得知，群蛙鸣叫意味着春天已到来，也就即将降雨，农作物就可得到灌溉，农业收成大有希望；第二，青蛙繁殖能力惊人，一只母蛙一个春季就能产子成千上万，符合古代农业社会多子多福的观念，“因此古骆越人在崖壁上做青蛙状的动作而举行的祭祀活动，而且花山岩画上也有若干个男女交媾的画面，这是古骆越人生殖崇拜的反映。”[①] 农业劳作需要更多的劳力支撑，谁拥有了众多土地和劳力，谁就拥有更大的话语权，就能战胜更多的自然力与外敌入侵，这也体现了“人多好办田”的思维，也是壮族先民希望子孙繁衍的重要原因。

3. 招魂赐福说。在壮族地区，多有祭祀招魂赐福的宗教活动，通过宗教仪式祈求神灵给予族众成员以幸福安康。一个人要在人生过路礼当中得到神灵降福赐安，就要举行数次重要的相应仪式，如婚后求花神婆婆送花赐子，产前师公主持安胎保胎法事，孩子满月搭桥以求顺利成长等。在民间，遇到重大事件还要举行宗教仪式活动，如大寿则行寿礼，造屋要举办上梁仪式，特别是遇到生死事件更要举办隆重的仪式。这些宗教仪式作为族众观念的重要载体，作为个体得到社会承认的方式，同时，传统观念的传承、传播、流布也常需通过宗教仪式的举办来完成，并以此了却其求吉去灾的心理愿望。一些人生了重病，或是遭受意外非正常死亡，更要举行招魂、安魂仪式，使其魂归故里。左江流域洪灾频繁，沉船事故多，因此“崖壁画是古骆越人为沉船死者招魂和安魂所作的宗教祭祀画”，“为灾难中死去的人绘制岩壁画进行招魂和安魂是古骆越交趾部落群所盛行的宗教习俗”。[②] 通过招魂、安魂等宗教仪式，祈求天神地鬼、水神妖魔赐福人间，希望其安分守己，同时也对客死乡野亡魂进行安抚。

---

① 谢寿球:《左江岩画千古之谜的新解读》，杨炳忠等编:《花山申遗论谭》，南宁：广西人民出版社，2010年，第166，169页。

② 谢寿球:《左江岩画千古之谜的新解读》，杨炳忠等编:《花山申遗论谭》，南宁：广西人民出版社，2010年，第166，169页。

三、岩画的文化内涵

广西左江流域250公里河段崖壁上的岩画遗迹影像，有集中，有分散，有画在山脚边接近地面的位置，有画在上百米高的山腰或山顶上，影像大同小异，排列、布局、形态、动作、构图、手法、颜色等基本一致。尽管某处图案密集，但并非杂乱无章，重叠交叉，反而是错落有致，布局合理，大小相宜，详略得当，“不失从写实中来之新颖有力的生气感”。特别是明江河段上的岩画，整幅画面气势磅礴，宏大壮观，展现出远古先民古朴的绘画艺术行为及风格，表达其对世界的认知，对部落族众生命延续的祈祷，对战胜艰险渴求生存的希望，更是对族类力量的崇拜，对美的敬仰和向往，展现先民对地域族群文化的认知及精神追求。张利群、张逸从艺术人类学的角度考查探析，认为岩画粗犷豪放、线条明了、图案简洁，就地域文化和民族文化身份而言，是由当时远离中原主流文化的左江流域百越民族创作，具有西南地域文化和社会审美因素的原始朴素艺术，表现出百越先民的思维、观念、情感以及心灵的履迹。① 今天，探溯壮族先民古朴原始的岩画文化内涵及创作价值，进而发掘其族群文化意识、生命意识、族群精神内涵与文化传播价值，都具有较为重要的历史意义和现实价值。

就文化内涵而言，花山岩画展示了壮族先民对族类生命意识的认知，对周围世界的认识，对生存、生命延续的向往和渴求，以及对力量的崇拜和对美的敬仰。从左江流域岩画来看，其单个画作构图简洁，线条单纯，人物影像基本一致，正面人像大都是举手蹲足如蛙跃式，侧面人像形体较小，基本都是双手托举状并面对正面人像。正面人像身材高大魁梧，孔武

① 张利群、张逸：《花山崖壁画的艺术人类学价值和意义》，《西华大学学报》（哲学社会科学版），2011年第2期，第63-68页。

威猛，部分人腰挎大刀长剑，显得极为强壮有力；侧面人像也展示出结实发达的身体肌肉，表征力量之美；犬类动物多在奔跑或匍匐运动，充满了蓬勃的生命活力，展演生命之美和力量之美。岩画的人物、动物、日月星辰、刀剑、钟鼓等影像密集分布，展现出一片繁华兴盛景象，传达出壮族先民对繁荣昌盛的向往与祈求。“花山崖壁画的影像造型既是祖先造型，又是先民自身的造型，祖先与先民融为一体，从而体现出人类、族类的生命繁衍和延续，体现出人类生命永恒和生生不息的发展，体现出人类通过对生命的体会而显示出的人对自身的本质、本质力量的认识和把握以及使其对象化的创造性行为。”在万物有灵观念的支配下，壮傣先民通过再现生活场景于岩画图影中，以丧葬、舞蹈、祈福、招魂等原初宗教仪式的形式，期望族众世代延绵不绝的生命意识状态和生命流程以及力量得以顺利延续，保证肉体消失者的灵魂精魄能够顺利延传到子孙后代身上，实现生命与力量的完满循环往复，并以团体活动或宗教仪式的形式来固化、凝聚部众内在的本质力量与精神，周而复始地展现其生命意识及力量，使族众文化精神得以延传。

人类自从进入文明社会以来，就从未对自身的来源、去向停止过追问和探索，远古时期的先民更是不停地思考自身的力量以及生命存在的意义价值，希望能够战胜灾难，平安幸福地生活，繁衍子孙。壮族先民生活在水旱等灾害频发的左江流域，自身族众力量单薄弱小，面对生命的偶然性、唯一性、脆弱性，同时又尚未掌握强大的科技知识，对于大自然的某些现象难以进行合理解释，在突发事件面前难免慨叹生命的残忍与脆弱，在无助中对自然威力及造化肃然起敬，联想到冥冥之中的神灵世界，在万物有灵、神灵主宰世间一切的时代，祈求其帮助就成为最合理最自然的解决办法和途径，并从中得到心灵慰藉。于是，把自身的希望呈现出来，将祈祷祭祀场景以再现的形式描绘到崖壁上，通过仪式化、抽象化、符号化、格式化、象征化再现族众对山水神灵的虔诚崇拜，以此达到消除灾难与恐惧的目的，岩画就成为其生命潜能、生命意义，乃至生命创造的创举，成为一种宗教内涵和文化特征的精神建构，成为一种文化心态以及对生命意识的诠释。[①] 同时，岩画上的人物高大壮硕，生龙活虎，充满生机活力，也表征了壮族先民赋予影像以生命的一种文化心灵诉求，希望自身以及族众如同岩画图影一样健康结实、灵魂长存、生机无限，具有坚强勇武的威力。"随着人们实践经验的日益丰富，智力、体力水平不断增进，对神的力量的崇拜渐次淡薄，对于自身能力的信心与日俱增，于是，以神为本的文化逐渐开始向以人为本的文化过渡。"[②] 壮族先民在不断的生产过程中，人的主体性地位意识逐渐确立，随后通过大量的岩画传播其朴素的世界观、人生观、生命观以及对自身力量与生命的认知，展现其乐观自信的文化意识，表现其族众的民俗文化风采，展演远古时期百越地区壮族先民的宗教内涵与文化特征，体现出追求灵魂安宁的族群文化心理。综观左江岩画，在壮族先民的生命意识以及在岩画里所表征的文化内涵表明，只有族众集体协作，团结互助才能战胜困难，使子孙后代繁衍生息；从单个图影看来，也在传达着先民的生命与力量诉求，即力量为美，生命至上，生命之美与力量之美理所当然应该朝拜，值得敬仰和供奉。在壮族先民看来，处在严酷的古代环境中，族群、部众的生命、力量只有得到延续、发展、壮大，才是普众不朽的永恒追求和生命存在意识。

---

① 黄晓娟:《生存的渴望与艺术审美的知觉 —— 花山岩画的艺术人类学探析》,《杭州师范学院学报》(社会科学版)，2007年第3期，第85–91页。

② 张岱年、方克立:《中国文化概论》，北京：北京师范大学出版社，1994年，第81页。

结语

左江流域花山岩画作为中国与东南亚相邻各国壮傣族群共同的文化发祥地以及根祖文化所在地之一，具有重要历史文化价值。搭建根祖文化交流桥梁，对增强各国人民特别是同根生的壮傣族群民族文化认同、亲和力、凝聚力、向心力，加强中国与东南亚国家以壮傣族群为主体的民族纽带联系，拉近中国与东南亚各国的文化距离、心理距离，促进中国与东南亚各国的文化乃至外交等方面的交流交往与合作，建设和谐友好的西南边疆社区环境，构建和平友好的中国与东南亚国际关系，具有重要现实意义。

浅论越南使臣与花山岩画

张惠鲜　王晓军　张冬梅

摘　要： 在中越宗藩关系存续期间，越南派往中国的使臣，在途经广西左江流域时，面对谜一般的花山岩画，留下了较多的考察和描述文献。现存32份越南使臣留下的花山岩画文献，总体而论，文体类型多样，形成时间跨度大，描述层次深浅不一，反映出越南使臣不同的花山岩画形成观。越南使臣对花山岩画的较高关注度，其原因既有对异邦好奇的因素，也有对广西边境地区特殊关注的考量，更有受越南历代相沿的花山观影响的可能性。

关键词： 越南；使臣；花山岩画

2016年7月15日，在土耳其伊斯坦布尔举行的第40届联合国教科文组织世界遗产委员会会议（世界遗产大会）上，左江花山岩画文化景观正式入选世界文化遗产名录，不仅标志着花山岩画的申遗成功，同时也必将进一步刺激社会各界尤其是学术界对花山岩画的关注。

在左江流域的悬崖峭壁上，保存着大量的赭红色古代岩画，人称花山岩画。截至目前，左江流域已发现的花山岩画共89个点，分为189处、

300组，共计有5258个图像。千百年来，这些神奇的、谜一般的岩画，吸引着人们好奇的目光，其中包括途经此地的越南使臣。鉴于学术界对越南使臣与花山岩画这一论题探讨的不足①，笔者不揣浅陋，草撰小文，以求教于方家。

一、越南使臣留存花山岩画文献的概况

众所周知，越南北部和中部地区曾属中国。先秦时期，越族广泛分布于长江以南地区，史称“百越”或“百粤”。不同地区的越族又各有异名，或称“吴越”（苏南、浙北一带）、或称“闽越”（福建一带）、或称“扬越”（江西、湖南一带）、或称“南越”（广东一带）、或称“西瓯”（广西一带）、或称“骆越”（越南北部和广西南部一带）。公元前214年，秦平定岭南地区，设置南海、桂林、象三郡，其中象郡管辖的范围包括了今越南中部和北部地区。从秦开始迄于五代，在长达千年的时间内，越南北部、中部地区为中国所直接管辖，是中国的一部分。公元968年，丁部领统一安南，建立“大瞿越国”；公元973年，丁部领遣使北宋，愿为藩属，北宋接受丁部领之请，至此，中越关系发生本质性的变化，“原来一国之内内地与边疆的关系，正式为国与国之间宗主国与藩属国之间的关系所取代。”②

从公元973年开始到公元1885年止，中越两国使臣往返不断。据不完全统计，两宋期间，双方互遣使195次，其中史册有名载录者139人（宋21次计29人，安南63次计110人）；元朝时期，双方互遣使97次，其中

① 截至目前，学术界专题讨论越南使臣与花山岩画的不多，黄权才所著《明清两朝来华使节的花山诗篇》（《广西师范学院学报》（哲学社会科学版），2013年第2期）一文较为重要。

② 邓昌友：《宋朝与越南关系研究》，暨南大学博士学位论文，2004年，第15页。

元37次、安南60次；明朝时期，双方互遣使152次，其中明46次、安南106次；清朝时期，双方互遣使72次，其中清14次、安南58次。[①] 这也就是，在近千年的时间里，越南至少遣使287次到中国。出使中国，对于越南使臣而言，不仅是一种责任与担当，更是一个了解中国文化的极佳机会。这些使臣“在越南国内均是极一时之选的著名文臣”，不仅汉文修养水平高，而且对中国历史文化也十分熟悉，在旅途中，“他们娴熟地运用汉文撰述使程日记，书写往来公文，以汉诗咏叹摹写各地风光，并与中国朝野士绅文字交流”，由于外国人对异国他乡的好奇，他们在中国境内所撰述编绘的有关中国的文字或图像，“时常比中国本土同时期的记录更为细致、直白而不加修饰，成为今天我们追溯往昔时代生活细节与真相的重要的参考文献。”[②] 越南使臣出使中国，绝大部分必须途经左江。左江的山山水水和风土人情，给初到中国的越南使臣留下难以磨灭的印象，其中极具神秘色彩的花山岩画自不例外。

黄权才先生在《明清两朝来华使节的花山诗篇》一文中，对《越南汉文燕行文献集成》(中国复旦大学文史研究院、越南汉喃研究院合编：上海：复旦大学出版社，2010年)进行整理，认为《越南汉文燕行文献集成》中元明清三代越南使臣留下的与花山岩画相关的诗歌共16篇，涉及冯克宽、武辉珽、潘辉益、段浚、武希苏、吴时位、阮攸、丁翔甫、潘辉注、黄碧山、李文馥、裴樻、阮攸、阮文超、潘辉泳、阮思僴、范熙亮、

① 数据源于邓昌友:《宋朝与越南关系研究》，暨南大学博士学位论文，2004年，第162–167页；王英:《元朝与安南之关系》，暨南大学硕士学位论文，2000年，第26–35页；陈文源:《明朝与安南关系研究》，暨南大学博士学位论文，2005年，第160–172页；孙宏年:《清代中越宗藩关系研究》，哈尔滨：黑龙江教育出版社，2004年，第76–82页。

② 陈正宏:《“异域之眼”：越南使者北行中国》,《中华读书报》,2010年6月9日第10版。

裴文禩、阮述19人。[①] 然而，笔者仔细阅读后，发现黄权才先生的研究有所遗漏，在《越南汉文燕行文献集成》的记载中，曾经研究或描述过花山岩画的，除了上述19人之外，还有阮辉僜、吴时任、黎光定、阮嘉吉、潘辉湜、张好合、范文貯7人；除了诗歌之外，还有绘画。现存26名越南使臣涉及花山岩画的文献共有32份，即冯克宽的《过华山》，阮辉僜的《奉使燕京总歌并日记》，武辉珽的《宁江泛棹》，潘辉益的《花山兵马》，段浚的《宁明江行》，吴时任的《书示伴送李宪乔》，黎光定的《花山塘记见》，阮嘉吉的《花山晚泛次韵》，武希苏的《经瓜村塘花山》，吴时位的《黄巢兵马山》，阮攸的《明江舟发》和《黄巢兵马》，潘辉湜的《花山兵马》，丁翔甫的《明江舟行三首》，潘辉注的《华山》，黄碧山的《花山记异》，张好合的《舟中杂咏》，李文馥的《黄巢城》和《使程志略草》，裴樻的《燕行曲》，阮攸的《花山黄巢兵马》，阮文超的《太平江山》，潘辉泳的《花山兵马》，阮思僩的《燕轺笔录》和《黄巢城》，范熙亮的《花山》，裴文禩的《黄巢兵马山行》，阮述的《过黄巢兵马山》，裴樻撰，范文貯绘的《如清图》（1图），裴樻撰、佚名绘的《燕台婴语》，裴文禩等编绘的《燕轺万里集》（1诗1图）。

二、越南使臣描述花山岩画情况分析

（一）文献数量

从表面上看，现存越南使臣对花山岩画进行描述的文献仅有26人次32份，与中越宗藩关系存续时长近千年、至少遣使赴中国287次的数字两相对比，显得极不相称。然而，需要注意的是，笔者的统计数字，是基于

① 黄权才：《明清两朝来华使节的花山诗篇》，《广西师范学院学报》（哲学社会科学版），2013年第2期。

《越南汉文燕行文献集成》而得出的。《越南汉文燕行文献集成》收集了公元1314年至1884年500年间53位越南使臣北使中国或民间人士来华旅行而撰述的79种独立成书或成卷的燕行文献。53人中有26人注意到了花山岩画，注意者占49%；79种燕行文献中有32份关涉花山岩画的文献，关涉者占40.5%；关注花山岩画的人员和文献比例不可谓低。《越南汉文燕行文献集成》收集的文献有限，编者对于“十五、十六世纪越南使者的一些作品，由于保存不全，又不是独立完整成书成卷的，所以只能割爱”[①]而未辑录，考虑到越南使臣汉文造诣之深及对中国文化关注程度之高，如果不是越南缺乏私家保存文献的传统，加之近代以来迭遭法国、日本、美国等帝国主义侵略的影响，必将有更多的燕行文献遗存留世，自然也会有更多的关乎花山岩画的文献存在。

（二）文献文体

越南使臣描述花山岩画的32份文献中，采用诗歌文体者25份，占78%，其中诗歌加有注解以解释花山岩画者14份，占诗歌文体总数的56%；采用日记文体者2份，占6.25%；采用散文文体者2份，占6.25%；采用地图文体者3份，占9.4%。诗歌文体占越南使臣描述花山岩画文献的大部分，既说明诗歌文体易于表达越南使臣的内心感受，同时也说明越南使臣汉文学造诣的深厚。

（三）文献形成时间

越南使臣留存的32份花山岩画文献中，最早者为冯克宽于1597年（万历二十五年）所作的《过华山》，最晚者为范文贮于1882年（光绪八年）根据裴樻在1848年（道光二十八年）之际出使中国的经历所重绘的《如清图》。《过华山》距今已有419年历史，而《如清图》距今也已有134

---

① 〔越〕郑克孟：《序二》，中国复旦大学文史研究院、越南汉喃研究院合编：《越南汉文燕行文献集成（第一册）》，上海：复旦大学出版社，2010年，第2页。

年历史。32份花山岩画文献中，作于16世纪的1份，作于18世纪的5份，其余的26份俱为19世纪所产生。之所以出现这种情况，显然与文献的保存深受时间的影响有密切关系。时间距今越长，文献保存自然越困难。

（四）描述深浅层次

从留存的32份花山岩画文献来看，越南使臣对花山岩画的观察与分析深入程度显然是不同的，大致可以分为以下不同层次：

1. 仅在诗歌题名中提及花山岩画

本层次包括黎光定的《花山塘记见》和阮嘉吉的《花山晚泛次韵》两首诗歌。1802—1803年（嘉庆七年至八年），黎光定以请封正使身份，携副使黎正路、阮嘉吉出使中国，在途经明江花山时，面对花山岩画所在河段的秀美风光，两人不禁赋诗唱和。黎光定在《花山塘记见》中写道："遥望花塘树色移，舟浮崖下晚风吹。巍峨祠宇悬旌旆，历落村墟傍竹篱。笔架高低山入画，文澜荡漾水催诗。橹声摇曳传空谷，惊起潭龙欲化机。"[①] 阮嘉吉随即和韵，在《花山晚泛次韵》中写道："夕阳帆影半江移，幽谷篙声满耳吹。孤火明中藏水扈，寒烟合处失山篱。和萧偶慢东坡赋，横槊休谈孟德诗。每少风光归一笔，何劳星渚问支机。"[②] 该两首诗，以诗句描绘了花山岩画周围环境的美好，但对花山岩画本身却并没有直接涉及，仅在题名中提到花山而已，属于浅表层次的触及。

2. 在文献中简单提及花山岩画

本层次包括诗歌和地图两种文献。诗歌有冯克宽的《过华山》、段浚的《宁明江行》、吴时任的《书示伴送李宪乔》、阮攸的《明江舟发》、范

① （阮朝）黎光定撰：《华原诗草》，中国复旦大学文史研究院、越南汉喃研究院合编：《越南汉文燕行文献集成（第九册）》，上海：复旦大学出版社，2010年，第105页。

② （阮朝）阮嘉吉撰：《华程诗集》，中国复旦大学文史研究院、越南汉喃研究院合编：《越南汉文燕行文献集成（第九册）》，上海：复旦大学出版社，2010年，第161–162页。

熙亮的《邓勒塘次蓉台韵》5首，地图有裴文禩等编绘的《燕轺万里集》花山部分1幅。

在《过华山》一诗中，冯克宽写道："左江稳泛客船轻，晓过华山枕水清。粉壁楼台亦秀丽，黄巢兵马认分明。回头红日知天近，纵目清芜见地平。几许王维图画笔，入予诗思宛若成。"[①] 诗中描写了清晨经过明江花山河段江水流动的平缓、花山岩画所在峭壁的秀丽，在朝阳的映照下，岩画清晰呈现。段浚在《宁明江行》中写道："崇墉白雉镇峣嵠，两岸青山漫碧溪。不癣层层开锦绣，江流曲曲样玻璨。黄巢兵马临波动，白庙香烟蘸树低。别有一般清雅绝，矶头蓑笠晚霞西。"[②] 诗中仅以"黄巢兵马临波动"一句提及花山岩画。对花山岩画的描述，吴时任、阮攸、范熙亮与段浚类似。吴时任在《书示伴送李宪乔》中写道："太平景物十分妍，相送行人北上燕。混沌巧通山水窍，推敲拙画阆蓬天。黄巢遗迹知何处，赤璧清游见此船。惭愧浮名尘藻鉴，有怀聊赋湿苓篇。"[③] 以"赤璧"一词描绘出了花山岩画的色彩。阮攸在《明江舟发》一诗中写道："萧鼓冬冬〔初〕出国门，万山中断一河奔。浮云乍散石容瘦，新潦初生江水浑。别后关山思弟妹，望中岩岫见儿孙。日斜莫向花山过，怕有声声肠断猿。"[④] 全诗仅"日斜莫向花山过"提及花山岩画。范熙亮在《邓勒塘次蓉台韵》一诗中写道："纡回一棹入山阿，撑发声喧浪里过。小大花山看迹幻，丽芹江口识滩多。深秋树叶交黄紫，僻境人烟长薜萝。遥指归期月圆满，鹧鸪饶自

① （后黎朝）冯克宽撰：《使华手泽诗集》，中国复旦大学文史研究院、越南汉喃研究院合编：《越南汉文燕行文献集成（第一册）》，上海：复旦大学出版社，2010年，第60页。

② （西山朝）段浚撰：《海翁诗集》，中国复旦大学文史研究院、越南汉喃研究院合编：《越南汉文燕行文献集成（第七册）》，上海：复旦大学出版社，2010年，第59-60页。

③ （西山朝）吴时任撰：《皇华图谱》，中国复旦大学文史研究院、越南汉喃研究院合编：《越南汉文燕行文献集成（第七册）》，上海：复旦大学出版社，2010年，第117页。

④ （阮朝）阮攸撰：《北行杂录》，中国复旦大学文史研究院、越南汉喃研究院合编：《越南汉文燕行文献集成（第十册）》，上海：复旦大学出版社，2010年，第16页。

唤哥哥。”[①] 全诗也仅有“小大花山看迹幻”一语涉及花山岩画。

越南使臣所留下的北使文献中，使程图是值得注意的部分。1876年（光绪二年），裴文禩以正使身份率团赴中国，并编绘了《燕轺万里集》。尽管在《越南汉文燕行文献集成》所收的四种使程图中，就制图艺术而论，《燕轺万里集》水平最高，然而，在该使程图中，裴文禩也仅仅是描绘出了大花山、小花山而已，并未以注解的方式加以解释和说明。

3. 详细描述花山岩画

本层次的文献能够从花山岩画的方位、形状、色彩、传说等多角度对岩画进行描述。此层次的文献有阮辉僅的《奉使燕京总歌并日记》，武辉珽的《宁江泛棹》，潘辉益的《花山兵马》，武希苏的《经瓜村塘花山》，阮攸的《黄巢兵马》，潘辉湜的《花山兵马》，丁翔甫的《明江舟行三首》，张好合的《舟中杂咏》，裴槓的《燕行曲》，阮攸的《花山黄巢兵马》，阮文超的《太平江山》，潘辉泳的《花山兵马》，阮思僩的《黄巢城》，阮述的《过黄巢兵马山》，裴槓撰、范文贮绘的《如清图》，裴槓撰、佚名绘的《燕台婴语》（含诗、图）等共17份。

1765年（乾隆三十年），身为正使的阮辉僅在途经花山时，作了如下描述：“初六日开船，经瓜村塘，江有一峰壁立，石面有人马形，似朱画出，相传是黄巢兵马。”[②] 此描述点出了花山所在地点（瓜村塘）、形状（人马形）、颜色（朱）和传说（黄巢兵马）。

1772年（乾隆三十七年），武辉珽途经花山，在《宁江泛棹》一诗中写道：“宁江舟次晚开维，不尽风光夹道随。驮马塘联双岸岭，龟龙答

① （阮朝）范熙亮撰：《北溟雏羽偶录》，中国复旦大学文史研究院、越南汉喃研究院合编：《越南汉文燕行文献集成（第二十一册）》，上海：复旦大学出版社，2010年，第125页。

② （后黎朝）阮辉僅撰：《奉使燕京总歌并日记》，中国复旦大学文史研究院、越南汉喃研究院合编：《越南汉文燕行文献集成（第五册）》，上海：复旦大学出版社，2010年，第30页。

聂半江湄。石屏天绘黄巢迹，花坞春描白帝祠。料想武陵溪上客，桃村竹屋未多奇。”与正文相比，该诗的序对花山岩画描述更为清晰，通过“小花山、大花山，皆临江峭壁，多见朱画人马之象，俗谓黄巢遗绩”[①]的序文，作者较为清楚地告诉了读者花山岩画的临江位置、朱红色彩、人马形象等特征和黄巢遗迹的传说。

1790年（乾隆五十五年），潘辉益奉命出使中国祝贺乾隆八十寿诞，在途经宁明花山时，为花山岩画所吸引，留下《花山兵马》一诗。诗云：“崔嵬峭壁瞰晴澜，人马依依一色丹。雨积苔肤侵画甲，风将花影动雕鞍。化工元没岩容巧，远价宁知客路难。阵迹幻谈谁质访，晚山衬入短篷看。”诗序言明花山在宁明江口，“右壁临流，赤色如涂丹，隐约有人马旗剑之状，相传黄巢战阵现形于此。”[②]透过该诗，除了知道花山岩画的位置、颜色、形状、传说之外，还可以知道早在1790年，宁明花山岩画本体已经受到了雨水的侵蚀而出现污痕。

1804年（嘉庆九年），身为使部录事身份的武希苏在花山前留下《经瓜村塘花山》[③]一诗。在诗前有如下序文“自州前塘行四十里，经珠山塘，又二十里至瓜村塘，塘前有大花山、小花山，皆临流峭壁，其高插天，石纹如朱，画人马之状，俗传黄巢遗迹。”从中可以明确花山岩画的方位、形势、色彩、形状、传说等诸多细节之处。在诗的正文中，诗人则通过“廿里瓜塘临岸肃，双峰花岭插云高。巑岏九刃凌青汉，浩渺千寻瞰碧涛。遥认石纹皆赤色，谩传人迹是黄巢。抬头见日天将近，好奋鹏风万里翱。”

① （后黎朝）武辉珽撰:《华程诗》，中国复旦大学文史研究院、越南汉喃研究院合编：《越南汉文燕行文献集成（第五册）》，上海：复旦大学出版社，2010年，第255-256页。

② （西山朝）潘辉益撰:《星槎纪行》，中国复旦大学文史研究院、越南汉喃研究院合编：《越南汉文燕行文献集成（第六册）》，上海：复旦大学出版社，2010年，第205-206页。

③ （阮朝）武希苏撰:《华程学步集》，中国复旦大学文史研究院、越南汉喃研究院合编：《越南汉文燕行文献集成（第九册）》，上海：复旦大学出版社，2010年，第197页。

等诗句进一步描述了岩画，表明了自己对传说的态度。

1813年（嘉庆十八年），阮攸率领27人的使团北使中国，面对花山岩画，除了《明江舟发》之外，他还留下《黄巢兵马》一诗，更为详细地描述花山岩画。诗人通过“大小花山数里分，黄巢遗迹在江津。岂知金统秦中帝，乃出孙山榜外人。误国每回拘限量，穷时自可变风云。远时拟问千年事，船户摇头若不闻。”[①] 诗句，向读者陈示了两处花山岩画点之间的距离、岩画与明江的方位关系，此外，还评述了黄巢其人。

1817年（嘉庆二十二年），潘辉湜出使中国，留下《花山兵马》[②] 一诗。在诗序中，他记录了“黄巢战阵现形于此”的俗传。在诗的正文中，他通过“峻壁崚嶒万仞高，千年遗迹说黄巢。”的诗句描述了花山岩画所在岩壁的陡峭和高险。两年之后的1819年（嘉庆二十四年），丁翔甫充任贺寿使如清，以贺嘉庆皇帝六十大寿，在“花石形如走马”的花山岩画前，以《明江舟行三首》为题赋诗，留下“天入明江一短篷，江流曲曲思何穷？黄巢兵马空陈迹，西粤舆图自古风。”[③] 的感慨。

1831年（道光十一年），张好合出使中国，面对明江风光，作《舟中杂咏》[④] 一诗，留存“到处山光作远迎，似将景色媚华程。地临水次开村落，锣断平湖见步兵。战马有回花岭赤，暮云不到紫霞青。一年寂寞横塘影，数叶扁舟月里行。”诗句，并以“花岭与瓜村塘对岸，败之后，人马旗鼓尽入此，其岭腰间石痕最赤，如画人马旗彭之状，俗传黄巢阵”对

① （阮朝）阮攸撰:《北行杂录》，中国复旦大学文史研究院、越南汉喃研究院合编:《越南汉文燕行文献集成（第十册）》，上海：复旦大学出版社，2010年，第16页。

② （阮朝）潘辉湜撰:《使程杂咏》，中国复旦大学文史研究院、越南汉喃研究院合编:《越南汉文燕行文献集成（第十册）》，上海：复旦大学出版社，2010年，第112页。

③ 中（阮朝）丁翔甫撰:《北行偶笔》，中国复旦大学文史研究院、越南汉喃研究院合编:《越南汉文燕行文献集成（第十册）》，上海：复旦大学出版社，2010年，第128–129页。

④ 张好合撰:《梦梅亭诗草》，中国复旦大学文史研究院、越南汉喃研究院合编:《越南汉文燕行文献集成（第十二册）》，上海：复旦大学出版社，2010年，第136页。

“战马有回花岭赤”诗句作了注解，使阅者大致了解了花山岩画的颜色与形状，对其由来，也有传说以解释。

1848年（道光二十八年），裴樻奉命出使中国，创作了记述使途经历和见闻的长诗《燕行曲》。在《燕行曲》中，裴樻为花山岩画写有如下诗句：“花山兵马竟谈怪，黄巢往事书无载。果头屈律故愚人，开辟依然丹壁在。”在注解中，裴樻对花山岩画作了进一步的描述：“花山在瓜村塘，千仞壁立，石色如丹，隐然似兵马旗鼓之状，俗传黄巢兵马遗迹。又有石壁临江，俗传黄巢城。按：黄巢伪传谶语云‘欲识圣人姓，田人二十一，（黄字）欲识圣人名，果头加屈律（巢字屈律巛字）’。巢以匹夫唱乱，造谶愚人，安知不妄指山川灵迹托为徵应，后人讹传耳，此亦不可不辨。”[①] 通过诗文与注解，裴樻不仅描述了花山岩画的主要特点，还可以清楚地看出他是不认可黄巢与花山岩画有关系的传说的。

与裴樻同年出使中国的阮攸，对于花山岩画的描述显然不及裴樻那么详细。他在《花山黄巢兵马》一诗中写道：“黄巢名曰盗，花岭自无兵。久筑鲸鲵观，讹传剑马形。飞尘疑战地，荒草剩孤城。谁为斯山辨，虚蒙不韪名。”[②] 该诗主要表达了作者对黄巢与花山岩画传说的质疑。

1849年（道光二十九年），阮文超以副使身份出使中国。对于花山岩画的描述，阮文超与其他大多数的使臣不同，他并没有写诗，而是以散文来描述。在《太平江山》中，阮文超用“石痕班斓为兵马旗鼓状者，曰大小花山”[③] 一语道明了花山岩画的色彩与形状等特点。

---

① （阮朝）裴樻撰：《燕行总载》，中国复旦大学文史研究院、越南汉喃研究院合编：《越南汉文燕行文献集成（第十五册）》，上海：复旦大学出版社，2010年，第315-316页。

② （阮朝）阮攸撰：《星轺随笔》，中国复旦大学文史研究院、越南汉喃研究院合编：《越南汉文燕行文献集成（第十六册）》，上海：复旦大学出版社，2010年，第106页。

③ （阮朝）阮文超撰：《如燕驿程奏草》，中国复旦大学文史研究院、越南汉喃研究院合编：《越南汉文燕行文献集成（第十七册）》，上海：复旦大学出版社，2010年，第10页。

1853年（咸丰三年），潘辉泳出使中国，他在《花山兵马》一诗中，以“满壁军容一色丹，晴曛倒影照江湍。黄巢幻迹何须说，天巧无穷历处看。”[①] 的诗句，写出了花山岩画的色彩、表达主题、位置及传说。

1868年（同治七年），阮思僩出使中国，路过花山，写就《黄巢城》一诗：“石壁高千仞，犹传屈律城。几同兵马幻，徒见水烟横。乱贼原遗臭，斯山岂恶名。劈崖谁饮羽，雀泽自相惊。”并以“黄巢兵马在花山塘”[②] 为后注特别指明花山岩画所在地点。

1880年（光绪六年），身为正使的阮述途经花山，通过《过黄巢兵马山》一诗描述了花山岩画，其“模糊硃划乱苔痕，谩说当年屈律魂。欲为山灵除幻迹，龙泉一断石崖翻。”等诗句表明了花山岩画已为苔痕所侵蚀，同时，阮述还写有“山崖壁立，有珠迹似人马形，相传黄巢战没现形于此”[③] 的诗序，描述了花山岩画的相关特征。

根据1848年（道光二十八年）裴樻的出使经历，越南画家创作了《如清图》《燕台婴语》两部涉及花山岩画的地图。1882年（光绪八年），范文貯绘制了《如清图》。在该画卷中，画家不仅画出了大小花山的山形，还在图画上标注“俗传黄巢兵马遗迹，自山岸望石崖间，离白丈许有赤班，略似画人马形。”[④] 在裴樻撰、佚名绘的《燕台婴语》中，画家对花山岩画的描述与《如清图》类似，不仅画出花山的同形，标注了“俗传黄

① （阮朝）潘辉泳撰：《骃程随笔》，中国复旦大学文史研究院、越南汉喃研究院合编：《越南汉文燕行文献集成（第十七册）》，上海：复旦大学出版社，2010年，第238–239页。

② （阮朝）阮思僩撰：《燕轺诗文集》，中国复旦大学文史研究院、越南汉喃研究院合编：《越南汉文燕行文献集成（第二十册）》，上海：复旦大学出版社，2010年，第31页。

③ 阮述撰：《每怀吟草》，中国复旦大学文史研究院、越南汉喃研究院合编：《越南汉文燕行文献集成（第二十三册）》，上海：复旦大学出版社，2010年，第23页。

④ 裴樻撰、范文貯绘：《如清图》，中国复旦大学文史研究院、越南汉喃研究院合编：《越南汉文燕行文献集成（第二十四册）》，上海：复旦大学出版社，2010年，第186页。

巢兵马遗迹，自山峰至望石崖间，高百丈许，有赤班略似画人马形。”① 而且，还在画前的“燕台要语”中写下了“花山兵马竟谈经，黄巢往事书无载。果头屈律故愚人，开辟依然丹璧在。”② 等诗句。

4. 深入探讨花山岩画

本层次的文献不仅能够从花山岩画的方位、形状、色彩、传说等多角度对岩画进行描述，而且，还能够对花山岩画的形成和历久进行辨析，对黄巢兵马传说进行驳斥。此层次的文献有吴时位的《黄巢兵马山》、潘辉注的《华山》、黄碧山的《花山记异》、李文馥的《黄巢城》和《使程志略草》、范熙亮的《花山》、裴文禩的《黄巢兵马山行》等8份。

（1）《黄巢兵马山》

1810年（嘉庆十五年），吴时位受命出使中国，途经花山，写下深入考察花山岩画的《黄巢兵马山》③ 诗并序，其序为：

“山名大花，属太平府，俗传黄巢兵马故处，其山㪷截如铁片，俯瞰江渚，上半层石赭若丹抹，佛仿人马形。傍连诸山，亦皆嵯峨岌嶪，为剑戟旗鼓状与兽头面，雄蹲怒视，森森欲搏人者，凡石皆然。按黄巢在唐末，举进士不第，遂失志怨望，举兵亡唐。巢之所为若此，当不为君子所取，又安有直辞大义可对于天，强魂正气可拟凝于石乎？意当时巢兵偶一经此，后人因山形像名之，以奇其事耳。蜀帝杜鹃、虞姬芳草，情之所钟，或者有之，黄巢反是。”

其诗云：

① 裴樻撰、佚名绘:《燕台婴语》，中国复旦大学文史研究院、越南汉喃研究院合编:《越南汉文燕行文献集成（第二十五册）》，上海：复旦大学出版社，2010年，第18页。

② 裴樻撰、佚名绘:《燕台婴语》，中国复旦大学文史研究院、越南汉喃研究院合编:《越南汉文燕行文献集成（第二十五册）》，上海：复旦大学出版社，2010年，第5页。

③ （阮朝）吴时位撰:《枚驿诹余》，中国复旦大学文史研究院、越南汉喃研究院合编:《越南汉文燕行文献集成（第九册）》，上海：复旦大学出版社，2010年，第262-263页。

"大花山对小花山，闻说黄巢旧驻鞍。兵象马形浓淡里，石城云阵有无间。兴亡往事休弹指，名教中人定赧颜。底处传疑姑莫办，枉教千古骂轻儇。"

吴时位在诗与序中描述了花山岩画所在峭壁的险峻，岩画的色彩和形状，与其他使者类同，其对黄巢起义的批驳，尽管是出于统治阶级的偏见，但对将花山岩画与黄巢起义相联系观点的批驳，倒也入木三分。

（2）《华山》

《华山》一诗是1825年（道光五年）潘辉注第一次出使中国时写下的关于花山岩画的诗篇。该诗的序为："在瓜村塘江岸，千仞壁立，山腰石色如丹，有人马旗鼓之状，俗传黄巢战阵现形于此。"诗为："江山嵯峨排峭壁，断涯俯瞰长流碧。神刓鬼凿自何年，人马依依石痕赤。舟程舒眺一经过，奇幻方知巧造多。俗传休说黄巢事，千古山容照落霞。"[①] 该诗清楚地描述了花山岩画的地点、形势、颜色及传说，并对黄巢传说之事不予认可。

（3）《花山记异》

1825年（道光五年），黄碧山以使团低级职员的身份出使中国。对花山岩画，黄碧山在《花山记异》[②] 一诗中进行了较为深入的考察。其序文为：

"由瓜村塘经大花山、小花山，山如列屏，峭削高壁，处处兵马旗鼓，满画红丹，岂是地方除妖之符欤？好事者传为黄巢兵马兵败形化，至今成名。"

---

① （阮朝）潘辉注撰：《华轺吟录》，中国复旦大学文史研究院、越南汉喃研究院合编：《越南汉文燕行文献集成（第十册）》，上海：复旦大学出版社，2010年，第197页。

② （阮朝）黄碧山撰：《北游集》，中国复旦大学文史研究院、越南汉喃研究院合编：《越南汉文燕行文献集成（第十一册）》，上海：复旦大学出版社，2010年，第267页。

其诗文为：

“大花山起小花山，偃蹇无穷突怒间。剩说黄巢余战魂，亦奇兵马满崖丹。千寻绝壁谁能画？一派寒塘石自顽。幻异漫留风雨迹，看今春往又春还。”

细读其诗文，发现该诗对花山岩画的考察与探究已经较为深入，尤其是对“妖符”的批驳，令人信服。对于岩画，黄碧山显然否认是人力为之。

（4）《黄巢城》和《使程志略草》

笔者认为，对于花山岩画的探究，越南使臣中李文馥是最为深入的。1841年（道光二十一年），李文馥以正使身份出使中国，告以明命帝去世孝事。此行李文馥撰有诗集《周原集咏草》和日记《使程志略草》以纪其事。在途经花山时，李氏写就《黄巢城》① 一诗并序，其序曰：

“州在江岸，有一带石山壁立，石势截然割划如城堞状。相传黄巢作乱时，据此为城。又数处连山，山腰间多有旗鼓人马之状，俗云黄巢兵马山。相传黄巢败走时，所至辄剪纸为人马旗鼓之形，用符术冠贴于山壁间，一经点化，皆为神兵。其有未及点化，遗形至今在焉。语涉荒唐，不可解。又按：黄巢牙齿，有两牙长出颊外，真异相也。”

其诗云：

“天公张角成何事，戎首黄巢有此城。雉堞整齐山即垒，战场驱使纸皆兵。长牙终古抛荒陇，残阵谁人布旧营。客欲停舟多一问，江流咽石作寒声。”

在作诗的同时，李氏还记有如下日记：

“经瓜辰塘，对岸有大花山，山腰石色如丹，有人马旗鼓之状，俗称黄巢兵马山”。对所谓黄巢兵马山，李氏作如下注释：“舟行至此，初

① （阮朝）李文馥撰:《周原集咏草》，中国复旦大学文史研究院、越南汉喃研究院合编:《越南汉文燕行文献集成（第十四册）》，上海：复旦大学出版社，2010年，第161页。

认之，如画工描写者，第自水面至山腰，高二十丈许，山势如壁，山形如覆，恐人力无所施功，况所画朱色，安能久而不变？再认之，石质本红，又似乎石之筋络者，则象形酷肖，队仗整齐，叚叚皆然，恐造设未能如工。细询之老通事，则云相传黄巢败走时，所至辄剪纸为兵马旗鼓之形，用飞符散粘于空壁间，一咒念，皆为神兵，未及咒者，遣形至今尚在。"①

透过李文馥的诗和日记，可以清楚地看出李氏对花山岩画的考察包含以下几个方面：其一，地点。李氏认为花山岩画不只存在于瓜村塘即今宁明县耀达花山一处，而是多处存在。其二，颜色。李氏在描述中，明确写明岩画为朱红色。其三，岩画图案的形状。李氏以"旗鼓人马"状描述，已经包含今人所说的人形图案、铜鼓图案、刀剑图案、动物图案等。其四，形成原因分析。李氏先是照录了岩画为黄巢兵败时剪纸以为神兵的传说，然后实地考察，指出岩画初看似为画家所为，但虑及岩画所在位置险峻和颜料的无法持久，显然不是人力所为；如是自然造化，又不可能如此工整；至于说是黄巢遗物，更是荒谬。最终，李氏认为花山岩画的形成原因，实在无法解释。李氏实地考察的精神，即便在100多年之后的今天，也依然值得肯定。

（5）《燕轺笔录》

1868年（同治七年），阮思僩奉使中国，途经花山，留下如下笔记："大花小花诸山，有黄巢兵马遗迹，谛观之，山腰石迹，皆成符篆人马之状，或赤若赭丹，或黝若洒墨，或黄或白，色色奇肖，真异观也。然沿江诸山幻相若此者，所在而有，不独此二花山为然。旧传盖好事者之言，识者勿道可也。至于两岸临水，处处奇石林立，洞壑玲珑，与人家园亭假山

① （阮朝）李文馥撰：《使程志略草》，中国复旦大学文史研究院、越南汉喃研究院合编：《越南汉文燕行文献集成（第十五册）》，上海：复旦大学出版社，2010年，第18–19页。

酷肖者不胜数，真令人应接不暇也。”[①] 该笔记对花山岩画的探究深入细致，在批驳岩画为黄巢兵马遗迹的同时，还指出了左江沿岸实有较多岩画。此外，该笔记对岩画“或黝若洒墨”的描述，可以与中国《续博物志》所载“二广深溪石壁上有鬼影，如淡墨画，船人行，以为其祖考，祭之不敢慢”[②] 的记载相印证。

（6）《花山》

1870年（同治九年），范熙亮以甲副使身份出使中国，途经花山，写就《花山》[③] 诗与序。其序曰：

“传有黄巢兵马遗迹，然明江一路冶（沿）岸诸山奇形怪状，不一而足，且花山以山有花样，故名。从前所传，齐东之言耳。”

其诗云：

“柳昇岗下暗燐翻，苏氏岩头望眼昏。巢贼党徒当日尽，花山名以乱峰存。千秋心目人何昧，底事然疑石不言。请看苻秦淝水阵，八公草木亦惊魂。”

该诗对花山岩画探究最值得注意的在于，花山之所以称为花山，乃是因为“花山以山有花样”，而不是因为黄巢兵马。

（7）《黄巢兵马山行》

1876年（光绪二年），裴文禩以正使身份出使中国，途经花山，留下传世诗作《黄巢兵马山行》[④]。该诗云：

---

① 阮思僩撰：《燕轺笔录》，中国复旦大学文史研究院、越南汉喃研究院合编：《越南汉文燕行文献集成（第十九册）》，上海：复旦大学出版社，2010年，第71页。

② 〔宋〕李石撰：《续博物志》，李之亮点校，成都：巴蜀书社，1991年，第117页。

③ （阮朝）范熙亮撰：《北溟雏羽偶录》，中国复旦大学文史研究院、越南汉喃研究院合编：《越南汉文燕行文献集成（第二十一册）》，上海：复旦大学出版社，2010年，第17页。

④ （阮朝）裴文禩撰：《万里行吟》，中国复旦大学文史研究院、越南汉喃研究院合编：《越南汉文燕行文献集成（第二十一册）》，上海：复旦大学出版社，2010年，第189–190页。

“烟波空濛劈崖下，斑斓幻相若涂赭。千队万骑纷纵横，闻是黄巢旧兵马。黄巢死去已千秋，安有兵马今犹留。盍不归朝布石阵，立功万里称貔貅。宁江家边馀江水，流泽所及无涯涘。报主当思效其力，乘风破浪况长技。翩然一夜到欧溟，迅雷逐电走长鲸。倒倾泰山压狂澜，无使亚洋鱼龙惊。胡为偃蹇傍危壁，遂令好峰终古传恶名!”

诗后有题跋曰：“江右石山擘峙，腰有赤斑，色色奇幻。俗传黄巢败走，所至截帋为兵马形，符粘壁间，一经点化，皆为神兵。其未经点化者，遗迹至今存焉。语涉荒唐，识者不道也。”

该诗对花山岩画的描述与探讨可谓深入，尤其是“黄巢死去已千秋，安有兵马今犹留”一句掷地有声!

（五）越南使臣的花山岩画形成观

综观现存32份越南使臣花山岩画文献，可以看出，关于花山岩画形成的原因，越南使臣有6种观点。

1. 黄巢遗迹说

持该观点者在文献中尽管没有坚定地认为花山岩画就是黄巢剪纸画符以为神兵的遗留物，但在行文中以黄巢遗迹说来描述花山岩画，可视为是认同该观点的。据统计，26名越南使臣中持黄巢遗迹说者为冯克宽、阮辉僜、段浚、吴时任、黎光定、阮嘉吉、阮攸、潘辉湜、丁翔甫、张好合10人，占38.5%。另，据笔者所见，在中国尚未发现持黄巢遗迹说者，不知所谓俗传的该观点是如何传至越南的。

2. 天然形成说

持该观点者认为花山岩画是天然之物，只因石质呈红、石纹呈象而已。据统计，26名越南使臣中持该观点者为武辉珽、潘辉益、武希苏、潘辉注、裴樻、阮攸、阮文超、潘辉泳、阮思僩、范熙亮、裴文禩、阮述12人，占46%。

3. 附会说

持附会说者为吴时位。吴氏认为花山岩画之所以被人称为黄巢兵马，可能是因为黄巢起义部队经过左江流域，后人因为山形像人，而以黄巢兵马附会其上，“以奇其事耳”。①

4. 除妖说

持该观点者为黄碧山。1825年，黄碧山在认真考察了花山岩画之后，提出花山岩画有可能是左江流域“地方除妖之符”② 的观点。尽管黄碧山其人在使团中的职位较低，在越南国内的影响或许不大，“除妖说”的观点也无其他使臣响应，但黄碧山的观点跨越时空，与今日学术界认为花山岩画主要的功能在于祭祀的观点相契合，着实令人佩服！

5. 无解说

持该观点者为李文馥。李文馥不仅是26名越南使臣中对花山岩画考察最深者，或许也是迄今为止所发现的20世纪前对花山岩画考察最深的世界第一人。目前，中国境内所发现的20世纪前考察花山岩画至详者为黎申产，他在《宁明州志》中如是记载花山岩画：“花山，距城五十里，峭壁中有生成赤色人形，皆裸体，或大或小，或执干戈，或骑马。未乱之先，色明亮。乱过之后，色稍黯淡。又按：沿江一带两岸石壁如此类者多有。”③ 全文仅62字。李文馥对花山的描述既有诗亦有日记，共353字。两相对照，体量之差异已是十分明显。当然，字数多寡，不能作为思考深浅的唯一根据，不过，从李文馥与黎申产对花山岩画描述的情况来看，显然

① （阮朝）吴时位撰：《枚驿諏余》，中国复旦大学文史研究院、越南汉喃研究院合编：《越南汉文燕行文献集成（第九册）》，上海：复旦大学出版社，2010年，第262–263页。

② （阮朝）黄碧山撰：《北游集》，中国复旦大学文史研究院、越南汉喃研究院合编：《越南汉文燕行文献集成（第十一册）》，上海：复旦大学出版社，2010年，第267页。

③ 〔清〕黎申产辑：《宁明州志》（光绪九年），台北：成文出版社有限公司，1970年，第21页。

李文馥更胜一筹。

6. 象形说

持该观点者为范熙亮。1870年，范熙亮在《花山》一诗的序中提出花山之所以称为花山，原因在于“山有花样”① 的观点。

三、越南使臣关注花山岩画的原因

越南使臣对花山岩画的关注程度算得上高。正如前述，53名越南使臣中有26人注意到了花山岩画，关注度达49%；79种燕行文献中有32份描述了花山岩画，关注度达40.5%。越南使臣缘何如此关注花山岩画？在笔者看来，可能有如下方面的因素。

（一）对异域的好奇

对于绝大多数的越南使臣来说，中国都是陌生的。进入一个陌生的国度，自然会用好奇的目光来看待一切，花山岩画的奇特，自然更加能够吸引住越南使臣的目光。

（二）对广西边境地区的特殊关注

通过对留存的越南燕行文献进行分析，可以了解到出使中国的越南使臣大多有一个任务，就是尽可能详尽地将沿途所见所闻所感记录下来，归国之后向越南皇帝进呈报告，以备情报所需。花山岩画位于广西边境地区，而这一地区恰好是越南特别关注的地方。越南对于使臣必经的以左江为中心的广西边境地区，一直都非常关注，谋求通过各种途径了解和掌握各种情报，尤其是军事布署和军事设施。越南使臣进入中国之前，即已通过各种途径，掌握了广西边境地区军政人员的官职、姓名、籍贯、年龄、

① （阮朝）范熙亮撰:《北溟雏羽偶录》，中国复旦大学文史研究院、越南汉喃研究院合编:《越南汉文燕行文献集成（第二十一册）》，上海：复旦大学出版社，2010年，第17页。

上任时间等详细情况[①]；从镇南关进入中国境内之后，对于沿途所经过的塘汛等军事设施的距离设置和兵力布署，多有详细记录。比如1849年（道光二十九年），阮翼宗登基后首次岁贡，执行出使任务者为潘靖、枚德常、阮文超。阮文超出使归国之后，向阮翼宗进呈奏章《如燕驿程奏草》。该书共收奏章27篇，前20篇介绍沿途所经山川险要之地，其中介绍广西的就有11篇，可见阮文超考察的重点在于中越交界地区。又比如裴樻撰、范文貯绘的《如清图》一书，极为关注中国的军事设施，如沿途的“塘汛”，“图中不仅详细标注了沿途各塘、汛的分布位置、相隔距离，还于全图最末对其形制、构造及守卫数量等作了总的介绍和说明。”[②] 正因为越南使臣的任务在身，其对于左江流域内的花山岩画较为关注，留下较多的诗篇和绘画，当然也是可以理解的。

（三）受历代相沿的花山观影响

20世纪前，越南深受儒家文化的影响，儒家所强调的对鬼神要敬而远之的观念，在越南使臣中自然也影响深远。不过，从冯克宽于1597年（万历二十五年）撰写《过华山》以降，在越南国内，花山岩画就与“黄巢兵马”紧紧相联，前述32份花山岩画文献中，除了“除妖说”与“象形说”两份文献外，其余或多或少都与“黄巢兵马”相联系，不论是认同“黄巢兵马”说者还是反对“黄巢兵马”说者。在这种相沿已久的与鬼神无关的观念氛围之中，越南使臣就无所谓对鬼神的忌惮，可以较为从容地对花山岩画进行描述与探讨。

---

① （后黎朝）黎贵惇撰：《北使通录》，中国复旦大学文史研究院、越南汉喃研究院合编：《越南汉文燕行文献集成（第四册）》，上海：复旦大学出版社，2010年，第37页。

② 郑幸：“简介”，裴樻撰、范文貯绘：《如清图》，中国复旦大学文史研究院、越南汉喃研究院合编：《越南汉文燕行文献集成（第二十四册）》，上海：复旦大学出版社，2010年，第174页。

四、结语

花山岩画的申遗成功，不仅意味着我国世界遗产总数的增加，同时更意味着我们需要进一步加强岩画的研究和保护工作。“学术研究最重要的是拥有基本文献，没有文献的论述只是纸上谈兵”[①]，花山岩画科学研究的开展必须要有文献为基础，尤其是古籍资料类文献。越南使臣对花山岩画的描述，是古籍资料类花山岩画文献的重要组成部分，可以对中国古籍资料类花山岩画文献起到有益的补充作用。正如葛兆光教授所说，中国自身的史料已非常丰富，称之为“汗牛充栋”“浩如烟海”也不为过，然而，“这些来自异域的资料仍然有其价值，因为它的记载有另一个立场，它的评价有另一种眼光，它的观察有另一种角度”。[②] 因此，要重视并用好越南使臣留下的关于花山岩画的相关文献。

---

① 葛兆光:《序一》，中国复旦大学文史研究院、越南汉喃研究院合编:《越南汉文燕行文献集成（第一册）》，上海：复旦大学出版社，2010年，第1页。

② 葛兆光:《序一》，中国复旦大学文史研究院、越南汉喃研究院合编:《越南汉文燕行文献集成（第一册）》，上海：复旦大学出版社，2010年，第3页。

汉象郡府治“临尘县”方位地址的文化人类学考释

——花山古都“临尘县”的人类学系列研究之二

韦福安　么加利

摘　要： 龙州县上金乡政府所在地及周边近年来考古发现有汉代墓葬、汉庭遗址以及青铜器和玉器，“岜伤”安置骆越将士战死者灵魂的神话、民间传说与秦汉时期骆越先民抗击中原王朝或与相邻族群爆发冲突的史实较为吻合，上金乡的船街作为延续骆越先人船祭水神祈福的重要物证，以紫霞洞为中心的左江流域，壮族民间以侬垌节、抢花炮等形式传承古骆越生殖图腾崇拜文化，上金乡政府所在地周边一些村落的古今地名信息存在高度重合，尤其是运用壮族语言思维模式对照分析发现，“临尘”与“上金”所指地名一致。这些文化遗存进一步肯定了“汉象郡治临尘县所在地在当今龙州县上金乡政府所在地，花山古都就是临尘县”的基本推断。这对于构建民族文化安全有着极其重要的政治意义，也对我们准确把握花山文化的地脉和文脉，进行科学规划花山文化旅游产业有着重要的历史意义和现实意义。

关键词： 临尘县；上金乡；花山文化源地；文化遗存；考释

关于“临尘”,《汉书·地理志》记载:“临尘，硃涯水入领方。又有斤员水，又有侵离水，行七百里。莽曰监尘。”[①] 郦道元《水经注》有与“临尘”有密切关联的“斤江水”和“侵离水”记载，即“斤江水出交趾龙编县，东北至鬱林领方县，东注于鬱。侵离水，出广州晋兴郡(郡，以太康中分鬱林置)，东至临尘入鬱。”[②] 清代王先谦作《汉书补注》指出临尘(莽曰监尘)在“今太平府崇善县地”。[③] 蒙文通先生在其《越史丛考》中依据王先谦之说及《清一统志》中“太平府崇善县地为汉临尘县”的说法，进一步认定“崇善为临尘县地”。[④] 1982年出版谭其骧主编的《中国历史地图集》，西汉时期“交趾刺史部图”也将象郡府治“临尘”标在崇善县。[⑤] 这便是长期以来人们一直确信临尘县在崇善县地的主要原因。然而，或许上述学者未曾亲临左江或广西实地考察，文献描述与实际多有不符。为此，笔者曾刊文对历代学者述及“临尘、硃涯水、斤员水和侵离水”的文献或研究进行逻辑梳理和综合分析，考辨结果认为“斤南水”“硃涯水”“驩水”“侵离水”分别对应当今的河流为广西的“左江(包括左江上游平而河)”“水口河”“右江”“明江”，得出汉志记载的临尘县“应该是在当今的龙州县上金乡政府所在地，而不是在崇善县地”[⑥] 的初步结论。而鉴于在古代历史研究的学术论争中“田野考古发现的事实具有第一位的决定性的意义”,[⑦] 人类学田野工作所发现的和发掘的文化遗存对史籍记载

① 班固:《汉书：卷二八·下》，北京：中华书局，2007年，第302页。

② 〔北魏〕郦道元:《水经注》，清武英殿聚珍版丛书本，卷四十。

③ 〔清〕王先谦:《汉书补注·地理志》，清光绪刻本，第八(下)。

④ 蒙文通:《越史丛考》，北京：人民出版社，1983年，第90-93页。

⑤ 谭其骧:《中国历史地图集：第二册》，北京：中国地图出版社，1982年，第35-36页。

⑥ 韦福安:《汉象郡府治“临尘县”方位地址的文献法考辨——花山古都“临尘县”的人类学系列研究之一》,《广西师范大学学报》(哲学社会科学版)，2015年第3期，第7-13页。

⑦ 郭立新:《考古对象对考古学研究的影响——考古学反思之一》,《华夏考古》，2000年第2期，第103-108页。

资料的佐证也显得尤为重要。在南方少数民族地区，很多考古证明了我们并不应该过多寄希望于考古出土任何文物和遗址，但正如德国著名文化人类学者米契尔·兰德曼所说的那样："每一个文化创造总是包含着一种神秘的或隐藏的人类学。"① 古代社会某个民族的生产生活民俗、宗教信仰和语言文字，往往在当今的该区域民族社会中仍会留下文化印记。汉代虽在左江流域设临尘和雍鸡两个县，但仍"以故俗治"，唐宋以来朝廷也在这一地区采取羁縻制度和土司制度，直到清末民初才最终实现改土归流，这就使得骆越部族的社会组织和包括图腾仪式在内的原始生活习俗得以保留和延续。② 这使得我们运用左江流域民族文化语境还原骆越民族历史现象时更具真实感。因此，考察今龙州县上金乡政府所在地及周边近年来考古发现的古代墓葬及器物、民间神话传说、宗教信仰民俗等文化遗存，以及借助壮语思维方式对照分析"临尘"与"上金"及周边村落古今地名信息的重合度，成为考实佐证文献考辨得出汉象郡府治"临尘县"就是在"今龙州县上金乡政府所在地"的最重要路径。

一、龙州县上金乡政府所在地周边近年来考古发现有汉代墓葬、汉庭遗址以及青铜器和玉器等文化遗存，表明古象郡治临尘县应该是在明江和左江交汇的上金乡政府所在地范围

考古发现古人行为的遗迹和遗物，通常被看成古代文化的见证和无声的历史，这在历史学家和人类学家当中已是毋庸置疑的共识。2008年，

① ［德］米契尔·兰德曼著，张天乐译:《哲学人类学》，上海：上海译文出版社，1988年，第9页。

② 潘其旭:《花山崖壁画——图腾入社仪式的艺术再现和演化》,《民族艺术》，1995年第3期，第21–40页。

广西考古队对龙州县棉江花山附近的古坡遗址进行了考古发掘，出土了一批铜斧、铜矛、铜盆、铜碗和陶器，考古专家鉴定这批出土的文物为汉代的兵器和生活用品，并进而推断出这一带存在汉代古墓群。考古学认为，古墓附近一般会存在较大规模的城市或乡村聚落。2009年12月12日，广西文物考古研究学者在上金乡政府附近的“龙珠”台地上的考察工作中，挖掘出不少碎瓦片，经鉴定，这批碎瓦片属汉代的板瓦、筒瓦、陶罐等残片，据悉，这是在广西西南地区首次发现的一处面积约3600平方米的汉代遗址。据上金村里老人说，“龙珠”台地在古时候称为“庭城”，壮语又称“夯城”（南壮方言读作“汤城”，两者均意为“尾城”），“龙珠”台地对面的江岸称“江城”。上金乡政府所在地的左江半岛（以下均称为“上金半岛”）一直以来都被当地视为“风水福地”，半岛上还发现了清道光、光绪年间的土司官族墓群。在发现的汉瓦残片中，最大的一块为绳纹板瓦，约有2.2厘米厚，火候较足。据考古专家鉴定，这种形制的汉瓦是用于官署、衙署等建筑的。而从其他的筒瓦、陶罐残片也可判定，这里在汉代可能曾存在过大型建筑。考古专家因而将该遗址命名为庭城遗址。这里需要说明的是，壮族地区自古就有干栏建筑和崖洞葬的习俗。首先，与中原大型夯土建筑风格不一样的干栏建筑，表明骆越先民所居住的生态环境不同于中原汉族，干栏建筑材料在经历成百上千年风雨侵蚀之后，很容易破败消失，因此，很难通过考古发现并还原古代的城邑原型；其次，由于骆越先民多选择崖洞葬，故很难发现大型的古墓群。值得一提的是，古坡汉墓群和庭城遗址是左江流域首次发现的汉代遗址，它们都处在花山岩画分布最密集的明江、棉江一带，尤其是庭城遗址的发掘，可以认为这一带曾经是古代人口聚落规模较大的区域。保存在龙州县博物馆的骆越时代重要的王族礼器——玉戈，是多年前从上金乡那浪屯村民中征集到的，玉戈被征集前，曾作为当地师公的法事道具，据说是被征集人世代祖传下来的物品。尽管玉戈的出土、制造地点已经不详，但可以肯定玉戈的发现是在花山和紫霞洞附近的地域，因此可以推断玉戈的古代使用人应当在上金乡政府所在地的地域范围以内。玉戈是古代骆越王权的标志，据《武鸣独山岩洞葬调查简报》介绍，独山岩洞葬墓主有一把青铜戈随葬，青铜戈是从新石器时代的权力重器玉戈演变来的有令牌功能的特别兵器，这一随葬品的出土更证明了墓主的骆越将帅身份。[①] 由此可知，玉戈在上金乡流传，说明这一带早在先秦时期就存在一个重要的政治经济文化中心。此外，花山岩画开始作画的时间是战国，这说明战国时期花山岩画附近已经有足以支持作画人力、物力和财力的一座“城市”。古坡汉墓群及其出土的青铜和陶罐、汉代庭城遗址及遗物、花山岩画群密集分布带、玉戈的发现地均指向同一地域范围的信息及花山作画起始年代的信息表明，处于交通便利的明江和左江交汇的上金乡政府所在地应当是汉象郡府治“临尘县”所在，也就是足以支撑花山作画需要的人力、物力和财力的那座花山古都。此外，上金乡政府附近的明江河岸发现的多座古代码头，以及通过河岸裸露出来的有着深厚历史的古文化层，可以看出，上金乡政府所在地及其附近，古代曾是人口居住较为密集以及水上交通极为繁忙的地方。

先秦时期骆越有自己的方国，广西武鸣县马头乡、陆斡镇、两江镇在商周至战国时期都是马头方国的辖地，而马头圩是方国政治、军事、文化中心。[②] 马头方国的制铜铸铜技术最早又从中原传入，但该地域出土的春秋战国墓葬的青铜器和制铜石范也说明了骆越先人有着发现和开采利用铜矿的悠久历史。按照时间序列推测，龙州古坡遗址的铜器有可能是从骆越方国中心传入，或者是汉军从中原带入。但不管怎样，古坡遗址出土的汉

① 罗世敏:《大明山的记忆：骆越古国历史文化研究》，南宁：广西民族出版社，2006年，第16页。

② 郑超雄:《壮族文明起源研究》，南宁：广西人民出版社，2005年，第185页。

代铜器也至少说明上金乡及其附近曾在一定时期内驻扎有军队。近年来，有采沙船在花山岩画附近的江中挖出高级青铜器和玉器，如平而河岩洞山岩画附近出水的骆越王族出行使用的高级仪仗礼器鸟喙形青铜大戈，沉香阁岩画附近出水的王族高级礼器青铜鎏金大戈，巢城山岩画附近水域出水的绘有王族高级游船图案的鸟头船纹铜桶，花山岩画附近水域出水的和花山岩画上羊角纽钟样式相似的带布痕的青铜羊角纽钟，以及花山岩画附近水域发现的珍贵镶金玉块等，有专家推测这些文物要么是王族沉船的遗物，要么是王族祭祀时投入河中的礼器。[①] 不管出于何种推测，高级青铜和珍贵玉块等王族礼器出水的水域都主要集中在花山岩画密集分布的上金乡政府所在地的上金半岛周边，说明了秦汉时期在花山岩画的中心区存在一座较大规模的“城市”——临尘县。

二、“岜伤”安置骆越将士战死者灵魂的神话、民间传说和秦汉时期骆越先民抗击中原王朝或与相邻族群爆发冲突的史实存在吻合

人类学认为，任何民间传说都被视为一定族群范围的“族群性表述”和“谱系性记忆”，是特殊的历史叙述与记忆关系。上金乡民间有骆越古城和安置骆越将士战死者灵魂的传说记忆。据上金乡河抱村老人说，上金乡中山村与隔着明江相望的河抱屯一带曾是骆越兵驻守的古城寨，青铜长链横贯明江河上连接两村，后来官兵攻打骆越兵城寨，骆越兵死伤很多。那些战死的骆越兵都安葬在紫霞洞山附近，因此紫霞洞山壮语叫“岜伤”，

① 杨炳忠、蓝锋杰、刘勇等:《花山申遗论谭》，南宁：广西人民出版社，2010年，第162–165页。

即战死者山。广西宁明县民间流传《勐卡造反的兵马》[①] 传说，其大致梗概为：

从前，宁明那利有一个力气很大的名叫勐卡的青年想造反打皇帝，但是因为他没有兵马，所以只能在纸上画兵马。所画的兵马经过一百多天便可以变成真兵真马，但前提是他不能让任何人知道他画兵马之事。秋收季节到来的时候，勐卡连续画兵马已经有90多天了。但不幸的事情发生了，他母亲发现他这些天白天待在家里不外出做工，一天，他母亲趁他外出后偷偷打开箱子看个究竟，谁知道那些兵马都飞出去了。没有人知道勐卡的兵马到底飞到了哪里。后来，宁明岜耀屯有一个穷人到山上砍柴，不小心将柴刀掉在崖边，并且柴刀很快滑落下去。砍柴人便顺着陡崖爬到山脚下的明江边，突然听到一阵阵敲锣打鼓的声音从一个岩洞里传出来，原来洞里的兵马正是勐卡的画飞来变成的。

不久，皇帝便派大部人马来攻打岩洞里的兵马，勐卡的兵马寡不敌众而全部被杀光。遍地的鲜血和尸体映到明江边的岩壁上，形成了现在的花山岩画。从此以后，凡是阴雨天，人们走到明江边的岩画下，就能隐约听到哭声。当地的人们痛惜勐卡兵马的不幸遭遇，自发请道公仙婆打醮，祈祷他们英灵升天。老人们说花山岩画上的人兽图形就是当年勐卡兵马的形象。对于一些在刮风、打雷和大雨中剥落的岩画图形，老人们说：他们投生去到别的地方继续他们还没有做完的事了。

与《勐卡造反的兵马》同样的内容在《宁明县志》和《龙州县志》也有记载，除此之外，《宁明县志》还有《黄巢大败朱温于明江》和《岩洞兵马搬上崖壁住》的民间传说，《龙州县志》还有《纸人》和《马伏波将

---

① 过伟：《中国民间故事集成·广西卷》，北京：中国ISBN出版中心，2001年，第233-234页。

军作画》。[1] 上述传说大都是古代战争的内容，或是骆越将士反抗朝廷官兵，或是马援率军打败交趾兵。战争难免有大量死伤，而战死的骆越将士的灵魂则要在能沟通人神的巫师的超度下并经由一定的路径才能到达它们的归宿地——“天”，“中越跨界的壮、岱、侬族群与泰国的泰族一样，都信仰‘天’，壮、岱、侬族群‘天’的发音为‘then’，‘then’发音与‘神’相同，泰国的泰族‘天’的发音‘thɛm’，跟‘仙’的发音也相近。因此在布傣人心目中，信仰‘天’，即是信仰神仙，是创世神或保护神，神仙住在天宫。布傣人‘做天’即是请天宫的天神下凡，为人们消灾祈福。”[2] 壮族远古神话《天地分家》中有旋转着的一团大气变成一个三黄蛋爆炸成三片分别成为天上、人间和地下“三界”之说，这反映了壮族先民的宇宙三界观。“三界”说在壮族师（道）公经书里多有记述，如一些经书开头都有“三盖（注“盖”即“界”，“界”在壮语方言中读“盖”）三王置，四盖四王造”的经文。壮族先民的三界宇宙观的象征意蕴也体现在壮族铜鼓的造型中，铜鼓上下突棱将鼓身分为三节，鼓面是天上，有象征太阳崇拜的太阳纹和象征雷神崇拜的云雷纹，鼓身有鱼纹、羽人等景象寓意地上人间，鼓足是水波纹，是人间和地下的分界，铜鼓因此成为壮族先民沟通人间与天上地下的神器。古代壮族村社“寨老”往往是由技术高超的巫师来主持击鼓沟通人神的仪式，今天的壮族民间仍有师公击鼓祭祀的痕迹，丧葬习俗中师公主持的亡魂超度仪式。我们可以据此推断，左江流域古代壮族先民认为高耸的崖壁是亡魂登天的理想通道，在崖壁上绘制代表着战死的骆越将士的人像，巫师通过特定的巫术礼仪将这些战死的骆越将士的

---

① 龙州县地方志编纂委员会:《龙州县志》，南宁：广西人民出版社，1993年，第700–701页。

② 韦福安:《布傣天琴原生文化的跨国界传承认同》,《广西社会科学》，2013年第6期，第150–154页。

魂灵通过高耸的崖壁送入永生的天界。

花山岩画的作画时间是从战国早期到东汉的前后600多年里，这一时间推定早已被学术界广泛认同。这一时期，生活在华南的壮族及其先民时有抗击中原王朝或与相邻族群爆发冲突的史实，史籍也有记载。如《史记·吴起传》和《后汉书·南蛮列传》都记载了楚悼王在公元前401年至公元前380年启用吴起“南平百越，北并陈蔡。”可知这一时期楚越之间发生的军事冲突属于强迫兼并。始皇二十八年（公元前219年）秋冬，秦始皇命尉屠睢率50万大军兵分五路挥师岭南，遭到越人顽强的抵击。始皇三十三年（公元前214年），秦统一岭南，置桂林、象郡和南海三郡，而左江流域属象郡所辖范围。事实上，秦始皇统一岭南战争中，第一阶段几乎没有遇到太大的阻力，很快就打下了广东地区，而在广西则打了6年之久，并且是秦军以“伏尸流血数十万”的代价才统一广西及越南地区。[①] 公元前207年，南海尉赵佗击并桂林、象郡而据岭南建南越国，拒绝归汉。公元前112年，汉武帝遣20多万军队攻伐南越。公元前111年，汉军攻占南越国都番禺，存续93年的南越国灭亡。《后汉书·马援传》记载交趾女子征侧及其女弟子征贰叛乱并自立为王，光武帝（刘秀）于建武十七年（41年）“于是玺书拜援伏波将军，以扶乐侯刘隆为副，督楼船将军段志等南击交趾。”次年，马援大破二征部众并斩首数千人。建武十九年（43年）正月，马援擒获二征，将其斩首，并将其首级传至京都洛阳。以上所列历史大事件为正史所记载，而这期间壮族及其先民与中原王朝或相邻族群所爆发的小冲突亦应不少。尽管史籍没有记载汉代马援将军率军经过上金、龙州入交趾征伐二征，但顾祖禹《读史方舆纪要》记载明正德年间太平府的威震关提到，威震关“志云旧在衣甲山下，一名伏波关，相

① 郑超雄:《从古国到方国——壮族文明起源的新思考》,《广西民族研究》，2003年第4期，第60-68页。

传马伏波征交趾时所筑。”[①] 龙州有班夫人投江传说和龙州城建有伏波庙，响水（在今龙州至崇左江州区的丽江中段）与三叉交汇处有规模不小的古代造船码头遗址，可提供马援部将的补给及交通工具的制造与维修，加上古坡遗址考古发掘出土的一批古代兵器的铜斧和铜矛。我们可作这样的推测：汉代马援任伏波将军奉命兵分两路前往交趾镇压征侧、征贰时，一路溯郁江、邕江、左江而上，经今龙州县城并在龙州一带屯兵筹粮，从平而关和凭祥入交趾，乃与上金、龙州的地理环境及其在桂西南的重要地位有关。可见，左江岩画作画与发生在岭南地区的战乱事件和民族冲突在时间年代和地理位置上基本可以相对应。有学者一再声明并非有意将这一时期的左江岩画作画与岭南地区的战乱事件对号入座，却因两者之间如此的吻合绝非偶然，故而推断“左江崖壁画上绘制的巫术舞蹈，主要就是超度那些在战乱年代里为民族、氏族利益而战斗牺牲的烈士英魂。”[②] 至今，壮族师（道）公在超度亡灵的法事中仍有“开路瓦”仪式，即在瓦顶开天窗，架上木梯，在木梯上铺上白布匹，死者的灵魂就会经由梯子通过天窗升入天堂。广西龙州金龙壮族布傣支系有人生必须经历“三座桥”（桥、渡桥和天桥）之说，其中的“天桥”就是法师将亡魂送上天堂的搭桥仪式。从花山岩画上反映的骆越巫术仪式，再到当今左江流域壮族的原生态民间宗教信仰，绝不会是一种孤立的偶然的信仰现象，而是一个绵延不断的信仰传承体系。神话感知在近现代科学的光芒下不得不逐渐消失，“但是这并不意味着我们的观相学经验的事实本身被摧毁和消灭了。它们虽然失去了

① 〔清〕顾祖禹：《读史方舆纪要（第十册）》，贺次君、施和金点校，中华书局，2005年，第一百一十卷，第4954页。

② 黄桂秋：《巫麽信仰：广西左江崖壁画新探》，《宗教与民族（第五辑）》，北京：宗教文化出版社，2012年，第150页。

一切客观的或者宇宙论的价值，但是它们的人类学价值继续存在着。”[①] 换言之，上金乡民间传说并非空穴来风，它折射了左江流域骆越群落对古代兵家必争之地 —— 左江骆越古城的历史叙述和记忆。

三、上金乡的船街是骆越先人船祭水神祈福的重要文化遗存

船在近代公路通车之前，是人类出行所依赖的最为重要的交通工具之一，其名称来源于“舟”字。甲骨文和金文的“舟”字的构形都像一只木船，篆文则承续金文字形。秦始皇推行书同文之后，隶书“舟”字始与现在的文字相近。关于舟的用途,《说文解字》解释道:“舟者，船也。古者共鼓、货狄，刳木为舟，剡木为楫，以济不通。象形。”早期的字形像独木船的形状，来表达舟主要是作为人们渡河的交通工具。骆越先民没有自己的文字，故常以直观形象的写实图像表达物体以及人们的行为，如左江岩画上的渡船形图像，表达了骆越自古是亲水而居、靠船出行的民族。学界大致认同了花山岩画的内容凸显的是骆越人原始宗教祭祀的主题，因此可以断定,“舟”在壮族人心目中除了表达人们生产生活的重要交通工具的含义之外，祭祀祈福也成了其重要的功能。

祭祀水神是骆越人重要的宗教仪式，每到滩险水急处，骆越人都要举行祭祀水神的仪式，以求旅途平安或招抚遇险的亡魂。左江流域自古以来就是洪水多发区，而且灾情都极其严重。据《宁明县志》记载：明江河下游，河道迂回狭窄，泄洪欠佳，水灾显得特别严重。大洪水或特大洪水一般发生在7 — 9月，绝大部分是由台风雨形成。倘若左江上游其他支流同

---

① ［德］恩斯特·卡西尔:《论人 —— 人类文化哲学导论》，甘阳译，上海：上海译文出版社，2013年，第130页。

时暴发洪水，左江洪水产生顶托，则后果更为严重。如明永乐六年（1408年）农历七月，淫雨水涨环城；清光绪七年（1881年）农历八月十五日大洪水致明江两岸形成纵横25 — 30公里汪洋，溺死58人，牲畜、财物等损失甚巨；民国二十九年（1940年）农历八月十四日洪水，思乐沿河各村街牲畜被淹、冲走不计其数；1980年7月25日的明江大洪水淹死、冲走耕牛35头、猪36头、鸭1160只、鸡250只，死亡5人。[①] 相同或相近时间段因洪水暴发导致家毁畜死人亡的记载在龙州、崇左（今江州区）和扶绥等地县志俯拾皆是。近现代的人们抵御洪水的能力远超古代，但面对洪灾尚有诸多无奈，更何况早期生产力极为低下的骆越先民，他们只能因畏惧而将汹涌而来的洪水视若大自然神灵，并且加以虔诚祭拜，可见洪水对骆越先民的影响是巨大的。洪水灾害在壮族神话中也有很多描述，如兄妹结婚繁衍后代的神话流传于广西各地，讲述的是在从前的一场洪水劫难中，人类只有兄妹两人幸免于难，为了繁衍后代，兄妹只能冲破传统伦理结为夫妻繁衍后代的故事。左江花山岩画作画地点的选择反映了壮族先民希望将死去亲人的灵魂送去天堂的强烈心愿。有学者认为，花山岩画有6个地点都发现了舞人在船上和岸上歌舞的隆重场面，是骆越人祭祀水神礼仪所跳巫舞的反映。[②] 在调研时听到上金乡一些老人有这样的说法：左江流域在古代经常发洪水，沿河居住的村落也经常被大水冲毁，村落里的牲畜甚至是一些来不及转移的人被大水冲到河里淹死。当地人将在外遭受意外伤害的非正常死亡的人称为“披伤”，“披”是鬼的意思。洪水过后，被冲走淹死的“披伤”一般在河流急弯处的漩涡

① 宁明县志编纂委员会:《宁明县志》，北京：中央民族学院出版社，1988年，第61-64页。

② 陈远璋:《左江岩画舞蹈图像初探》,《中国铜鼓研究会第二次学术讨论会论文集》，北京：文物出版社，1986年，第149-150页。

中浮上来。为了避免“披伤”的鬼魂回来祸害人间，人们便在河流弯道的岩壁上作画祭祀，“披伤”鬼魂便可以经由岩壁升入天界找到安身的地方。该说法或许带有附会之嫌，但在左江流域发现的79个岩画地点中确有70个地点是临江的，占总数的88.6%，其中又有54个作画点是位于水流湍急的江河的拐角处，约占地点总数的68.3%，约占临江地点总数的77.1%。[①] 此外，壮族民间至今仍有请师公为“披伤”招魂的法事，接回在外意外死亡的“披伤”尸体不能进家门，所做的超度法事仪式只能在屋外进行，甚至有些村落担心惊扰祖宗神灵而不允许“披伤”进村安葬。为了实现引魂升天，巫师还需要借助一定的工具，其中花山岩画中的渡船形图像便是指骆越巫师引魂升天的工具。骆越人也有死后用船形棺安葬的习俗，如1976年广西贵县（今贵港市）罗泊湾一号汉墓挖掘出土的葬有7名殉葬者的棺材，形如独木舟，均是将圆木中间刳空以葬尸骨；右江沿岸的平果、田东、田阳等地岩洞葬中发现的棺木，也都是用圆木制成独木舟形状。此外，在广西各地出土的铜鼓上也会有大量的羽人划船纹。法国学者V.戈鹭波认为，东南亚婆罗洲达雅克人超度死者亡灵到云湖中央的“天堂之岛”用的“金船”，其作用与广西铜鼓上羽人划船纹相类似，其本质都是运送灵魂升天的“灵魂之舟”；另一位法国学者鲍克兰也认为，达雅克人用犀鸟的头和尾作装饰“金船”的船头和船尾，其功用也是“引魂”，将“亡魂”送到云海中的“天国”；左江岩画中也有不少头上插有羽翎的人形图像，我们也可以称之为羽人，岩画中站在船上的也多为羽人，他们则是运送灵魂升天这一仪式的参加者，这和铜鼓船纹上的羽人图案具有同样的文化功能。由于铜鼓在古代西南少数民族中被视为神物，具有沟通人与神的功能，显然，用船“送魂”的图案出现

① 广西壮族自治区民族研究所编：《广西左江流域崖壁画考察与研究》，南宁：广西民族出版社，1987年，第21页。

在铜鼓上是不难理解的，因此，左江岩画中的羽人划船纹同样表示的是“送魂”。①

现存的建于1928年的上金乡中山村的船街（因这条街酷似一艘船，故称船街），从船头穿过牌坊连接明江古码头，见证了民国初年邕龙公路通车和崇左驮卢至天等龙茗公路路基建成前这里曾是亘古以来左江流域最重要的交通中心。船街两边共有民房76间，均为盖小鱼鳞瓦的骑楼式两层砖瓦木架结构的楼房，街道全长172.3米，其中船头、船身长105.8米，船尾长66.5米；船头宽12米；船身最宽处25米；船身与船尾交界处宽8米。船街曾是民国上金县政府公署所在地，房屋除了作为县府用房外，绝大多数都是商铺，船街54号大门右侧青石墙上有一副石刻的行业对联：“土能生白玉，地可产黄金。”说明当时住在这里的人多数是官员、商贾、富人等。船街前身为建于清咸丰元年（1851年）有名的窑头圩，清道光年间，由南宁水运至左江的大宗食盐都以窑头为转运站。窑头到沿明江上溯上思、经平而河和水口河进入越南，因河滩险阻或河道窄小，须用小船转运，因而各地船只都停泊窑头，所以窑头又有盐埠之称。可见，明江和左江交汇处的上金乡政府所在地是古代左江旺盛的商贸集散地之一。

由于船街街道形状酷似一条平躺的大鱼，鱼嘴连着码头，当地人也将船街称作“鱼街”，后人因附会“鲤鱼跳龙门”之义，故又称“鲤鱼街”。以鱼为图腾崇拜对象的氏族部落或民族，世界各地均有不少，据统计，澳大利亚从沿海到内陆的96个氏族部落中，共有798个图腾，其中鱼图腾有102个；美洲印第安人的110个氏族中14个氏族以鱼为图腾；非洲土著民族巴希马（或称巴欣达）部落中的所有氏族，以及奥克兰科人和南卡尼斯等部落也有以鱼为图腾的氏族。在中国，傈僳族、白族、满族、侗族和部

① 肖波：《左江岩画几个问题的思考》，《三峡论坛》（三峡文学理论版），2013年第3期，第85–93页。

分布依族等少数民族也有以鱼为图腾的民间神话传说。[①] 骆越民族自古亲水而居，关于越人的鱼图腾崇拜问题之研究，早有刊于《古代文化》1937年第15期蒋玄佁先生的《吴越鱼图腾考》一文；关于壮族、瑶族等先民的鱼图腾崇拜，闵叙辑的《粤述》有记载："……而鬼鱼则出蛮洞中，似灵。猺浾（瑶壮）取而祷之。食，人即死，这种'鬼鱼'即是被人视为图腾禁忌的鱼。"但是与同是越人后裔的瑶、苗、侗、布依等民族相比，壮族的鱼图腾崇拜的痕迹比较淡。[②] 尽管现在左江地区民间仍有用"三牲"（猪肉、鱼、鸡）祭祖的习俗，并且桂西龙津壮族农村曾流传有民间故事《白鸽姑娘》说鲤鱼乃龙太子的化身。[③] 但并不意味着这就是该地区的人们以鱼为图腾崇拜对象的文献记载。民间传说尽管可以被视为历史研究的史料来源之一，但倘若缺乏其他文献史料的佐证和考古物证的支撑，民间传说往往就会失去证明效力。况且在广西出土的铜鼓上没有刻有鱼形（鱼纹）图案，出土的汉代墓葬也没有与鱼相关的物证，甚至在记录几千年前骆越先民大型巫术仪式的左江花山岩画中，也都没有看到任何鱼或鱼纹的图案。因此，左江流域壮族先民自古以来应该没有以鱼作为图腾崇拜对象的习俗。由此可以断定，当地人将船街称作"鱼街"进而附会"鲤鱼跳龙门"之义而称"鲤鱼街"，这与民间利用"鱼"与"余"同音而以鱼祈盼生活"富余""吉庆有余"或"连年有余"等吉祥语一样，只是具有象征的意义，而并非骆越先人将鱼作为图腾崇拜对象的遗风。相反，从古至今，船在左江流域人们的生产生活和生意往来中的重要作用不可替代，直至今日，该地区一些地方因自然山水阻隔的人们，日常出行仍主要靠小木

---

① 何星亮：《半坡鱼纹是图腾标志，还是女阴象征？》，《中原文物》，1996年第3期，第63–70页。

② 黄达武：《刘三姐与鱼图腾崇拜》，《贵州民族研究》，1990年第2期，第48–54页。

③ 胡仲实：《壮族文学概论》，南宁：广西人民出版社，1982年，第51页。

舟作为交通工具。

由此，我们认为花山岩画上的渡船形图像、岩洞葬中的船形棺材和船桨及船街之间有着密切的关联，而有壮族船祭水神祈福观念的重要文化遗存的船街就在上金乡政府所在地。我们因此可以勾画出上金乡政府所在地曾经是非常繁华的“古都”和“商埠”，至少是相当繁华的古骆越人部落。

四、古骆越生殖图腾崇拜文化在以紫霞洞为中心的左江流域壮族民间以侬垌节、抢花炮等喜闻乐见的形式代代传承

母系氏族公社的原始人，将某种动植物、无生物或自然现象视为氏族的亲属、祖先和神，这种现象称为图腾崇拜。几乎所有的氏族都经历过原始社会制度，图腾崇拜因此是世界各民族先民共有的自然习俗。经历漫长的社会发展，伴随人们抽象思维的产生，人们开始意识到自己的祖先并非动植物而是人的时候，图腾祖先崇拜便逐步过渡到人祖先崇拜了。在花山岩画场景中，我们看到太阳、象征雷神的铜鼓、蛙形舞、男根、男女交媾等图案，加之岩画所处的山川、河流等自然生境，俨然展现的是一幅壮族先民由图腾崇拜到人祖先崇拜的宏大历史画卷，而象征生命繁衍的生殖崇拜则无疑地成为岩画的主题。有学者根据史籍记载和壮族的雷王神话传说认为:“左江流域崖壁画中的人物图像以青蛙的形状为模拟对象，除了要向青蛙祈求生殖和丰饶外，则主要是通过青蛙与雷神的沟通，以得到雷神的来自生殖和丰饶方面的保佑。…… 铜鼓在左江流域崖壁画中出现，与人们祭祀雷神有一定的联系。”① 花山岩画上的雷公（铜鼓上的云纹）、铜鼓、青蛙同时展现，反映的是左江流域壮族先民祈求生育和集团繁衍图腾

① 唐华:《花山文化研究》，南宁：广西人民出版社，2006年，第167–169页。

崇拜的抽象思维。杨堃认为，“蛙”是“娲”的原型，女娲是蛙图腾氏族的女氏族长，女娲氏的由来，原是一个通名而非专名，是指生育人类的原始祖母而言。[①] 叶舒宪也赞同此观点，并进一步指出：“蛙与人类比的另一重要原因是婴儿出生与蛙相类似，婴儿哭声也酷似蛤蟆叫，所以汉语称小儿为‘娃’，发音恰恰与‘蛙’相同，两者皆为摹声词。根据音近义通的语用原则，蛙与娃、蛙与人也就自然联系起来了。”[②] 邓伟龙指出，左江流域花山崖壁画中的青蛙图腾是女性生殖崇拜的体现，而从影像的整体来看，腹部凸起的明显具有女性特征的并不多，更多的是正面的人像几乎男性化的双手向前屈肘上举，两腿下屈呈现半蹲式的影像，人物侧影中特别突出代表男性的阳物，把作为女阴象征的掌形附诸他们身上而不是真正的女性身上。夸张表现男根至少表明男性在社会中的主宰地位，因而女性生殖崇拜让位于阳物崇拜，本来属于女性生殖的特征和功能，也被让渡到男性的身上，图腾已由女性生殖崇拜转变为男性生殖崇拜。[③] 花山岩画上不少画面所展现的正是骆越人从蛙图腾崇拜渐进到人祖先崇拜、从女性生殖崇拜过渡到男性生殖崇拜的几千年文化累积的历史动态变化进程。石头一向在人类原始文化中具有特殊的生殖意义，其在壮族文化中亦有独特表现。廖明君先生认为：“石头在壮族先民的原始思维中不仅是一般的自然物，而且是具有神秘生殖力的东西。这就是壮族先民选择石头来制作女阴和男根象征物以及石铲的文化基础。”[④] 在上金乡中山村附近的清代土司官

① 杨堃：《杨堃民族研究文集》，北京：民族出版社，1991年，第499-502页。

② 叶舒宪：《千面女神——性别神话的象征史》，上海：上海社会科学院出版社，2004年，第149页。

③ 邓伟龙：《历史性别视角下的壮族青蛙图腾》，《文艺理论研究》，2009年第4期，第137-142页。

④ 廖明君：《性器崇拜与生殖崇拜——壮族生殖崇拜文化研究（上）》，《广西民族学院学报》（哲学社会科学版），1995年第1期，第40-46页。

族墓群中，发现了许多用石器凿刻成的男性生殖图腾，尽管这些男性生殖崇拜图腾石器属于清代，但遗留石制生殖器图腾残件之多亦表明了当地沿袭着骆越先民对于男根的强烈崇拜的文化遗存。

骆越人对于岩洞的崇拜，除了早期骆越人作为“住在山洞的人”的情结之外，更是因为从世居岩洞的历史衍生出了岩洞生人的女性生殖器崇拜。壮族地区如今仍有岩洞生人的神话，如“骆越始祖女神乜洛甲的生殖器变成一个大岩洞给人类和鸟兽遮风躲雨”[①] 和“乜洛甲把自己孩子送进山洞寄给兰太（娘家）抚养管教”[②] 的神话。孩子们从哪里来？“当乜洛甲创造了山川大地，河水冲击岩石出现一个洞，布洛陀就从洞里走出来，和他一同出现在世界上的是四兄弟 —— 老大是雷王（壮语叫 Duz byai），老二是蛟龙（壮语叫Duz ngieg），老三是老虎（壮语叫 Duz guk）……”[③] 上述神话寓示着人类和鸟兽都是生自乜洛甲的生殖器，因此，女性生殖器与岩洞在此获得了明显的结合。有壮族研究学者认为：“岩洞生人的神话体现出壮民族对自然界中岩洞的崇拜，通过生殖崇拜（岩洞隐喻女阴）的桥梁走向祖先崇拜（布洛陀、乜洛甲）的顶点。”[④] 左江流域是骆越人洞穴居和岩洞葬分布较为密集的地区，他们与岩洞有不解情缘，如该地区盛行的“侬垌节”歌圩习俗。“侬垌”是壮语音译，古壮字读作“岿”，“侬”即“下来”的意思，“侬垌”即是从洞里下来的意思。为什么要从洞里下来？在农耕时代，人们已把对岩洞生殖的崇拜，转化为祈雨及保佑农作物

① 蓝鸿恩文集编委会：《蓝鸿恩文集：故事卷》，南宁：广西民族出版社，2004年，第3-4页。

② 农冠品、过伟等：《女神·歌仙·英雄》，南宁：广西民族出版社，1992年，第13页。

③ 中国各民族宗教与神话大词典编审委员会：《中国各民族宗教与神话大词典》，北京：学苑出版社，1999年，第783页。

④ 黄桂秋：《壮族“岩洞情结”的人类学分析》，《河池学院学报》（哲学社会科学版），2006年第6期，第101-105页。

丰产的祖先崇拜，祭祀活动才从洞中转到平地。而从洞里下来到哪里呢？只能选在“垌”（后标准汉语读作“峒”，即山间比较开阔的地方）。“侬垌”因而也可写成“侬峝”，即“侬垌节”演变成为骆越人集中在山间开阔的田野上求雨、祈福消灾和祈求骆越人繁衍生息的祭祀活动。歌圩与祭祀合一乃源于远古骆越的习俗，左江流域“侬垌”歌圩必唱颂祖先，如今这一习俗仍然流传于左江流域一些地方。崇左市大新县宝圩街农历二月十九日歌圩节那天，在当地师公的主持下，当地群众先在紫云洞举行隆重的祭神活动，祭神活动结束后，师公将事先制作好的神像装进轿子，由当地群众选出四名代表从洞中抬着神像下山沿街巡游，以表示请天神下凡保佑百姓五谷丰登、生意兴隆和四季平安，在众多的巡游方队中，有儿童组成的方队紧跟在神像之后，这显然寓示着人们请求祖先保佑子孙繁衍昌盛的意义，而沿街居民每家每户则在门口摆上鱼、肉、水果、糖饼等供品供奉。请神下山巡游结束后，举行隆重的山歌大赛活动，龙州县不少山歌手驱车前往参加山歌大赛。同在农历二月十九日那天，也是崇左市江州区左州镇的金山“花炮节”，当地的师公、巫婆以及众多善男信女除了请天神沿街给各家各户送福外，人们还自发组织山歌对唱，抢花炮也是当地人喜爱的活动，金山抢花炮还有特殊的寓意：“头炮求子，二炮求财，三炮求平安”，显然，左州金山歌圩节和抢花炮蕴含着浓厚的拜祖求子祭祀印记。龙州的丽江和明江都曾有一种古老的祭祀水神白母娘的习俗，游修龄先生在《龙舟、端午节和屈原》一文中记载了广西宁明县当地的传说，古时候的蛟龙叫“图额”，是壮族的雌性水神，农历五月初五举行龙舟的活动不是纪念屈原，而是白母娘 …… 在（龙舟）竞赛时，还要放鞭炮和地炮，炮声和呐喊声此起彼应，十分热闹。与他们祖传的《端阳节歌》所唱的一致：“划船恭敬白母娘，鞭炮地炮响连天。”壮族地区龙舟的演变，更为明显地说明端午纪念屈原是后来受到汉族的影响，他们最初祭祀的白母娘（蛟龙图腾）才是与古百越族同源。① 白母娘就是左江流域骆越祖母神，花山岩画密集分布的明江和棉江地带是骆越祖母神白母娘的祭祀中心，而这个中心的中心就是紫霞洞。相传古代每年的农历五月初五，越南北部红河流域、左江流域等各地数万群众汇集紫霞洞祭祀白母娘，并举行隆重的抢花炮和歌圩活动。因龙州有汉代“班夫人”传说，后人遂将骆越祖母神白母娘附会为“班夫人”，近代又把“班夫人”附会为观音神，白母娘祭祀日因而变为农历二月十九的观音诞，宝圩街和左州镇的农历二月十九日观音诞才因此得来。“一个文化在某地发源，如果这个文化长期发展，中途没有消亡，那么它的源地会以传说的形式、史诗的形式、族谱记载的形式，被长期保留在群体记忆中。”②

五、上金乡政府所在地周边一些村落的古今地名信息存在高度重合，尤其是运用壮族语言思维模式对照分析发现“临尘”与“上金”所指地名一致，这更进一步说明了近代的“上金县”县治最有可能是汉象郡府治“临尘县”之所在

汉代对其经略岭南时所设的行政区名与当时当地民族语言的密切关系已众所周知，如壮族地区以“那”“板”“峒”等壮语语音起头的“齐头式”命名的城镇和村寨颇为常见，故借助壮族语言思维模式分析汉字表达古代壮族语言所指的地名，或许不失为民族地区考古工作值得关注的一种思路。龙州县上金乡政府附近的中山村河抱屯，与紫霞洞同处明江的一面河岸，距离紫霞洞约两公里，三面环山，一面沿江。该屯居民房屋沿河而建，在居民区与环山之间，分布着几百亩水田地，当地人称这片水田

① 游修龄：《龙舟、端午节和屈原》，《寻根》，2001年第3期，第4–11页。

② 唐晓峰：《文化源地崇拜》，《中国西部》，2013年第2期，第10页。

为“那邑”，意即山下的水田，很显然，这里以前就曾存在过一个较为富裕的农耕部落聚居区。据当地人说，该屯原称“满藤堂”（“满”是南壮方言中“村”或“屯”的意思，而北壮方言则读“板”），“藤”的意思是链子，“堂”是壮语中“铜”的转音。传说古时在河抱屯曾铸有一条铜制粗链横过江水连接左江半岛，方便人们交通和物资的过往。如若秦汉时期当地确实存在过“藤堂”（铜链），那么可以想象：在生产力极其低下的年代，骆越人建造一条渡河铜链，需要花费巨大的人力物力，说明当时人员、兵员及其物资的流通会是量大且频繁的；如果没有一个拥有相当人口规模的“城市”在附近，就没有必要也不可能有那么大的人力物力支撑渡河铜链的锻制。也有人将“藤堂”称为“等荡”，“等”字壮语意思是“竖立”，“荡”字借助南部壮语方言发音为“铜”，则“等荡”连读意思是“竖立铜柱”，这就意味着，河抱屯就是“竖立铜柱的村庄”，这似乎也可以推测汉代马援率汉军攻下这里的骆越城邑后曾在这里竖立过铜柱记功。不管当地民众将河抱屯称为“藤堂”还是“等荡”，其隐含的骆越古地名的信息自不待言。汉志记载的“临尘”显然是壮族古地名的汉字表达，“临”字在壮语方言中有两种读法，即“lam^4”或“nam^4”。“lam^4”是北壮方言读法，有“水”和“河边”的意思，“nam^4”是南壮方言读法，也是“水”的意思；壮语方言“大”是江河的意思，“临”就是“大”。“尘”在壮语中读“$khan^2$”，是“河边、岸上、上面”之意。这样“临尘”所表达的意思是水边、河边的地方。由于汉志将“临尘”与“除涯水”“斤南水”和“侵离水”三条河流并列记载，由此推断“临尘县”就应该是建在“斤南水”“除涯水”和“侵离水”汇合处岸边的县城。史籍记载的“斤南水”是指包括左江上游越南段的奇穹河在内的左江干流全段，“斤南水”在一些不同版本的古籍中也写成“斤湳水”或“斤江水”。“斤南”在南壮方言中是指“吃水”或“喝水”的意思。不管是“南”“湳”还是“临”，其壮语读法都是表示水或江的意思；“尘”与“斤”在古汉语中读音相近，由此可推断“临尘”就是“尘江”或“斤江”。从现存的地名看，龙州县上金乡的左江边确实有一个名字叫“勤江”的村落，“勤江村”过去曾用名“芹江村”。“尘”“斤”“勤”“芹”都是壮语的音译，表示“上面”或“天上”之意。勤江村的地名信息表明“临尘”（即“左江”）所指的具体河段就在龙州县上金乡地界。[①] 另外，笔者在调研中偶尔听到当地有“象郡”即“上金”的民间说法，由于受到壮语方言发音习惯的影响，操南壮方言的一些人至今仍有将“像”字读作“上”和将“郡”字读作“尽”或“金”的现象，故将“象郡”读作“上金”便是很自然的现象。事实上，“象郡”和“上金”在南壮方言的读法也是极其相近的。由于“象郡”即“上金”之说在历史上没有任何文献记载，故其音近或许只是巧合而为民间茶余饭后之闲谈而已。然而，“一个民族的语言，是有其传统性的。在长期的发展过程中，当然有所演变，但许多词汇因与人们生产、生活有着密切关系，为人们所常用而有较长的生命力。”[②] 此外，值得关注的是，古临尘县在汉代王莽主政时改为监尘县，壮语“监”和“金”音近，“监”在壮语中是山洞的意思，“监尘”即是“岩洞上面”的意思，“上金”的壮语意思也是岩洞上面。在语言思维模式中，壮语是“中心词（A）+修饰词（B）”的顺行结构，侧重于事物的本体和第一性，具有类别化、整体性的思维特征，形成“A+B”型的思维模式；汉语是“修饰词（B）+中心词（A）”的逆行结构，侧重于事物的形体和第二性，具有情态化、具象性的思维特

---

① 韦福安：《汉象郡府治“临尘县”方位地址的文献法考辨——花山古都“临尘县”的人类学系列研究之一》，《广西师范大学学报》（哲学社会科学版），2015年第3期，第7–13页。

② 黄现璠、黄增庆、张一民：《壮族通史》，南宁：广西民族出版社，1988年，第9–10页。

征，形成“B+A”型的思维模式。[①]“监尘”是壮族语言思维模式，“上金”是汉语语言模式。如果将“上金”转换成壮族语言思维模式，即“金上”，则“金上”显然与“监尘”如出一辙，由此可以推断，近代的“上金县”县治最有可能是古代“临尘县”之所在。查上金乡，既濒临左江且附近又有重要岩洞的当属紫霞洞文化遗址，因而左江流域只有近代的“上金县”称得上是岩洞上的县。

六、结语

文化地理学认为，文化的产生与自然地理环境息息相关，某种文化的产生必定有它的发源地。换言之，花山文化必有它的中心地，这个中心地或许就是左江流域的骆越政治、经济和文化中心。这个中心究竟在哪里？要找到这个问题的答案，得从左江流域岩画分布最密集的区域考察入手。左江流域岩画多沿江分布，表明骆越人多沿江聚族而居，每处画点就是一个氏族或部落的祭祀点，其附近必有古人的聚居点。岩画分布点的密集程度和大小，可以断定古代氏族部落分布的密集程度和人口的密度。岩画分布点以龙州县上金乡为中心，向两边沿河伸展。上金乡周边岩画分布最为密集，可以推断，这一区域当是骆越时期桂西南人口最为密集的地段。就规模宏大的宁明花山岩画而言，梁庭望教授等认为：“没有强大的政权和相当雄厚的财力是做不到的。得有大量的颜料，大量的木料，繁杂的后勤保障，严密的安全措施，手法高超的画师，缺一不可。”[②]换言之，明江花

① 潘其旭：《壮语词序顺行结构的A＋B型思维模式与汉语词序逆行结构的B＋A型思维模式的比较研究——壮族文化语言学研究系列论文之一》，《广西民族研究》，2000年第2期，第38–53页。

② 梁庭望、朱秋平：《遗落崖壁间的壮族古骆越文明》，《中国文化遗产》，2007年第6期，第24–30页。

山岩画附近必定曾经存在一座持续几百年繁荣昌盛的具备支撑宁明花山作画的人力和物力的骆越“城市”，这个“城市”应该就是汉志记载的“临尘县”。

虽然左江流域古代社会发展史一直还没有被系统写出来，但追溯这一发展的每一步骤对于每一位人类学者而言，都是充满吸引力的事，它足以使人们对于该区域的骆越民族文化生活图景获得真知灼见。毕竟建立在真实史料基础上的文化人类学方法正是把马克思提出的历史与逻辑相统一的科学方法落到实处。从汉志记载的临尘、硃涯水、斤员水和侵离水等地理信息看，要明确汉象郡府治临尘县的方位地址，需要符合以下条件：一是临尘县濒临左江，且位于左江与其重要支流硃涯水、斤员水和侵离水交汇处，水上交通便利；二是在该处及其附近发现汉代以前的青铜器、玉等遗物；三是有丰富的壮族民间神话、民间传说记忆遗存及其相关联的史实；四是有丰富的古骆越祭祀水神、生殖图腾崇拜等民间信仰文化遗存；五是有壮族古地名的证据支撑。尽管一些学者仍持有临尘县所在地为太平府治崇善县的观点，而令人遗憾的是，目前在崇善县地缺乏足够支撑这一观点的考古遗物和与“临尘”密切关联的骆越古地名，这恰恰证明了汉象郡府治临尘县并非在太平府治崇善县。相反，整个左江区域只有龙州县上金乡政府所在地符合“临尘县”作为左江流域古骆越地中心的条件，加之上金半岛和龙州城作为古代郁江流域与红河流域两大骆越区域之间的交通枢纽，以及龙州县自古以来一直是桂西南重镇的历史地位。由此，本文进一步断定：汉象郡治临尘县所在地在当今龙州县上金乡政府所在地，花山古都就是临尘县。

当2016年7月15日在土耳其伊斯坦布尔举办的联合国教科文组织第40届世界遗产委员会会议上确定了“左江花山岩画文化景观”成功入选《世界文化遗产名录》之际，左江花山岩画便已开启了它的后申遗时代，追寻左江花山的文化源地便将不可避免地引起人们的更大关注。因此，上述关于花山文化源地（即文化中心）的推断若能成立，这将毫无疑问地对于构建民族文化安全有着极其重要的政治意义，同样也对我们准确地把握和分析左江花山文化的地脉和文脉，因地制宜地科学规划花山文化旅游产业，推动广西西南边疆地区旅游及相关经济产业发展，有着重要的历史意义和现实意义。

生殖信仰观念的延续

——左江花山岩画文化与壮族传统服饰习俗关系

谭金玲　韦福安

摘　要：壮族民间集体仪式中仍存在的裸俗与岩画上壮族先民在参加的集体祭仪，都表现为一种征服自然的力量表征和崇神尚祖的原始虔诚之美的文化内涵，壮族先民卉服习俗背后的宗教意识，是骆越先民真实生活的艺术升华，羽饰习俗与花山岩画所反映的壮族先民用鸟兽羽毛为饰祈求氏族繁荣的生殖信仰相吻合，花山岩画直观反映的壮族生殖信仰观念同样在壮锦动植物图案中得到含蓄表达，壮族服饰习俗因而成为花山岩画文化的重要文化遗存之一，并且自觉内化为壮民族的文化心理。这既是壮族区域自然生境与人文和谐共生的产物，也是壮族传统社会制度塑造的结果。因此，民间智慧要结合并利用好政府的鼓励政策，共同打造好壮族服饰习俗文化，进一步丰富花山文化旅游的内涵。

关键词：花山岩画；生殖信仰；壮族服饰习俗

学者们大致认同，左江花山岩画绝大多数都表现为两千多年前的壮族先民集体仪式活动场景，当今社会的现实生活与左江花山岩画的内容或已相去甚远。但是，正如德国著名文化人类学者米契尔·兰德曼所说的那样：“每一个文化创造总是包含着一种神秘的或隐藏的人类学。”[①] 换言之，“古代社会某个民族的生产生活民俗、宗教信仰，往往在当今的该区域民族社会中仍会留下文化印记。”[②] 作为物质民俗的左江区域壮族服饰习俗，尽管样式已经历了千百年的衍变，但它所承载的壮族祖先信仰和生殖信仰观念至今仍在民间沿袭，成为人们探寻左江花山岩画与壮族服饰习俗关系的重要文化遗存。而梳理好左江花山岩画与壮族服饰习俗的关系，有益于人们深化对花山文化的理解。

一、裸俗多为集体祭祀所需，卉服之俗则为生活所依

《史记·南越列传》中记载位于骆之西的“裸国”，应当包括古代骆越分布最集中的左江区域，左江岩画上人像图案即是古骆越人有裸俗的历史见证。岩画上人像以裸体为特征，其占全部岩画图像总数的95%以上，有男女之分，少数人的性器特征明显，这显然与早期史籍记载的“裸国”之人相吻合。邱钟仑认为《史记·南越传》确有“其西瓯、骆、裸国亦称王”之记载，但实在太过简略而很难解释清楚，好在贵县罗泊湾一号墓出土小铜鼓划船纹中船上的人像和广东清远市东周墓出土的一位女奴像全裸露像匕首柄有据可证的考古材料，可说明岭南古代越人确有裸身之俗。[③] 史籍亦记载古代南方人“陆事寡而水事多”，塑造了古骆越人自古以来的亲水特性，左江流域密集的水网成为他们世代赖以生产生活的通道和栖息

---

① 米契尔·兰德曼：《哲学人类学》，张天乐译，上海：上海译文出版社，1988年，第9页。

② 韦福安、么加利：《汉象郡府治“临尘县”方位地址的文化人类学考释——花山古都“临尘县”的人类学系列研究之二》，《广西民族研究》，2017年第1期，第61-71页。

③ 邱钟仑：《左江岩画的族属问题》，《学术论坛》，1982年第2期，第70-75页。

繁衍之地，因而古人们赤身裸体乃是常事；另外，壮族先人自古就有集众踏歌和集体祭祀，有学者认为岩画上的集体蛙型舞图像“是以入社仪式为主体，并渐向繁殖仪式、祭祖仪式和祭神仪式演化，形成多层次文化累积的图腾文化现象。”[①] 此种习俗在当今的壮族民间集体仪式中仍颇为流行，只是大多数时候舞者穿上民族盛装取代了裸身。在壮族地区，一种集体求子仪式叫作“抢花炮”，“抢花炮”被称为壮族的橄榄球比赛，比赛双方运动员一般只穿运动短裤，赤裸上身，展现一种强悍的征服力量。如崇左市江州区左州镇金山“花炮节”。抢花炮还有特殊的寓意：“头炮求子，二炮求财，三炮求平安”。显然，抢花炮蕴含着浓厚的拜祖求子祭祀印记。当然，在少数民族的诸多集体舞蹈中，男性舞者往往赤裸上身，这与岩画上壮族先民在参加集体祭仪时所表现的一种征服自然的力量表征和崇神尚祖的原始虔诚之美的文化内涵是吻合的。

《水经·温水注》记林邑地“外夷昔裸身，男以竹筒掩体，女以树叶蔽形，…… 所谓裸国者也。”这说明，在秦汉时期，左江区域壮族先民裸俗并非他们无衣可穿，而多为集体祭祀所需，“女以树叶蔽形”则说明仍有衣着，有衣着就有服饰习俗。骆越先民早期有卉服之俗，卉服是指用草木制成的衣服，又称草服。《水经·温水注》所说的“男以竹筒掩体，女以树叶蔽形”，即是卉服。人类早期蔽体御寒之物，无非取自天然动植物，如兽皮、鸟羽、草和树叶等。直到唐宋，岭南地区仍是如此，《岭表录异》：“南方草木可衣者曰卉服。绩其皮者有勾芒布、红蕉布；绩其花者有桐花布，琼枝布，婆罗布，又有吉贝木，其花成对，如鹅毛，抽其絮纺之，与苎不异，曰吉贝，俗呼古为吉也。多紫白两种，亦有诸色相间者，蛮女喜织之，文最繁缛，间或出售城市，值最高。”史籍记载之蕉布

① 潘其旭：《花山崖壁画 —— 图腾入社仪式的艺术再现和演化》，《民族艺术》，1995年第3期，第21–40页。

乃蕉麻制品，产于南越。《后汉书·王符传》说："筒中女布。"注："《南越志》曰：'蕉布之榀有三：有蕉布，有竹子布，又有葛子布，虽精细之殊，皆同出而异名。'"关于蕉布之制作，清代李调元《南越笔记》有载："蕉类不一，其可为布者曰蕉麻，山生或田种。以蕉身熟踏之，煮以纯灰水，漂澼令干，乃绩为布，本蕉也。而曰蕉麻，以其为用如麻。……蕉布与黄麻布，为岭外所重，常以冬布相易云。"关于苎布，广西历来盛产。《宋史·食货志》载："咸平初，广南西路转运使陈尧叟言：'准诏课植桑枣。岭外唯产苎麻，许令折数。仍令织布赴官场博易，匹为钱百五十之二百。'"《岭外代答》也说："布。广西触处富有苎麻，触处善织布。柳布、象布，商人贸迁而闻于四方者也。"应该说，壮族先民从以树叶蔽形开始，逐渐学会用草木纤维制成衣服，发明了诸如蕉布、苎麻等，在开拓自然纤维用以织布上，壮族先民贡献很大。如康熙《浔州府志》之"民俗"篇记载："南方草木为衣，曰卉服。绩其皮者有勾芒布、红蕉布，弱锡衣，苎麻所为,《淮南子》云：'弱锡细布，一端数金。'火浣布有三种：毕方麻者，一端数金；祝融木者，一端百金；火鼠毛者，一端千金。绩其花，有桐华布、琼枝布。婆罗布其精者曰婆罗龙段。吉布又名斑布。桃花布，南中千叶桃，花似牡丹，穗长尺许，织成布，文胜火浣多，但过冬则散。齐武帝乘龙舟游江中，纴越布为帆，石为足，榜人皆着玉林布，帝王夸为炫耀，其珍可知。"可以说，骆越先民制作的卉服颇具有壮族特色。尽管今天卉服已不常见，其织制之法面临失传或已失传，但左江区域植物种类繁多，尤以蕉类、竹类为盛。竹子是壮族地区特产的植物，从壮族民间遗存的竹笠、竹子或棕须编制的披风，仍能感受到壮族先民卉服遮雨御寒的千年遗风。史籍记载的"男以竹筒掩体，女以树叶蔽形"并没有体现在花山岩画上，但并不意味着卉服习俗与花山岩画没有关联，因为花山岩画揭示的是骆越先民日常着卉服背后的宗教意识，从某种程度上看，花山岩画裸身人像集体祭祀仪式是骆越先民真实生活的艺术升华而已。

二、羽饰之俗

考察左江花山岩画，人像身上的装饰物以羽毛为主，亦有兽角等，羽饰的主要方式有头插羽毛、头戴羽冠、身缀羽毛等。邱钟仑认为：“越人是崇尚鸟类的民族。张华《博物志·异鸟》载‘越地深山有鸟如鸿，青色，名曰治鸟，……越人谓此鸟为越祝之祖。’骆越属越人一支，也有相类似的习俗。《周礼》云‘南八蛮，雕题交趾，有不粒食者焉。……在海岛，人民鸟语。’《水经注》引《交州外域记》云‘交趾，昔未有郡县之时，土地有雄田，其田从潮水上下，民垦食其田，因名之为雒民。’壮语“鸟”发“骆”音，雒（骆）田即鸟田，雒（骆）民即鸟民。可见，骆越是崇拜鸟图腾的越人。”……南方古代民族大都有饰羽的习俗。《山海经·海外南经》云‘羽民国，……其人为长头，身生羽。’

《淮南子·地形训》载海外三十六国有羽民，当包括岭南地区在内。《太平御览》引《博物志》云“翠鸟似燕，翡赤而翠青，其羽可以为饰。”考古发现石寨山形铜鼓的鼓身纹饰中，头饰羽，戴羽冠或身缀羽的人像，是最富特色的装饰母题。左江岩画中为数众多的饰羽人像与石寨山形铜鼓鼓身的饰羽人像相似，证明骆越人确有饰羽之俗。骆越人是崇鸟的民族，在此观念下，岩画中饰羽或羽装的舞人自然是娱神的最佳形式。”① 骆越先民为何崇鸟？廖明君认为：“《博物志》所说的‘越人谓此鸟为越祝之祖’道出了人鸟合一的根本所在，‘越祝之祖’亦可视为有‘越族之祖’的内涵。透过鸟人合一的现象，可以发现鸟也曾被视为壮族的先祖。也就是

---

① 邱钟仑：《广西左江岩画人像的再探讨》，《云南民族学院学报》（哲学社会科学版），1996年第4期，第18–25页。

说，在壮族文化中鸟也与氏族的诞生与繁衍有很大的联系。而且，鸟的这种生殖能力，往往又是通过男性及其生殖器来表现。”[①] 郭沫若先生就曾在《青铜时代·先秦天道观之发展》中指出：“无论是凤或燕子，我相信这传说是生殖器的象征，鸟直到现在都是生殖器的别名，卵是睾丸的别名。”关于壮族先民崇鸟观念的衍变，《中国各民族宗教与神话大词典》的壮族部分有载：“壮人在祭祀布洛陀时，供品中一只白公鸡和一只红公鸡是必不可少的（鸡亦属鸟类）。”作为鸟的衍变物的鸡，在壮族地区自古以来颇受重视。《史记·孝武本纪》记载：“时既灭南越，越人勇之乃言‘越人俗信鬼，而其祠皆见鬼，数有效。……’乃令越巫立越祝祠，安台无坛，亦洞王竹上帝百鬼，而以鸡卜。上信之，越祠鸡卜始用焉。”关于壮族鸡卜，历代史籍多有记载，在此不再赘述。及至今日，一些深山溪峒壮民还兴鸡卜之俗。此外，壮族人家邀请师公在丧葬仪式、结婚生子、占卜吉凶做“道场”时，除了必须杀鸡祭祀鬼神、祖先之外，还必须用活公鸡祭祀。从崇鸟到以公鸡祭神和祖先，古今之俗一脉相承，人们看到壮族自古以来的祖先崇拜和生殖崇拜的千年不变的传承。这与花山岩画所反映的壮族先民用鸟兽羽毛为饰祈求氏族繁荣的生殖信仰相吻合。另外，今壮族师公道公，在重大法事活动时都要穿戴法帽和法袍，常见在法帽上插上羽翎，或法袍上绘制凤鸟，足见壮族生殖崇拜之遗风。

三、壮锦及其图案中的生殖信仰观念

在花山岩画中，有太阳、铜鼓、蛙形舞、男性生殖器、孕妇图像和男女交媾等图案，这些图案反映的是左江流域壮族先民祈求生育和集团繁衍

① 廖明君：《动物崇拜与生殖崇拜 —— 壮族生殖崇拜文化研究（下）》，《广西民族学院学报》（哲学社会科学版），1995年第3期，第23–29页。

图腾崇拜的抽象思维。男根和孕妇图像数量很少，交媾尤为仅见，但对以原始仪式寄托孕育繁衍集团子孙后代的热切追求的功能有着画龙点睛的意义和作用。当然，随着社会的发展，花山岩画图案的艺术表现形式也逐渐由早期的模拟向后期的抽象演化。人口的繁衍增多，族群遂生而散居，当社会发展进入农业社会，家庭渐成生产、生活及生殖的单位，原始公社趋于解体，大范围的全体社会成员参加群体祭仪活动变得愈加困难，举行祭神仪式也就成为各个散居族群的巫师和祭师们的神圣职能了。这样，原先的那种按照记录于岩画上的仪式规范来开展的群体活动，渐渐失去了规整而变得松弛了。那种直观表达生殖信仰的孕妇形象、男女交媾图案，逐渐由同样具有强大繁育功能的动植物图案如花鸟虫鱼等含蓄表达方式所取代。而画作载体也由岩壁转到与生活密切相关的服饰上，而根植于生活的壮锦织造便是理想的表达方式。

壮锦或应是宋代的“緂布”发展而来，只是其时尚无壮锦之名而已。宋范成大《桂海虞衡志·志器》载：“緂，亦出两、江州峒，如中国线罗，上有偏地小方胜纹。”壮锦是以棉纱为经、五色蚕丝绒为纬而织制成各种图案的织品。道光《庆远府志》载：“僮女作土锦，以棉为经，以五色丝绒为纬，纵横绣错，华美而坚。”[①] 乾隆《柳州县志》载：“伢。吉贝……多紫白二种，亦有诸色相间者，蛮女喜织之，文最烦（繁）缛，间出售城市，值最贵。自衣，则谓之斑衣种女。刘禹锡：‘蛮语钩辀音，蛮衣斑斓布。’然，今之壮锦实棉为之，而杂于五色蚕绒，非尽草木也。”壮族先民妇女所织壮锦以手工精细、图案鲜艳和质地坚韧耐磨著称，清王锡祺《舆地丛钞》载：“壮妇虽形如鬼魅而手艺颇工，染丝织锦，五彩烂然，与黑丝无异，可为裀褥，凡贵官富商莫不争购之。又有壮人布，亦以青白缕相

① 莫秀：《庆远府志》，唐仁纂，《道光八年刻本》，第3卷，第6页。

间成文，极坚韧，耐久用，为手巾每一幅可三四年不敝。”[①] 壮女织造之壮锦之所以受到如此之高评价，乃因壮锦是壮族少女妆奁必备，故壮族少女人人从小就学会织锦技艺。光绪《归顺直隶州·风俗》载：“其嫁奁，土锦被面，必不可少，以本乡人人能织故也。土锦以棉绒为之，配成五色，厚而耐久，价值五两。未笄之女即学织。”左右江流域壮族女子莫不如此，如“侬人……男耕女织，惯挑棉锦。”[②] 再补编六《岭表纪蛮》亦说：“蛮女出嫁，以之（壮锦）为‘被面’，为嫁奁中必要之品。”“白灰色化以下之各种蛮族，所着衣裙，完全为其手制，故蛮人妇女，无人不善纺织。其工细者，数月而成疋，曰‘娘子布’。其质为苎麻，染青色，九洗九染，布敝而色犹新。侬人尤所优为，故‘侬人青’之名，见称于社会。此等布疋，非其情爱素熟者，不易得之。……善于丝绵织‘壮锦’，花纹灿烂，采饰纤缛，可数十年敝。”[③] 20世纪90年代以前，壮族农村成年女子出嫁，仍常见娘家所送嫁妆必有土锦被面的棉被，少则两床。而新媳妇过门，给婆家老人所赠之礼必是其所自织织巾或自绣之布鞋。世事变迁，今壮族结婚以土锦被面之棉被为嫁妆和新媳妇以自织织巾、所绣布鞋为赠礼之俗已然少见，但不少农村老人每每谈及仍念念不忘。

壮锦织造技艺在壮族地区经过多年的流传，民间艺人织造云水、花鸟、虫鱼、飞禽走兽等各色图案，已经具有了鲜明的壮族地方特色。清人张祥河在《粤西笔述》中描述：“僮人爱彩，凡衣裙巾帽之属，莫不取五色绒以织布，为花鸟状，远观颇工巧炫丽。”乾隆《柳州府志》亦载：“僮锦，各州县出，凡衣裙巾被之属，莫不取五色绒染以织布，为花鸟状，远

① 王锡祺：《小方壶斋舆地丛钞》，上海：上海著易堂铅印本，1891年，第181页。

② 王锡祺：《小方壶斋舆地丛钞》，上海：上海著易堂铅印本，1891年。

③ 刘锡蕃：《岭表纪蛮》，北京：商务印书馆，1934年（民国二十三年），第131页。

观颇工巧炫丽，近视则觉粗粝，僮人贵之。”[①] 值得关注的是，壮锦图案织制的虫鱼、飞禽走兽，是古代壮族先民赖以生存之日常食物。壮妇将虫鱼鸟兽织制于壮锦之上，乃是对古代壮族祖先生产生活的一种追思和记录。花山岩画中行船图和铜鼓上之云纹图，无不反映壮族自古是“陆事寡而水事多”的亲水民族。古骆越以花鸟为图腾崇拜对象，故壮锦图案中的花和鸟则更明显地体现了壮族生殖信仰之遗风。蝶恋花乃中国古代爱情的主题，壮锦中同样也以“簇蝶和花”为主题表达壮族青年的爱情思维。康熙《浔州府志》载：“锦有鸡头锦，有蕊锦。…… 簇蝶锦以熟金为之，古诗：‘惆怅金泥簇蝶裙，春来犹得伴行云’。”唐代刘恂《岭表录异》也记载：“鹤子草，蔓生也。其花麹尘，色浅紫。蒂叶如柳而短。当夏开花，又呼为绿花绿叶，南人云是媚草，采之曝干以代面靥。形如飞鹤，翅、尾、嘴、足，无所不具。此蔓草至春，生双虫，只食其叶。越女收于妆奁中，养之如蚕，摘其草饲之。虫老不食而蜕为蝶，赤黄色。妇女收而戴之，谓之媚蝶。”[②]《岭表录异》记载唐代的岭南女子喜以鹤子草的花卉为饰。鹤子草花的外形特别像飞鹤，鹤翅、鹤尾、鹤嘴、鹤足无不惟妙惟肖。一到花季，岭南的女孩子就纷纷出门采摘，晒干后贴在眉间腮上，就成了充溢着天然之气的花钿。另外，在春日，鹤子草的叶间会出现一种只以草叶为食的小虫，女孩子就小心翼翼地把它们捉起来收入妆奁之中，像养蚕一样细细照顾，虫子老了以后便破蛹化蝶，女孩儿们把蝴蝶晒干，戴在头上。民间传说里，鹤草有“媚草”之称，而以鹤草为食、长成的蝴蝶又称“媚蝶”，女孩子们把它们带在身上，就可以得到男子的怜爱。将花鸟绘于定情之物，已然将生殖图腾信仰与壮族千古长盛不衰的《浪花歌》有机结合

---

① 王锦总：《柳州府志》，吴光升纂，柳州博物馆据乾隆二十九年版翻印，第12卷，第44页。

② 刘恂：《岭表录异》，广州：广东人民出版社，1983年，第14-15页。

在一起，让岩画上的生殖信仰的静止图景在民间信仰生活中得以活生生地动态展现。诚如《小方壶斋舆地丛钞》所载：“女及笄，纵诸野，少年从者数十，次第歌。俟女歌意所答，而一人留，男遗女以扁担一条，镌歌数百字，仅如蝇头，间以金彩，作花卉于上，髹以漆，盖其俗女子力作所必需也，女赠男以绣囊、锦带，诸物皆女所自制者，约为夫妇，各告其父母，乃倩媒以苏木汁染槟榔并蒌叶石灰定之。”[①] 光绪《浔州府志》同样如此描述了壮族青年男女的爱情：“三月三日天气新，连村放浪少年人。同心带结花荫下，蝴蝶采花香一身。…… 圩市人多九月天，新丝卖得意缠绵。织成壮锦同年赠，鄂被香薰拥醉眠。”[②] 可见，壮锦虽为宋代壮族先民习自蜀锦，但壮民一经习得，便在壮锦中融入了壮族古老的思维元素。

结语

文化具有变迁性，壮族服饰的材料来源和表现形式会随着社会的变迁而产生变化，这是文化的整合性和适应性所决定的。然而，“受地理环境的影响，长期生活在一个固定区域内的古代人群，在不断的交融发展中，最终会形成共同的价值取向和共同的心理认同，而且这些稳定的特征并不因为日后的迁移而改变。”[③] 壮族现代的裸俗、羽饰、壮锦和崇尚青蓝之习俗不可能直观看到两千多年前壮族先民的服饰习俗，但是那些反映生殖信仰观念的服饰习俗或多或少都能沿袭下来，并且自觉内化为壮民族的文化心理，深山溪峒村陇莫不如此。如雷平县居于村陇的本地居民之后裔仍多

① 陆祚蕃:《粤西偶记》，页4。王锡祺:《小方壶斋舆地丛钞》，上海：上海著易堂铅印本，1891年，第七帙第二册，第178页。

② 褚兴周、夏敬颐纂:《浔州府志》，光绪二十二年刻本，第50卷，第69页。

③ 刘祥学:《壮族地区人地关系过程中的环境适应研究》，桂林：广西师范大学出版社，2013年，第22页。

袭旧俗，“本县种族……土著民族为宋代以前土人之后裔，多居于村陇，尤以上房乡各村及宝圩乡上甲五村为最。其风俗、语言、衣食、居处，仍守其遗制。”[①] 包括服饰习俗在内的壮族习俗得以传承，既是壮族区域自然生境与人文和谐共生的产物，也是壮族传统社会制度塑造的结果，如汉代中央虽沿袭秦制设置郡县管辖南蛮地区，但仍“以故俗治”。唐宋以来，历代朝廷又在这一地区采取羁縻制度，尽管壮族地区最终在清末民初已基本完成改土归流，但长期的羁縻制度导致外来文化渗透微弱，也使得这一地区民间习俗长盛不衰。换言之，具有丰富内涵的壮族服饰习俗作为花山岩画的重要文化符号，来源于独特自然环境赋予的民间智慧。如何结合利用好政府的鼓励政策，打造好壮族服饰习俗文化，进一步丰富花山文化旅游的内涵，是亟待解决的问题。

---

① 邓赞枢:《雷平县志》，梁明伦纂，南宁：广西博物馆据民国三十五年油印本油印，1957年，第65页。

浅谈左江花山岩画与左江区域壮族传统饮食习俗的关系

谭金玲　韦福安

摘　要：左江花山岩画绝大多数都表现为集体仪式活动，而壮族先人自古就有集众踏歌和集体祭祀必以酒助兴和以酒作为人神沟通的物质媒介的习俗。以糯米为主食和五色糯饭祭神的习俗与花山岩画反映的生产习俗相吻合。岩画内容说明壮族以水而不是以火为崇拜对象，这是壮族至今有生食习俗的原因之一，壮族传统饮食习俗是花山岩画中反映的壮族先民生活在当今壮族民间延续的遗存。

关键词：左江花山岩画；左江区域壮族；传统饮食习俗

一个民族的饮食习俗属于物质民俗。左江区域壮族民间饮食习俗的形成与演化，是这一区域的壮族民众长期生产生活实践的经验和结果，进而成为壮族文化的重要组成部分。花山岩画所反映的壮族先民包括饮食在内的生活习俗，仍可在左江区域壮族民间饮食习俗中看到其文化遗存。

一、鼻饮与酒

史籍记载壮族先民有鼻饮的习俗。班固《汉书·贾捐之传》记载："骆越之人父子同川而浴，相习以鼻饮，与禽兽无异，本不足郡县置也。"[①] 之后，《后汉书》中的"孝灵帝纪""杜笃传"和《太平御览》都援引《广州记》，记录了骆越人的鼻饮。鼻饮也并不只是饮水，也是可以饮酒的，这一点在范成大《桂海虞衡志》的记载中可知："鼻饮杯，南人习鼻饮，有陶器如杯碗，旁植一小管，若瓶嘴，以鼻就管吸酒浆。暑月以饮水，云水自鼻入咽，快不可言。"[②] 从范成大的描述看，他应是亲身所见所闻，故壮族先民有以鼻饮酒之俗亦是事实。而从所载壮族之酿酒历史看，壮族饮酒之俗也早于宋代，《吕氏春秋》载："越王之栖于会稽也，有酒投江，民饮其流，而战气自信。"《汉书·陆贾传》中记载了汉高祖刘邦派大臣陆贾至南越招谕赵佗，赵佗以上宾之礼厚待陆贾，"留饮数月"。这说明了壮族先民很早就有饮酒之风。及至今日，壮族虽已没有了鼻饮之俗，但酿酒、饮酒之风犹存。

从考古发现的稻作遗址看，壮族先民耕种稻谷至少有8000年的历史。杜康生活的时代距今将近4000年，而比杜康生活时代稍晚的商周时期，骆越方国已经跟中原地区有交往，秦汉时期，壮族地区跟中原的交往更加密切。考古学家曾在广西武鸣县马头乡勉岭挖掘到商代晚期或西周早期的铜卣，铜卣乃古代贵族盛酒之容器，加上《吕氏春秋》的记载，我们因此可以推测，谷物酿酒或在商周时期已传入壮族地区。20世纪50年代以来，学术界对花山岩画作画的意图及表现的主体内容各有不同的诠释和见解，

---

① 班固:《汉书·贾捐之传》，北京：中华书局，1959年，第2834页，

② 范成大撰，严沛校注:《桂海虞衡志校注》，南宁：广西人民出版社，1986年，第42页。

大致有如下说法：一是誓师图、战争图、庆功图，表现本民族武装斗争的业绩；二是从绘画向象征文字发展过渡时期的一种语言符号，具有地图性质；三是古代巫师用以祀江神的一种符号，或骆越人巫术文化的遗迹，为巫术礼仪的临摹；四是古代骆越民族祀雷神以镇水患的原始祭祀图；五是壮族先民祭祀蜂神图腾的仪式；六是骆越人的祖先崇拜图；七是图腾入社仪式，是以入社仪式为主体，并渐向繁殖仪式、祭祖仪式和祭神仪式衍化，形成多层次文化累积的图腾文化现象。[①] 尽管上述诸说仁者见仁，智者见智，但是绝大多数都表现为集体仪式活动。壮族先人的集体仪式活动自古以来就有集众踏歌和集体祭祀活动的传统，集众踏歌活动必以酒助兴，酒又是祭祀活动中人神沟通必不可少的物质媒介，此种习俗至今在壮族民间仍颇为流行。

二、以糯米为主食和五色糯饭祭神的习俗

左江花山岩画的人形图案绝大部分是以男性居多，说明左江区域骆越民族早在战国之前已经进入了父系氏族时期的农耕社会。而水稻种植又是左江区域壮族先民最早掌握的农业种植技术。《水经·叶榆河注》引《交州外域记》等书载说："交趾未有郡县之时，土地有雒田。其田从潮水上下，民垦食其田，因名为雒民。"[②] 未有郡县之时当指秦王朝以前。由于地理环境的特殊，传统的壮族干栏建筑多依山而建，多数建筑房前屋后无法建晒场，加上种植面积小，产量低，所以人们一般习惯于将所收稻谷悬于庭中自然风干或以火熏干，如清代顾炎武《天下郡国利病书》描述僚家

---

① 潘其旭：《花山崖壁画 —— 图腾入社仪式的艺术再现和演化》，《民族艺术》，1995年第3期，第21–40页。

② 黄现璠等编著：《壮族通史》，南宁：广西民族出版社，1988年，第37–38页。

“中设地炉，悬稻其上，熏令极干，每日舂而食”[①]。壮族先民早期种植的主要是糯米，糯米饭的制作方法一般是先用水将米浸泡鼓胀，然后放在蒸笼里蒸熟。明代田汝成《炎徼纪闻》记载壮人“抟饭掬水而食”[②]。“抟饭”，即用手将蒸熟的饭搓成饭团。从史料记载看，壮族先民早期的水稻种植是以糯米稻为主。在农耕社会，住在山里的壮族群众，交通不便，每外出耕作都要翻山越岭，故服食少量糯米饭不容易饥饿。

壮族先民还会制作五色糯米。人们将糯米泡进枫叶、紫蓝草、红草和黄花的汁水中分别染成黑、紫、红、黄，加上糯米本色，混在一起蒸熟，形成五色糯饭。壮族传统的五色糯饭可能来源于乌精饭，主要用于祭神。民国刘锡蕃《岭表纪蛮》记载：“瑶壮节令……三月三日，以枫叶染糯米，曰‘乌饭’，一曰‘青精饭’。或染五色饭，以祀祖先，男女咸出拜墓。”[③]光绪《归顺直隶州志》记载僮人：“清明前后拜扫坟墓，染糯米成五色，蒸熟供献，光彩异常，取山精邪祟不能夺噬之义。”[④]壮族制作五色糯饭主要用于三月三或清明祭扫祖先，且此习俗仍沿用至今未曾有变，《崇左县志》记载：“扫墓节是壮族人民于农历三月初三拜扫祖坟节日。各家各户都做三、五色糯米饭（用枫叶、黄姜、苏木水染色），备三牲、果品、爆竹、纸钱、香烛等，全家男女老少和被邀请的亲友集中到祖坟场。”[⑤]当然，在左江区域的壮族村落，糯饭无须染色亦可祭神。可见，糯饭至今仍是壮族祭神的重要物质媒介。

---

① 顾炎武：《天下郡国利病书·云南二》，上海：图书集成局铅印本，1901年，第7页。

② 田汝成：《炎徼纪闻》，北京：中华书局，1985年，第61页。

③ 刘禹锡：《岭表纪蛮》，上海：商务印书馆，1934年，第197-198页。

④ 刘映华：《壮族古俗初探》，南宁：广西人民出版社，1994年，第76页。

⑤ 崇左县志编纂委员会：《崇左县志》，南宁：广西人民出版社，1994年，第836页。

三、生食习俗

刘映华认为："生食的习俗起源于人类尚不知用火的阶段。及知用火，又由于环境不许可或不忘生食的鲜美，乃使这一食俗长期保留下来。"① 事实上，花山岩画反映了壮族先民早期以云、雷为图腾崇拜对象，说明壮族是亲水的民族。一般来讲，如果一个民族以水为崇拜对象，就不会有火崇拜。这或许也是壮族先民有生食习俗的原因之一。关于壮族的生食，《北史》记载"南方曰蛮，有不火食者"②。至于生食品类，草木、虫豸、鲜肉、鱼虾、动物生血等应有尽有。

尽管当今崇尚熟食已成为主流，但左江区域壮族不少熟食做法仍可看出生食之遗风。如民国徐松石《粤江流域人民史》记载："壮人饮食喜欢腌炒，很少用多量的水烹煮，而且喜欢半生半熟。范绰书说夷人食物有猪羊猫犬驴骡豹兔鹅鸭等，但食法与中土略异，因为他们不待烹熟，皆半生而吃。此种风俗也与今日两粤的人士相类。两粤食物，腌炒甚多，猫犬蛇肉称为佳品。鱼生和生菜的生食已不待论，就是一般蔬菜和鸡鸭牛肉等，烹者亦以略生为主。"③ 今白切鸡、白切鸭、白切鹅、白切狗等类，均不求太过熟透。

四、奇异的特色风味食俗

骆越人因取材于特定的地理环境而逐渐形成了一些非常独特的饮食习俗，颇可称为特色风味。除上述生食鲜鱼虾生食虫豸和生食牲畜之血外，

① 刘映华：《壮族古俗初探》，南宁：广西人民出版社，1994年，第68页。
② 李延寿撰：《北史》，北京：中华书局，1974年，第3165页。
③ 徐松石：《粤江流域人民史》，北京：中华书局，1936年，第91页。

也曾有过“吃蜜唧”的记载，如今壮族少有人敢吃。但未睁眼未生毛之幼鼠却有强身健骨和消肿止痛之奇效，故今壮族人多以之生泡于高度酒中，待以时日，喝其酒以解乏，或以其酒反复涂于伤筋痛骨之处，效果奇好。

壮族人以蛇、龟、鼠、猫为佳肴，亘古如斯。《淮南子·精神训》说：“越人得髯（蚺）蛇，以为上肴；中国得之而弃之无用。”蚺蛇即大蟒蛇。事实上，壮族人不论何种蛇，也不论是否有毒，只要砍掉蛇头，均可食用。

《宋朝事实类苑》引《倦游杂录》曰：“岭南人好啖蛇，其名曰茅鱓。”关于壮族人吃龟，陆游在《老学庵笔记》有载：“辰沅靖州蛮……食不足则猎野兽，至烧龟啖之。”[①] 原始壮族先民生产力低下，食物缺乏而以狩猎来补充，况且壮族所分布区域山地多，森林密布，气候湿热，适合蛇龟生活，于是蛇龟便成为壮族先民的食材。及至今日，两广人仍将蛇龟视为佳肴，烹制成各类蛇龟美食。关于壮族人食鼠，宋代周去非描述深广及溪峒人“至于遇蛇必捕，不问短长；遇鼠必执，不别小大……悉取而燎食之”[②]。至今左江流域壮族民众仍有食鼠习俗，而鼠多为田鼠或竹鼠，家鼠一般不吃。至于食猫，壮族人常将猫称作虎，尤其是野猫（或称山猫），猫肉可炙烤，亦可爆炒，今两广地区常将蛇、鸡和猫肉一起煨汤，称为龙凤虎汤，如《大新县志》载：“把蛇剥皮后，斩成小段煲熟，拿起除骨，加上鸡肉、猫肉，拌以姜、酒、油等配料，一起炖熟，或做成肉丸滚汤（俗称“龙凤虎汤”），连骨头（包括鸡骨、猫骨）一起剁碎煮吃。”[③] 中原人视两广人食用蛇、龟、鼠、猫为奇异，此乃特色风味之别称。当然，壮族人食蛇、龟、鼠、猫习俗乃源于原始壮族先民采摘狩猎之遗风。

---

① 陆游：《老学庵笔记》，北京：中华书局，1979年，第44页。

② 周去非著，杨武泉校注：《岭外代答校注》，北京：中华书局，1999年，第238页。

③ 大新县志编纂委员会编：《大新县志》，上海：上海古籍出版社，1989年，第417页。

壮族食腌酸肉之俗也是古俗之遗风。道光《庆远府志》载:“山僚得野兽之肉，腌以为鲊，如粤东之鱼鲊。”[①] 鲊，本指盐腌的鱼，本文泛指盐腌食品。左江流域壮族民众腌酸肉之俗在各县方志也有记载，并且详细描述其制作方法，民国《同正县志》载:“西部山麓诸村，远隔市廛。每合数村共宰一猪，将分得肉与糯米粉贮坛中，阅十日余可食。不须火化，经久更佳，名曰酸肉。”[②]《大新县志》记载的酸肉和酸鱼腌制方法则更为翔实。壮族食腌酸肉之俗源于古代壮族先民狩猎所得，兽肉无法及时吃完，时间一长，所剩兽肉容易发臭变质，故壮族先民乃腌成酸肉，这样兽肉得以长期保存。此俗沿袭至今，江州区腊鸭、扶绥县酸粥也成为崇左市两大民间风味。

左江流域壮族民众也嗜吃狗肉，刘禹锡《岭表纪蛮》记载:“侬人嗜犬，并以之祀神，赴翼镇安风土诗中‘犬肉多如豕’是也。现在食犬之俗，渐以革除……肉食中之特别嗜好，蛮人于肉食中，各有特别嗜好。侬壮人喜食郎棒（血肠）。”[③] 左江花山岩画有狗之图案，说明左江流域壮族先民很早就有吃狗肉的习俗。当然,《岭表纪蛮》所说的郎棒（血肠）也是左江流域壮族风味，今各县乡大街小巷，人们还经常看到壮族老人现场煎炒售卖血肠以为小吃。桄榔粉也是左江流域壮族传统的特色风味,《后汉书·夜郎》记载:“句町县有桄榔木，可以为面，百姓资之。”赵翼《镇安风土诗》也有“桄榔面可溲”[④]。过去，壮族先民以水调和桄榔粉作面，今人则以凉开水调和桄榔粉，添加白糖，用作饮料。

---

① 莫秀修、唐仁纂:《庆远府志（卷三）》，道光八年刻本，第12页。

② 据杨北岑等编纂之民国二十二年铅印本影印,《同正县志（卷八）》，台北：成文出版社有限公司，1975年.

③ 刘锡蕃:《岭表纪蛮》，上海：上海书店出版社，1991年，第51–52页。

④ 梁扬、黄海云:《古道壮风 —— 赵翼镇安府诗文考论》，北京：中国社会科学出版社，2005年，第200–201页。

铜器的使用是古代社会从蒙昧走向文明的标志。因此，从花山岩画的图案看，左江区域的壮族在战国时期已经进入农耕社会，但是，岩画上的人形图案以裸体为主，表明这一时期壮族先民缺衣少食的社会状况。而这种状况至少在陆游所记录的宋代壮族先民社会通过狩猎来补充食物不足的现象仍然普遍存在。也正是在经年累月的猎食野生动物和储存肉类实践的过程中，才形成了今天的壮族特色风味食俗。从这个意义上看，壮族特色风味食俗是花山岩画中反映的壮族先民生活在当今壮族民间延续的遗存。

左江花山岩画的蛙图腾与神话思维

梁穆穆

摘　要：左江花山岩画中的蛙形图像与壮族的蛙图腾之间存在密切的联系。文章首先从生产方式转变、生育文化崇拜等方面论述了蛙图腾的起源，并详细介绍了蛙图腾的表现和民间遗存，通过符号文化、神话思维的角度对其进行探究，最后论述了蛙图腾符号的社会功能。

关键词：左江花山岩画；蛙图腾；神话思维；社会功能

图腾文化是人类历史上古老的文化现象之一，它与人类许多文化现象的起源有着密切的关系，特别是原始宗教文化、巫术文化、礼乐文化、祭祀文化、族群文化标志等。左江花山岩画作为壮族先民早期的绘画文明，对于这一民族的图腾符号及其相关文化有着全面的记录。研究左江花山岩画的图像符号对于认识和了解壮族文化的发展和演变具有重要的意义。

一、花山岩画的蛙图腾

印第安语"Totem"（图腾）意为"他的亲族"。在世界各原始民族中，图腾观念和图腾崇拜相当普遍。关于图腾的起源，有不同的理论观点。何星亮总结了十种比较有代表性的理论，包括名目论、经济论、灵魂论、妊娠说、象征论、恋母情结说、转嫁论、控制论、对立说和神话祖先说。[①] 其中，神话祖先说被广为接受，这一观点认为图腾祖先观念是图腾信仰体系中最早最根本的核心因素，主要分为三类：图腾亲属、图腾祖先和图腾神观念，这三类观念经常混合在一起。比如壮族神话中的“青蛙皇帝”“七妹和青蛙郎”“蛙婆节”等故事，都将青蛙拟人化，青蛙可以成为英俊的后生，可以娶妻生子。这是图腾亲属观念的体现，把图腾当成了和自己有血缘关系的亲人，当成了本氏族或者部落的成员，后来又把青蛙当成了自己的祖先，认定自己是青蛙的后人。随着社会经济文化的发展，人类的思维和观念进步，人们虽然意识到自己和动植物有很大的差别，但由于这种集体性的观念根深蒂固，图腾就慢慢成了部落的图腾神。

（一）蛙图腾的起源

图腾是母系氏族时期各个部落及氏族的标志，各部落和氏族成员认为他们是某种图腾的后代。到了父系氏族时期，图腾已经成了其部落的文化符号和历史记忆。壮族的图腾崇拜源远流长。在壮族麽教经典——《麽经布洛陀》中有这样一个记载：天下十二国，生出十二王，各国不相同。[②] 十二国标志便是十二个部族的图腾。图腾制度是人类社会早期普遍存在的一种文化现象，用生活中常见的事物来区别不同氏族，保证氏族实行外婚的氏族命名制度。随着氏族社会由母系氏族发展到父系氏族，家庭观念、亲属观念发生了变化，整个社会的组织结构也发生了变化，亲属关系有了明确的区分。同时，原始社会在向奴隶社会转变的过程中，人们对于财富及权力的渴望增加，导致了部落之间频繁的战争。通过战争和民族融合，最后左江流域骆越民族部落的蛙图腾上升为壮族的守护神，成为壮族最大

① 何星亮：《中国图腾文化》，北京：中国社会科学出版社，1992年，第72页。

② 张声震：《壮族麽经布洛陀影印译注》，南宁：广西民族出版社，2004年，第1838页。

的图腾。

1. 生产方式的转变

有诸多例证说明蛙图腾的出现，代表当时的骆越先民已经完成了社会的第一次大分工，进入了以种植水稻为主的农耕文明时期。

比如，存在于花山崖壁画上的人身蛙形的蛙神图像、铜鼓上的蛙立雕等都是稻作文化的体现。在壮族曾经的苍梧部故地——湘东南道县，其紧靠广西边境的寿雁镇玉蟾宫内发掘出了四粒炭化稻壳，兼具野生稻和人工稻特征，说明为驯化不久的栽培稻，经国家文物局测定其时为公元前18000年—22000年。① 在隆安县的娅怀洞遗址发现了半粒炭化稻粒以及疑似水稻植硅体，年代距今已有2万—3万年，这说明了在左江流域地区出现了较早的稻作文明，② 并且考古工作者在崇左、龙州、扶绥、宁明、大新、隆安等广西40多个县市发现了大石铲遗址。大石铲被认为源自当地的一种农业生产工具——双肩石斧，其初始功能可能是农业生产工具，但随着社会和环境的变化，原本的农业生产功能逐渐退化，最后演变为一种与农业生产相关的祭祀用品，成为当时原始居民宗教活动的重要组成部分。根据国家文物局文物保护科学技术研究所的碳-14实验室对隆安大龙潭遗址的测定，大石铲遗址的年代大约距今5000年，属于新石器时代晚期。③ 大石铲与农业的关系，也说明在春秋战国到东汉时期，于左江流域已有了较为成熟的稻作文化。而稻作文化必然与青蛙产生种种联系，壮族早期虽然没有文字记录，但在神话故事中世代流传了许多关于青蛙的

---

① 梁庭望：《壮族的稻作文化和社会发展探索》，《文山师范高等专科学校学报》，2006，第3期，第1-5页。

② 陈蕾、陶泠秀：《隆安有望发现大石铲文化主人的“家”》，《南宁晚报》，2017年9月30日。

③ 李珍：《贝丘、大石铲、岩洞葬——南宁及其附近地区史前文化的发展与演变》，《中国国家博物馆馆刊》，2011年第7期，第58-68页。

故事。

在壮族的古代神话故事中，壮族有三大神，天神雷公是大哥，地神布洛陀是二弟，水神图额（蛟龙）是三妹。其中，布洛陀的神话包含了关于采集野果，从生吃到熟食，教捕鱼和找谷种等故事。在有关“祭青蛙”的故事中，传说青蛙是雷公的儿子，它去人间玩耍，在稻田专门捉虫子吃，没有按照承诺去犁田，最后被人用开水烫死。雷公知道后，再也不下雨了。布洛陀要人们祭奠青蛙，给雷公赔礼。后来青蛙活过来，但它已不能上天，不过只要它一喊叫，天上的雷公听见就会降雨。人们见青蛙能够呼风唤雨就敬之为神。以后，天旱了，人们就要祭青蛙，唱“蚂蜗歌”，跳“蚂蜗舞”。[①] 在壮语中，“蚂蜗”指的就是青蛙。这则神话故事反映了先民从狩猎采集经济向稻作农业演化的历史，其中青蛙就是稻作文明的重要体现。

由于思想认识的有限性，人们对于水旱灾害没有清晰的认识，下雨天青蛙的叫声和旱季青蛙的不叫，让人们误以为青蛙和雷公有某种亲戚关系，并产生了崇拜的心理。这种最初的功能在社会发展中，融入了大量的文化因素，使得青蛙成了民族的图腾与守护神。其作用也由最初的求雨转变为民族的象征，成为一种文化，让整个部落及其部落联盟产生了文化认同、心理认同和身份认同，起到团结部落成员的作用。原始宗教文化的融入，使得蛙图腾的文化内涵变得更加深广。

2. 生育文化的崇拜

在原始社会，由于人类缺乏科学的生育观念，使得生育行为被神秘化、神圣化。蒙昧时期的人们将生育活动归因为神灵的主宰，人们对生育行为的理解就如同女性把脚放在大脚印中就能怀孕的神话一样，是非科学

① 农冠品：《壮族神话集成》，南宁：广西民族出版社，2007年，第62页。

的。但在原始社会，人们绝对相信这样的神话故事，以增加部落人口为目标，发展生产力，积蓄部落力量，所以对生育文化的崇拜日渐浓厚。除此之外，部落人口的生存条件极为恶劣，除了饥饿，还面临着猛兽、灾害、疾病等威胁生命的因素，因此原始社会的人口呈现高出生率、高死亡率的低增长模式。由于青蛙具有很强的繁殖能力，使得对生育有所崇拜的人们将其作为寄托自身需求的图腾。所以，在祭祀蛙神活动中，人们可能会进行一些性活动，以期望能够获得像青蛙一样的生殖能力，增加人丁，保证本氏族的繁衍。在花山岩画上的孕妇图像、显露男性部位的人形图像、男女性活动场景等，应该都是生育崇拜的体现。

（二）蛙图腾文化的民间遗存

图腾文化由多种元素组成，如图腾观念、图腾名称、图腾标志、图腾圣地、图腾仪式、图腾文学和图腾艺术等。对于壮族的蛙图腾文化来说，其观念就是蛙神崇拜。图腾名称为“瓯”,“瓯”是上古壮语蛙的汉字记音。瓯部落就是蛙部落。瓯部落在秦瓯战争时代已经居于部落联盟的首领地位，其图腾标志就是青蛙的造型，主要体现的是蛙纹铜鼓、蛙纹图案，可能还有花山岩画的人形图像。花山岩画可能就是祭祀蛙神的图腾圣地。图腾仪式恰为花山岩画图像组合所表现的祭祀活动。在《壮族神话集成》中记录了很多有关青蛙的神话传说，比如“七妹和青蛙郎”“蛙婆节”“青蛙姑娘”“蛤蟆登殿”“皇帝变蛤蟆”“蚂蜗告状”“青蛙与人”等。因此，其图腾文学就是壮族民间流传的有关“蛙”的神话传说。

作为蛙图腾文化的民间遗存，目前最主要的是“蚂蜗节”活动。这个活动主要是在每年新春来临之际，在广西红水河畔的东兰、凤山、巴马和天峨一带举办，这正是壮族先民集中生活的地区。“蚂蜗节”源于神话故事。传说在远古时期，在红水河一带，有一年遭逢大旱，人们虽然通过多种途径祈雨，但一直没有下雨。有只蚂蜗跳入一家的水桶中不愿离去，后来这个蚂蜗变成了一个英俊的后生，据说是由村寨中的韦姓人家收为养子，取名“龙王宝”，从此红水河畔年年风调雨顺，五谷丰登。几年后，外族入侵，生灵涂炭。龙王宝应征带领兵马，潜入红水河，凿穿敌军船底，敌人沉入河中。立下大功的龙王宝被封为驸马与公主成了婚，但公主嫌蚂蜗皮不好看，偷偷拿去烧了，蚂蜗因为没了皮很快死了。人们为了纪念蚂蜗对壮族人民的功德，因此定下了“蚂蜗节”。“蚂蜗节”活动共分为十六个程序：取仙水；找蚂蜗；立篙悬幡；孝蚂蜗；唱蚂蜗歌；集资筹粮备火把；制蚂蜗轿；制作服装；制作面具；周游田间和村寨；跳蚂蜗舞；咒骂皇后；大头仙驱瘟；游戏娱乐；埋蚂蜗；拦客设宴。在整个“蚂蜗节”活动期间，跳蚂蜗舞参与人数最多，也最为热闹，主要包括：皮鼓舞、蚂蜗出世舞、拜蚂蜗神舞、拜铜鼓舞、耙田舞、毛人舞、驱邪灭瘟舞、插秧舞、薅秧舞、打猎舞、打鱼捞虾舞、纺纱织布舞、繁衍舞、丰收祭拜蚂蜗舞等。从“蚂蜗节”的活动形式、内容、功利意图以及相关的民间神话传说可以看到壮族人民对青蛙的虔诚崇拜。那么对于壮族先民来说，将蛙神绘于崖壁之上，经常祭拜，希望蛙神保护自己及族人的行为就很容易理解了。蛙图腾文化的民间遗存，还体现为蛙纹铜鼓、民间手工艺制品、民间蛙纹图案和剪纸艺术等。

二、蛙图腾符号文化研究

蛙图腾是骆越先民族群意识的辨识标志，是先民从物我不分的环境中界定自身的工具，以蛙为图腾的部落属于蛙部落。蛙图腾观念是一种形而上的神话思维观念，这种图腾形象会在先民中引起形而上的联想，让他们从这一可感知的具体的观念载体联想到不可感知的抽象观念。这种关联一旦被先民社会所接受，就具有不可逆的文化规范性，也可以说是文化的理据性。对这一文化规范，所有氏族部落成员都必须接受和遵守，因为约定俗成，所以具有一定的强制性。骆越先民在稻作农耕时期的生产生活中创造了自己的蛙图腾符号，产生了许多有关蛙神的神话传说，以一种艺术的笔法在山崖上描绘了蛙神的形象。对于骆越先民来说这些花山岩画类似人蛙的形象是蛙神，是他们的民族守护神，是他们借以表现其观念和情感、情绪和意念、思想和信念的符号。在这个共同的图腾世界里，骆越先民形成了自己的宗教文化、艺术科技、政治制度等。因此，这种关联性是符号文化产生的条件。

对于日常生活中的符号，其所指和能指关系都是以经验或现实事物为基础，对于图腾符号，其所指与能指的关系也有现实基础，但在先民的思想意识中具有更多的、更广泛的表意内容，是形而上的或者具有神话的性质。对于骆越先民来说，蛙的叫声可以让人想到蛙本身，但蛙的叫声也让人想到了下雨，这样蛙的身份也就跟着上升到了雷公之子的地位，其能力也得到了神化。在有关青蛙的神话中，青蛙可以呼风唤雨，可以克敌制胜，可以为人类治病，化为人形，娶妻生子等。特别是雷公之子的神话传说，再加上与稻作文化、生殖文化的关系，在部落联盟中很容易使青蛙为其他部落所接受，也就上升到了整个骆越部落民族守护神的地位，成了整个骆越部落共同的神灵和祖先，其相关的神话传说得到了进一步的丰富，蛙图腾的符号文化意义得到了进一步的扩充和丰富，逐渐成了人们信仰的主神。

蛙图腾成为壮族神话故事的重要主题内容，是宗教祭祀活动的对象，也是左江花山岩画艺术表现的对象。对于花山岩画上的人形图像，很多人认为这些是蛙神图像，有的人认为是人形图像，有的人认为是骆越先民集体模仿青蛙舞蹈的场面，是一种祭祀类活动，祭祀的对象就是蛙神。笔者也赞同花山岩画图像中那个高大正身人像是蛙神图像，只不过在骆越先民的内心世界，把神的形象、部落首领的形象、祖先的形象都混在一起了，这也反映了原始初民人神不分的一种思维形态，也是图腾信仰的一个重要的特征，即把人和动物混同起来。图腾观念的产生基于人类早期的低级思维，也被称为先逻辑思维。这种思维的特征就是主观和客观混同为一，幻想和现实不加区分。原始初民把自己周围的各种动物想象成是按人类社会的形式组织起来的，这也可以用来解释为什么左江花山岩画人形图像有的大有的小，有的地位显赫拥有大量的财富和权力，而有的只能是一贫如洗。列维·布留尔曾说："图画所表现的最重要的关系是相似关系，当然这个图像可能具有象征性的、宗教性的意义，同样能引起伴随着强烈情绪的神秘观念。但这是一些由观念联想唤起的特征，而相似仍然是基本关系。"[①] 花山岩画图像的类蛙图像，可能是骆越先民想把蛙与人类联系起来，让人看起来像蛙也像人。其目的可能是让部落成员具有蛙的能力，能够衣食无忧，拥有强大的战斗力和生殖能力。

三、蛙图腾符号与神话思维

卡西尔认为，神话是人类智慧最初的起点，一切科学认识必经一个神话阶段。神话在认识上的荒诞不合理性包含有一个可理解的意义。神话的莫名其妙、混沌和语无伦次等表面特征，非逻辑与非理论和无意识虚构等表现和创造特点，说明其内部有着"实在性的相信"作根基。"神话的真正基质不是思维的基质而是情感的基质"，这种基质在生命观上表现为综合性直观，"其支配性法则是'变形'"，即任何事物都可以相互转化，在自然观上是一种"交感"。神话把主体与客体、人与神等融为一体，这是

① 列维·布留尔：《原始思维》，北京：商务印书馆，1981年，第111–112页。

神话、宗教、巫术共同的起源。神话思维就是使那些彼此相关的事物结合起来，融会成一个无差异的形态，主要依赖的是一种神秘的纽带进行连接，由巫术联想、巫术“交感”规则决定。这种神话思维以人为中心和出发点，取自然中与自身种类相似的个人生存和生命，并将其拟人和神化。[①]

运用上述神话理论对左江花山岩画进行解读，其绘制功能是多样的。蛙神崇拜作为骆越先民一种重要的文化活动，用神话思维作为其心理依据以解释其绘制于高山崖壁之上的行为，是有一定道理的。花山岩画图像在神话思维流行的原始社会时期，具有一种象征意义，是一种寓言艺术。

在表现上，根据神话思维的逻辑，这不可能是出于完全的写实，而是会有一定的偏离。这种偏离处于部落成员之间可理解的范围。在高大正身人像的形象塑造上，会将神与部落中地位高的骆王、骆将等相结合。但这丝毫不会降低神在人们心目中的地位，因为部落首领可能是他们思维中所能想到的最具有威严的形象了。这种结合正是神话思维的一种外在表现。花山岩画图像在形式的表现上仍然是理性的，在构图的比例、左右的对称、图像之间的距离远近、主题的表达、形象的统一与特性的构造都是一种理智的表达。这些图像可以唤起人的审美快感，在欣赏中引发人的想象和情感。艺术让我们把事物形象化，在欣赏形象化的图像时又能看到事物。在欣赏图像时，艺术让我们看到图像的起笔点和支撑点，在符号的表意系统上就能够理解它的内在意义和整体意义。花山岩画符号在表达上正是神话思维与理性思维结合的产物。花山岩画是骆越先民思维形式的体现，是骆越先民最初的世界观。这种思维形式只有在深入研究了壮族神话传说之后才能够体会。在神话故事中去解读原始先民的生存观念、生活习

---

① 李欣复:《卡西尔的神话与艺术哲学》,《西北师大学报》(社会科学版)，1994年第3期，第23-28页。

俗、礼仪、时空观、科学意识和自我意识等方面的内容。神话作为原始人认识世界的一种特殊符号形式，具有形象性、语言隐喻性和天然信仰性等特点，这与花山岩画的功能是相互一致的，花山岩画图像隐喻了深层的社会文化内容，是先民原始信仰的表达。

四、蛙图腾符号的功能

人是通过符号思维功能活动，并且借助于语言、宗教、神话、艺术等媒介来认识世界的。因此符号化的思维和符号化的行为是人类生活中最为典型的特征，并且人类文化的全部发展都依赖于这些条件。卡西尔认为，人应当被定义为符号的动物，而不是被定义为理性的动物。符号将人类引向了文化之路，人同动物的区别是因为人类创造了自己的文化和文化系统。这种较为高级的文化信息交流和创造活动，可以满足人的心理感知、情感伦理以及审美诸种需求。这种符号系统还是一种权力或知识和话语的构成系统。蛙图腾符号作为花山岩画主要的图像符号，同时具有多种功能。

（一）与神交流功能

作为一种图腾符号，花山岩画可以起到与蛙神交流的作用。将青蛙图像画在山崖上，在壮族的观念中，山崖既是灵魂的栖息之所，也是灵魂的通天之路。山崖高入云天，最接近雷公的居住之所，蛙神居此可以以它为通天之路，去找他的父王，转达壮族祖先的祈求。① 骆越先民将蛙神绘于山崖之上，在山崖下进行祭祀活动，表达自己的生存需求是可能的，这是一种人与神的交流活动。通过铜鼓的声音、巫术祭祀活动、人们模拟青蛙

① 梁庭望:《花山崖壁画——祭祀蛙神的圣地》,《中南民族学院学报》（社会科学版），1986年第4期，第18–23页。

跳舞来实现人神之间的交流。这种与神之间的交流活动也可以愚弄被统治阶级，让他们以为自己所处的糟糕境遇是由于蛙神没有答应他们的要求，从而转化了统治阶级与被统治阶级的矛盾。

（二）政治教化功能

花山岩画绘制时期正是骆越先民从原始社会向奴隶社会的过渡时期，整个社会已经出现了贫富分化、社会阶层分化。对于统治阶级来说，为了让这种贫富分化、社会阶层分化合理化，统治阶级通过思想意识上的控制和潜移默化的影响，来使自己的利益合理化是可能的。观察花山岩画上大小不同的人形图像，人形图像所拥有的不同头像装饰，有的人拥有环首刀或者长剑或者匕首，而其他大多数图像却没有，这些图像正是人类贫富分化的生动体现。统治阶级通过花山岩画人形图像中财富拥有的不平等，让人们以为他们内心最为崇拜的蛙神也存在贫富的不平等，从而让人们接受这个现实。在这里花山岩画就起到了政治教化的作用。通过花山岩画教育所有的氏族部落和联盟的成员，传达统治阶级的思想意识。在大型的祭祀仪式活动中，人们尊卑有序的思想也会逐渐形成，并不断地强化、合理化。统治者以神灵代言人的名义安排一切，奖罚氏族成员，以自己的好恶来评判一切。在人类认识的初级阶段，匮乏文化知识的教化，对统治阶级的教化，被统治阶级只能无条件地服从。其积极功能是维护了社会的统一和安定，整个社会结构以有序的形式运作，但消极性也是非常明显的。

（三）保佑族人功能

花山岩画绘制的历史时期，对于左江流域来说，主要的交通是水路，主要的交通工具是船，在花山岩画上也可以看到一些船的图案。由于这些绘制点都是沿江分布，那么进入左江流域必然经过花山岩画，人们抬头可以看到花山岩画图像，低头在水中也可以看到，这些图像绘制得栩栩如生，特别是在水中的倒影，由于水的流动，图像是动态的，变形的，但大体上又是人形的图案，这些对于住在此地的骆越人习以为常，但外来人看到就会感到害怕。特别是外来入侵者，不时受到骆越人的攻击，再加上图像与真人难以区分，看到图像误以为是真人，看到水中的图像误以为骆越人又从水中攻击。可以想象花山岩画图像对外来入侵者所能起到的心理震慑作用，不战而屈人之兵。这也是为什么南宋李石途经左江花山，见到花山岩画时有害怕的感受。他在《续博物志》中谈道："二广深石壁上有鬼影，如澹墨画。船人行，以为其祖考，祭之不敢慢。"他把花山岩画当成了鬼影，有些人当成了自己的祖先，这都反映了岩画的红色图像在人的内心所激发的情感状态。明朝张穆的《异闻录》中也有记录："广西太平府有高崖数里，现兵马持刀杖，或有无首者。舟人戒无（毋）指，有言之者，则患病。"明太祖洪武二年（1369年）太平府的治所在崇左，人们途经花山不能谈论，否则会生病，这都给花山岩画赋予了一种神秘色彩，让人恐惧害怕。"粤人之俗，好相攻击"。由于战斗经验丰富，对于如何利用地形环境因素应该非常了解，花山岩画人形图像保佑族人的功能也因此具有了合理性。

（四）保佑族群生存发展功能

"青蛙叫，大雨到"，青蛙的叫声可以让他的父亲雷公下雨，下雨可以保证农业的丰收，农业丰收，人们就解决了温饱问题。同时青蛙的繁殖能力特别强，人们崇拜青蛙，希望自己也有青蛙那样的繁殖能力，子孙绵延。在人的所有需求中，生存的需求是最主要的，最基本的。而青蛙的叫声可以下雨，消除旱灾，农业丰收，这就解决了人的最重要的问题。生殖繁衍能力强，后代多，除了可以解决劳动力问题，对于氏族的壮大也是极为关键的。青蛙既可以在水中生存，也可以在陆地上生存。《淮南子·原道训》载："九嶷之南，陆事寡而水事众，于是人民披发文身，以像鳞虫。"可见这一地区与水的关系非常密切。莫俊卿认为，左江流域地区的壮族先民生活的主要来源是农耕稻作与渔业。[①] 在左江流域地区捕鱼也是人们的一项主要的生活来源，青蛙的水陆两栖能力应该也是人们所崇拜的一种能力。

（五）族群认同功能

左江流域的骆越部落的族群标志是青蛙图像，在这个部落统一了其他骆越部落之后，青蛙的地位上升为整个部落联盟的守护神。但是其他的部落原先有自己的图腾崇拜对象，这就涉及如何让其他的部落成员能够在族群信仰、身份认同、文化认同、部落认同和制度认同上与蛙部落一致。在现代社会，这本来是一件非常困难的事情，但在当时却并没有那么难。首先，因为各个部落都没有语言文字，人们对于世界的认识还处于初级阶段。其次，蛙部落在各个部落的影响较大，农业文明和交往能力较强，人们在文化认同上易于接受这个较为先进的文化。花山岩画作为一种图像符号文化，一种对于蛙图腾祭祀的活动，对于影响人们的思维模式和行为习惯起到了重要的作用。在骆越部落联盟中对于各个部落的身份认同、文化认同、制度认同、部落认同等方面起到了很好的促进作用。

花山岩画蛙图腾的图像作为一种较为高级的文化信息交流和创造活动，还可以满足人的心理感知、情感伦理以及审美诸种需求。

① 莫俊卿：《左江崖壁画的主体探讨》，《民族研究》，1986年第6期，第68-72页。

花山岩画中的骆越先民色彩心理探究

梁穆穆　陈　锋

摘　要： 花山岩画主要使用红色颜料绘制而成。通过红色的古今同源和色彩心理理论来分析花山岩画图像，推断出骆越先民可能拥有的红色崇拜心理。红色体现了一种原始的生命意识、对太阳的膜拜、生命中的激情显现、骆越先民的审美意识，也有可能是对外来入侵的威慑。最后从移情说对骆越先民的红色崇拜心理进行了思考。

关键词： 花山岩画；古今同源；色彩心理；红色崇拜；移情说

花山岩画主要分布于广西左江流域，那里群山林立，风景秀美。从宁明到扶绥，过龙州和崇左市江州区，绵延200多公里，有4000多个图像。这些图像主要是由壮族先民——骆越人用红色颜料绘制而成，岩画颜料层的颜色多数为赭红（土红）色（如宁明花山、龙州棉江花山），少数为鲜红色（如扶绥吞平山）或暗红（如扶绥岜割山）。其成分主要是赤铁矿粉和动物胶等。这种颜料具有较强的耐光性、耐候性、耐热性、化学稳定性，着色力和遮盖力强等特点。为什么选用这种红色的颜料来绘画呢？使用这些物质材料可能具有两个方面的功能，一个是对现实的形象进行摹写的功能，另一个是表现绘画者情感的功能。多数情况下这两个方面的功能是结合在一起的。在人类生活中，人们有很多的机会接触红色，红色现象是一种普遍的存在。在这里可以通过色彩的古今同源来探讨骆越先民与红色的渊源。

一、古今同源的红色现象

左江花山岩画有两千多年的历史，最早的文献记录在一千多年前。这在文化上出现了断裂现象，也就是说从岩画出现到有关岩画的记载，中间隔了一千多年。这种间隔给后人解读花山岩画带来了种种困难。目前人们对于花山岩画的解读有不同的途径，比如考古法、田野调查法等。这些方法对于我们认识花山岩画都起到了极大的帮助作用。尤其是考古出土的物品更是一种有力的证据。但由于缺乏文字记载，后人对于骆越先民使用红色颜料仍然缺乏了解。左江花山岩画全部使用红色颜料绝不是任意而为，一定具有心理和社会等各方面的原因。下面通过分析红色的古今同源来尝试解读骆越先民对红色的使用问题。红色现象的古今同源指的是红色现象出现的场景具有相似性，不管是在过去还是在现在。

人类在早期原始生活中通过多种途径可以接触到红色。红色是血液的颜色。人类在早期充满血腥的狩猎生活中，动物在被杀害时，会流血。有些人受伤，也会流血。初升的太阳、落日的余晖、火焰等都是红彤彤的。人在生病的时候，身体会失去血色，健康的人却是面色红润。这些红色的现象在过去和现在都是常见的现象。人们在不同的场合接触到红色，所以人们对待红色的态度应该是多样化的。这就是骆越先民与红色的渊源。

下面分析一下人类的色彩心理以帮助我们认识骆越先民对待红色可能的态度。因为红色属于基本色，同时人类对于色彩的感知比较初级，就像当前社会的儿童已经开始感知周围环境的颜色。即使人类社会历经2000

多年，这种对色彩的感知仍然具有极大的相似性。人类对色彩认识的变化，是由于当时的社会文化赋予了色彩的文化内涵。但从直接感官上来说，不会有什么变化。所以在对待常见的基本色彩的心理上，应该同样具有古今同源性。

二、人类的色彩心理

人类在日常生活中，对日常的自然现象和周围的人与物有不同的体验与反应。色彩本身只是一种物质，不具备感情特征。但是人类在生产实践中，对不同的色彩会有不同的体验，会赋予不同色彩以不同的情感。会对不同的色彩产生不同的联想，这可能导致了人们对于颜色的不同态度和偏爱，并学会适当地使用色彩来为自身服务。

（一）色彩的冷暖

色彩的冷暖主要源于色彩的对比，来自人们对于不同颜色的感受。比如，人们把蓝色和红色放在一起，就会感到红色很暖，蓝色很冷。这是因为人们在看到红色时，会联想到血液、火焰、初升的太阳等，这些都可以让人感到温暖。而蓝色会让人联想到平静幽深的水面、冰凉的湖水等。这样红色本身可以给人带来温暖。这种直观的感受，古今具有同源性。

（二）色彩的联想

人们突然看到的色彩会触发人们对于那种色彩最深的体验、埋藏的情绪。这样就超越了冷暖的直观感受。触景生情，内在的记忆被激活。红色一般情况下可以让骆越先民联想到血、初升的太阳、落日的余晖、火焰等，及这些现象所曾经触发的情感，如温暖、激情、生命、战争、危险等。人们的经历不同对于红色会有不同的联想。

（三）色彩的象征性

由于人们对色彩所产生的联想，人们也就学会了使用色彩来触发他人的情绪。这里色彩的作用主要体现在象征作用。这种象征作用受到时代、民族、地域等影响。对于骆越先民来说，红色可能象征着生命、阳光、激情、火焰、希望、危险、战争等。在现代社会中，红色的含义可能就会有很大的差异，可以象征革命，象征着光明的前途、正义、崇高、进步的思想、高尚的品德，也象征着婚庆、节日的喜庆气氛和幸福概念等。

从色彩心理的分析，可以推断骆越先民全部使用红色颜料绘制岩画的心理事实。因此，花山岩画使用红色颜料绘制应该具有多重文化内涵。

三、骆越先民的红色崇拜

从花山岩画图像来看，可以看到骆越先民的原始文化活动，最直观的是一群人形图像围着一个大的图像在跳舞，中间加入了一些动物图案、器物图案等。从红色的颜料和这些图案中可以大致推测骆越先民红色崇拜的多样性。这里所谓的红色崇拜，就是指骆越先民对于红色的偏爱。是骆越先民对于幸福温暖的渴望、原始的生命意识、对美和生命激情的追求、对太阳的膜拜等。

（一）原始的生命意识

人类的生死对于人类自身来说是头等大事。动物遇到危险都知道逃离，所以求生也是人类的本能。在原始先民的认识中，可能不清楚死亡的原因，往往简单地归结为血色的消失。因此，出于求生的本能，原始人类可能会用动物的血液或者红色颜料涂抹自己，以求不死。红色涂抹身体也会让人感到健康，而不是病态，没有血色。在壮族的发展史上历来推崇尚血观念和尚红习俗。尤其在远古时期，血液被认为是生命的象征。古人相信血能辟邪，因为血液是红色的，所以古人认为，凡是红色的东西都具有和血液同样的辟邪除恶功能。由此可见，花山壁画色彩的选用不是任意的、偶然的、即兴的行为，而是壮族先民生命意识的体现。

（二）对太阳的膜拜

在花山岩画上有许多圆圈，圆圈内的图像看起来很像光芒四射的太阳。在当地出土的铜鼓也具有类似的图案。从铜鼓的图案可以看到骆越先民对太阳的崇拜。太阳光芒的变化决定了白昼和黑夜，带来了四季的变化。原始时期，太阳同样可以驱逐黑暗，带来温暖，给人类带来欢乐。有阳光的地方万物生长，没有阳光的地方，阴暗潮湿。红色的太阳，让人们产生了喜爱之情。太阳照射，人们感到温暖，血气上涌，生命活力涌动。现在的壮族铜鼓大多也都有太阳芒星。体现了人们对太阳的崇拜之情。

（三）生命中的激情

远古时代，左江的洪水，再加上环境恶劣，猛兽毒虫滋生，医疗条件差造成人口伤亡较多。为了民族的延续，骆越先民希望人丁兴旺是必然的。在花山岩画上有很多反映与生殖相关的图像，这是一种生命的激情和绵延所必须的。花山岩画全部使用红色颜料绘制，让人联想到火焰的颜色，生命的律动。花山岩画图像，所有的正身人像和侧身人像都是双手高举，屈蹲双腿，似蛙状。给人一种欢腾、跳跃、非常愉快的感受，显示了生命的激情。这些图像和带有生育特征的图像融合在一起，并不矛盾，反而给人一种激情，如同火焰在风中的跳动。这种红色的火焰是生命的激情。

（四）对外来入侵者的威慑

粤人之俗，好相攻击。在原始社会末期，阶级社会初期，生产发展，人口增加，部落为了争夺私有财产，包括土地、财物、奴隶等，或者因为其他矛盾和冲突，相互之间经常发生械斗。而在古代的左江流域，主要的交通是水路。这从图像上可以看到船的造型来推断。花山岩画主要绘制于河道两岸，红色的图案，让人看到会产生畏惧的心理。对于骆越先民来说，为了防止外敌的骚扰入侵，通过绘制红色图案于崖壁之上，也是可能的。据文献记载确实起到了这种作用。可以参考南宋李石的《续博物志》关于花山的记载，明朝张穆的《异闻录》中也有关于花山的记载。这都给花山岩画赋予了一种神秘色彩。

（五）审美需求

花山岩画可能就是对现实骆越先民的日常祭祀活动的摹写，在原始居民中使用红色颜料还是较普遍的。人们在考古中发现在旧石器时代晚期的山顶洞人已经知道用赤铁矿粉来把一些佩戴的兽牙等装饰物染成红色。这可能是骆越先民的一种审美需求。同时花山岩画的红色图案，也可以让人感到鲜艳夺目，带给人以强烈的视觉冲击和心灵震撼。与灰色崖壁和周围的山水形成了强烈的对比。这里只讨论了花山岩画色彩的审美问题，对于图像的美，图像的组合形式美等暂不讨论。

这些红色崇拜也暗含了红色对于骆越先人的功能。比如，延续生命、审美追求、子孙绵延、威慑敌人等。对于红色与巫术活动、祭祀活动，包括祭神、祭祀祖先、祭拜铜鼓等已经有大量的论述，这里不具体探讨。

四、对骆越先民红色崇拜的思考

下面从移情说来探讨骆越先民的红色崇拜心理。移情说是20世纪西方美学中的一个心理学美学流派和心理学文论流派所提出的学说。

移情说可以帮我们很好地理解骆越先民对红色的偏爱之情。休谟在《人性论》等著作中提到，美即快感，他认为美源于对象能满足人的同情心，分享旁人的感情。维柯在《新科学》之中分析了人类原始状态的诗性智慧，指出了诗性智慧是人类早期思维活动的主要方面和特征所在，其中提到了一条诗性智慧原则，即“以己度人”的隐喻，也就是原始人凭着自己的经验来体验外在的其他事物，包含着人把自己的情感通过想象在对象中表现出来。费舍尔提出了“审美的象征作用”，认为艺术和自然是人类生命和人格的象征，也就是“对象的人格化”。在移情的作用下，审美者的人格和对象完全融合为一，达到了审美活动最完满的阶段。伏尔盖特认为审美价值是一种绝对的、无条件的自我价值，最终关涉主体的心灵。而审美情感和审美经验的基本特征是移情。移情的特殊性表现在“客观感情”的突然显现，即主体把这种感情附着于外界的物质对象。

骆越先民的花山岩画红色图像在周围山水的环绕下会给人一种温暖的感觉。让人们在日常生产劳动中得到心理的快感。在祭祀活动中，可以体验祖先的丰功伟绩，感受到祖先或者在狩猎活动中的卓越表现，或者在对外战争中的英勇杀敌行为。骆越先民在对着花山岩画的祭祀活动中，对着花山岩画的图像，红色的图像可以激发参与者内在的生命激情。在这种状态下，主体和客体完全融合，人们举手狂欢，狂欢之后也可以达到心灵的净化，获得了身心的愉悦，从而达到了审美活动的最完满的阶段。对于外来的入侵者，红色图像就不是审美的移情作用，更可能是让他们感到惧怕，会联想到一些记忆中不愉快的事情。

五、结语

花山岩画的红色图像是一种复杂的文化体现。可能出于写实的需要，可能出于情感的需要。在写实中反映了骆越先民的红色崇拜，在情感表现上可以体现多种色彩的功能。总之，在左江流域有大量的赤铁矿源和红土。骆越先民长久居于此地，对于当地的矿物质颜料应该有着较为深入的了解和广泛的运用。骆越先民使用红色颜料作画可能是因为他们在日常生活中已经广泛使用红色颜料来装饰物体。广西壮族人民用赤铁矿石（壮话叫“天宁”，即红石的意思）制成颜料涂饰木器制品或用来书写。另一方面也反映了他们对红色的喜爱。红色，太阳的颜色、木棉花的颜色等，能够给人们带来温暖、激情和审美体验等。一些人类学家在北美洲印第安原始居民和南美洲土著居民，还有非洲的一些原始部落中都发现了用红色颜料涂抹身体的现象，这也可能说明人类在天性上有一种红色崇拜的心理倾向。在对待红色的审美上有着共同的心理。花山岩画的色彩及其图像中的美术元素目前在绘画创作、工艺品制作、景区或城市装饰设计、旅游产品开发中被广泛使用。

左江花山岩画的产生、发展与消亡

——从丹纳的“三要素”说起

梁穆穆　陈　锋

摘　要： 广西左江花山岩画是绘制于崖壁上的露天岩画，是中国首个岩画类世界遗产，也是广西第一个世界文化遗产。花山岩画作为古代的一种民族艺术经历了由产生、发展到消亡的过程。丹纳的三要素理论把文艺比作生物，也有一个产生、发展到消亡的过程。这三种要素指的是民族、环境和时代。利用三要素来讨论花山岩画的这个过程，发现花山岩画的产生、发展、消亡是由多种原因造成的，不能简单地归为某一种原因。

关键词： 左江花山岩画；丹纳的三要素理论；产生、发展、消亡；民族、环境、时代

2016年7月15日，“左江花山岩画文化景观”在第40届联合国教科文组织世界遗产委员会会议上被列入《世界遗产名录》（图1）。这是我国首个岩画类世界遗产，也是广西壮族自治区第一个世界文化遗产。这引起了国内外的广泛关注。

岩画是指画在或刻在岩石上的图画，是对人类生存活动的记录[①]。目前，在中国的很多地方都发现了岩画。在规模和独特性上，花山岩画是较为突出的。关于左江花山岩画绘制时间，目前广泛接受的观点是从战国到东汉这个时间段，由产生到消亡，大约经历了四个发展阶段。覃圣敏认为花山岩画的发展系列，是循着从写实向抽象化的路径发展的。从第一期的岩画有着较多的写实性质，到第四期已经完全是抽象化的图案[②]。花山岩画因何而起？花山岩画的绘制因何而终？（题目中提到的花山岩画的消亡指的是人们停止绘制花山岩画，而不是指花山岩画的毁灭。）

对于这些问题，文章试图从丹纳的三要素理论来进行讨论。

一、丹纳的“三要素”理论

19世纪法国实证主义派美学家丹纳受到达尔文生物进化论思想的影响，在其《艺术哲学》一书中，把文艺比作一种生物，说文艺作品的创造和发展是由民族、环境和时代三种因素决定的。丹纳将自然科学中的实证方法运用于文学艺术研究和批评，注重对事实材料的收集和使用，注重对文学艺术规律的探索。

民族因素指的是人天生的和遗传的那些倾向与民族特性。这种特性指的是一个民族先天的特性和后天的特性[③]。民族包含人类先天的、生理的、遗传的各方面因素。先天的特性，丹纳强调了人种学方面的意义。而后天的特性，丹纳更强调其社会学内涵。尤其是民族性格对于本民族艺术所产

---

① 陈兆复、蒋振明:《四万里路云和月 —— 全国岩画考察手记》,《美术》，1986年第1期，第59-66页。

② 覃圣敏:《骆越画魂：花山崖壁画之谜》，南宁：广西人民出版社，2009年，第73-77页。

③ 丹纳:《艺术哲学》，人民文学出版社，1963年，第158、71页。

生的影响。

环境因素主要指一个民族生活的自然环境，同时包括社会环境、时代环境等。自然环境主要包括地理条件、气候等。丹纳认为不同的生活环境会给禀赋各异的民族打上不同的烙印。例如，气候、地理位置等的差异越大，民族的差异也就越大，其文艺作品的差异也就越大。但高翔认为，自然环境对于艺术创作活动并不起决定性的作用[①]。

时代因素主要指某一阶段的政治经济状况、精神文化、社会制度等，这些因素会影响当时的时代精神和风俗习惯，形成一个时代独特的“精神气候”。

在丹纳的三要素理论体系中，这三种要素不是相互分开的，而是相互影响的，甚至有一定的重叠。民族因素是内部根源，环境是外部压力，时代是后天的推动力量。这三种要素相互作用，影响和制约着艺术的发展和走向。

一切艺术的产生、发展、演变和消亡，都有其内在的规律，都与民族、环境、时代密切相关。比如，某个艺术家的一件艺术品，它不是孤立的，必定从属于这个艺术家的全部作品。同时，艺术家本身连同他的全部作品也不是孤立的，必定从属于艺术家所属的那个群体。并且所有的艺术家和他们的作品都从属于当时的社会环境。艺术家和他们的艺术品与他们所属的时代的精神和风貌概况是相一致的、同步的。随着时代、社会风貌的发展变化，艺术也会跟着改变。人们可以通过一件艺术品了解这件艺术品所属的那个时代特征。如果想了解一个艺术品、艺术家，就必须了解他们所处的那个时代环境。

---

① 高翔：《丹纳的文艺生态学思想》，《社会科学辑刊》，1989年第5期，第125–132页。

图1　宁明县花山第一处第9组图像的部分图像（梁穆穆拍摄于2015年）

二、三因素与花山岩画

（一）民族因素与花山岩画

要想论述花山岩画从产生、发展到消亡与民族的关系，首先需要确定的就是花山岩画作画的族属问题。但目前在这个问题上还有不同的意见。有人说是壮族先民，这是基于一个笼统概念，就是认为左江流域自古以来是壮族及其先民的居住地。有的认为作画民族不是壮族先民，而应是苗、瑶民族，其依据主要是岩画上的动物是犬，犬是苗瑶的民族图腾。但此观点没有经过多方考证，不足为据。在多方考证下，作画年代被认定在战国至东汉期间，那么作画的民族应该是这段时间生活在左江流域的民族，然而历史文献中对于左江流域的民族并没有专门的记载。总体来说，花山岩画被认为是骆越人的族群记忆。但一些学者经过考证有了自己的观点。

梁庭望认为壮族祖先曾经有过一个以蛙为图腾的部落，这就是瓯部落，也就是蛙部落。在秦瓯战争期间，瓯部落成为各个壮族部落的代表，瓯部落首领上升为部落联盟的首领。其部落的图腾随地位的变化而转变为整个骆越民族的守护神，并画于山崖上[1]。此观点有一定的合理之处。因为在民族融合的过程中，来自不同地域的部落，可能在信仰上有着较大的差异，为了巩固这个部落联盟及其自身的地位、收服人心，需要建立一个共同的图腾，这样作为一个部落的图腾上升为整个部落联盟的图腾是可能的。如果这个说法是正确的，那么花山岩画的绘制就体现了蛙部落的民族特征。花山岩画蹲式人形图案，与蛙的形态相似，可能是对蛙的一种图腾崇拜。蛙被壮族人民奉为雷神之子，这反映了早期骆越先民的稻作文化。

覃圣敏、覃彩銮、卢敏飞、喻如玉认为左江花山岩画涉及的不是整个的瓯骆部族或者部落联盟，而仅仅涉及这个部族或者部落联盟中居住在左江流域的氏族及部落。他们通过查找文献，考察壮语与古越语的关系，壮族地名与古代瓯骆的关系，目前壮族的生活习俗及宗教信仰与古代越人的相似性等。发现现代壮族与古越人在地理分布、地名、语言、风俗等方面都有非常密切的关系，再根据历史记载，广西的越人应是西瓯骆越，从而断定左江花山岩画的作画民族就是壮族的先民[2]。

这个观点有值得商榷的地方，比如说，左江流域的骆越人为什么没有在更早的时间去绘制花山岩画？其动机是什么？为什么其他地方的瓯骆人没有绘制崖壁画，只有居住于左江流域的瓯骆人绘制了崖壁画呢？覃圣敏、覃彩銮、卢敏飞、喻如玉认为不同地域的瓯骆人宗教信仰不同，或者进行宗教活动的仪式不同，因而只有左江流域的瓯骆人绘制了崖壁画。如果仅仅是出于宗教的目的，为什么不在更早的时间绘制崖壁画？这些观点可能强调了花山岩画作画民族的专属性，却忽视了当时社会的大环

① 梁庭望：《花山崖壁画——壮族上古的形象历史》，《中央民族学院学报》，1988年第2期，第46–51页。

② 覃圣敏、覃彩銮、卢敏飞、喻如玉：《广西左江流域崖壁画考察与研究》，南宁：广西民族出版社，1987年，第150–154页。

境——由于战争、人口迁徙等原因，百越民族之间及其与其他民族之间的融合过程。据文献记载战国至东汉时期，在南越地区发生过多次战争。《淮南子·人间训》记载，约在公元前214年，秦始皇用兵岭南，曾和西瓯部落打了一场仗，西瓯君译吁宋被杀。据《后汉书·马援传》记载马援率兵南征时，“得骆越铜鼓，乃铸为马式，还，上之”。虽然有人考证，马援当时没有经过左江流域，但其周边环境的战争也会影响人口的流动。《水经·叶榆河注》引《交州外域记》载：“蜀王子将兵三万来讨雒王”；《太平寰宇记》引《南越记》也载“蜀王子将兵三万来讨雒王”。谈琪认为蜀王子率其族人从滇沿元江进入今越南的西北部后，即在红河中游的封溪建立据点，并没有东走高平进入广西的左江地区。更没有在那里建立所谓的“南疆国”。谈琪认为左江地区自古以来就是骆越人聚居的地区，历史上这个地区的骆越人既没有迁往他处，没有被消灭，也没有被外来民族所同化。因而不存在壁画是“融入了大量南迁蜀族重新组合的骆族”的作品的问题[①]。这个观点首先没有给出有力的证据。不成立的依据是：如果花山岩画上的圆形图案全部是铜鼓的话，那么作画时，整个铜鼓的种类是非常多样的，这对于一个较少与外部交流的民族来说是难以想象的。花山岩画上的各种武器造型、不同种类的头饰等也表明左江流域在历史上与其他地区的文化产生了频繁的交流活动。花山岩画上的各种造型图案，正是民族融合、多民族频繁交流的反映，具有当地的文化特色，也体现了其他民族的文化，既具有多民族性，也体现了时代性。

杨群认为左江花山岩画的作画族属应该是融入了大量南迁蜀族的重新组合的骆族。因为新民族的迁入，在融合的过程中，各族之间定会出现一些矛盾，为了维护政权统治，使社会保持安定，使重组的骆族成为一个强

① 谈琪：《骆越人原始宗教祭祀的历史画卷：论广西左江崖壁画的族属、年代和内容》，《广西民族学院学报》（哲学社会科学版），1988年第4期，第52–58页。

大巩固的民族，当时的统治者除了政治上的统治之外，唯一能够借助并且有效的措施就是对被统治者进行精神上的控制。这时候统治者往往借助庄重神秘，又相当严格的宗教礼仪，来统一人群的思想意识。左江花山岩画正是这样一幅幅骆族社会宗教生活的画面①。如果这种观点是正确的话，那么花山岩画的绘制就带有了以骆越民族为主的多民族特征，而非骆越民族专属。而且作画的主题也已经彰显，对于多种类型的铜鼓和来自中原的武器等物品、不同种类的头饰也能给予很好的解释。

黄现璠、何英德、周作明认为花山岩画是因为壮族人民与西南民族人民有传统的直接联系，若离开民族联系去观察岩画，纵有千言万语，喋喋不休都无法说明岩画之由来②。但他们把宁明崖壁画的时间断定为唐代前后，这在时间上与其他器物年代、碳-14测定的时间下限出入较大，碳-14测定最晚的时间是公元前165年，考虑到可能的误差，花山岩画绘制的最晚时间是在东汉。但他们看到了民族之间的联系和这种联系对花山岩画绘制的影响。这是非常可贵的观点。

黄汝训认为，骆人的祖先是早期活动于西南边疆的当地部落。其所居地域主要在今海南全省、广东西南部、越南社会主义共和国北部和广西南部。《汉书·地理志》师古注引臣瓒称："自会嵇至交趾七、八千里。百粤（越）杂处，各有种姓。"秦徙中县之民（主要是楚人或汉人）南方三郡而融合于骆，汉武帝时设置交趾郡。北方人口的南迁，加上骆越民族与周围其他民族的交往融合，促进了当地生产力的发展③。此观点认为北方人口南迁，带去了北方的文化、先进生产力等，与当地的骆越民族融合，促进

① 杨群：《广西左江崖壁画新考》，《广西民族研究》，1986年第3期，第27-37页。

② 黄现璠、何英德、周作明：《壮族族源与花山崖壁画之关系》，《南宁师范高等专科学校学报》，2000年第1期，第22-26页。

③ 黄汝训：《花山崖壁画熊虎之子图腾——谈骆和楚、蜀的关系》，《南宁师苑高等专科学校学报》，2000年第1期，第27-31页。

了当地经济的发展。骆越同时接纳了投亲的本氏族人和近邻的其他氏族的人，因为这种融合，骆越内部产生了区别性称呼，对于先前的氏族人，他们被尊称为“布上”，上犹言上古，专指在先或在前来开发土地的人们。黄汝训认为这可能是壮名之始。这样的话，花山岩画可能是由在壮族形成之前的各个民族融合而成的一个多民族政权绘制的。但其成员的主要构成是瓯骆人。这个融合的民族后来发展成为一个独立的民族——壮族。在花山岩画上体现了这种融合的印记。比如说，来自西南民族地区的铜鼓文化、来自中原的武器、多种类型的头饰文化等。

左江流域及桂西南地区，在商周时期可能已经同中原内地有了文化的交往。《商书·伊尹朝献》提到在商代初年（约公元前16世纪初），商朝宰相伊尹主张“以鼎调羹”“调和五味”的理论来治理天下，天下归服。伊尹作《四方令》命正南、瓯邓、桂国、损子、产里、百濮、九菌，进贡玳瑁、珍珠、珠巩、象齿、翠羽、文犀、短狗。从这个记录可以看出瓯骆人的历史非常悠久，早在商朝时期已经和中原有了某种联系。在公元前219年（秦始皇二十八年），秦始皇开始对南方百越民族进行征服战争，史称“秦戍五岭”。在公元前218年，平定了东瓯和闽越地区。在此地设置了闽中郡。同时对岭南的越人发动了战争，这就是“秦瓯战争”，指的是秦朝与西瓯和骆越人的战争。在这次战争中，部落首领西瓯君“译吁宋”阵亡。但西瓯部落并没有放弃抵抗，经过重新组织，利用天时地利人和的因素，最后大破秦军，杀尉屠睢，使秦军遭到非常重大的损失，伏尸流血数十万。但是秦军通过开通人工运河——灵渠，保障了后勤的供应。同时依赖先进的武器，训练有素的军队，再加上名将赵佗等人的指挥，最终取得了胜利。从此，中原文化与骆越文化的交流更加紧密。黄武强认为花山岩画上的铜鼓图像和钟铃图像，是百越文化与华夏文化的结合。他认为《诗经·国风·关雎》“参差荇菜，左右芼之”“窈窕淑女，钟鼓乐之”中的钟鼓是华夏文化的显著特征之一，而百越地区的骆越人以铜鼓为尊。这是一种文化融合的体现[①]。

丹纳认为所有的艺术作品不可避免地会被打上民族的印记，民族是文学艺术作品中最深层的因素，要使文艺批评具有深度和广度就必须对作品的民族因素进行分析。不同的民族有着不同的特性，形成了不同的文学艺术。花山岩画是壮族先民的文化遗存，也是壮族的根祖文化，是壮族先民的文化活动，这些文化活动在壮族民间仍有保存，比如铜鼓文化、蚂蜗舞、赛龙舟等。花山岩画作为南方岩画与北方岩画有着明显的区别，这都是由于花山岩画的民族印记所形成的。不同地域的岩画反映了不同的民族特征。内蒙古阴山一带的岩画，有一些狩猎、放牧、舞蹈、动物的图片，反映了北方蒙古草原居民的游牧经济生活。左江流域的岩画体现了南方骆越民族的民族文化特征，比如，犬祭习俗、拜铜鼓、赛龙舟等。

（二）环境因素与花山岩画

丹纳宣称：“作品与环境必然完全相符。”丹纳所说的环境主要指的是自然的、地理的环境和物质的环境。他把自然与社会环境视为艺术创作的一种外在动力。对于花山岩画的绘制，环境因素也起到了重要的作用。

在自然环境上，左江流域处于亚热带季风气候区，气候温和、日照充足、雨量充沛，有多种类型的亚热带植物，同时吸引了多样的动物在此生息繁衍，为早期的人类提供了可采集的食物和可狩猎的对象。这一地区山环岳绕、丘陵起伏、地域褊狭、交通不畅、易守难攻，为这一地区人民的生活、安全提供了天然的屏障。这一文化圈，有着悠久的稻作文明。《淮南子·原道训》：“九嶷之南，陆事寡而水事众，于是民人披发文身，以象鳞虫。”可见这一地区与水的关系非常密切。莫俊卿认为左江流域地区的

① 黄武强：《论广西左江流域崖壁画》，《民族艺术》，1990年第2期，第127–133，141页。

壮族先民生活的主要来源是农耕稻作与渔业[①]。这种自然环境给生活在这一地区的人民提供了一定的食物来源。《史记·货殖列传》亦云："楚越之地，地广人希，饭稻羹鱼，或火耕而水耨，果隋蠃蛤，不待贾而足，地埶饶食，无饥馑之患，以故呰窳偷生，无积聚而多贫。是故江淮以南，无冻饿之人，亦无千金之家。"

梁庭望认为左江流域周围的山形如布袋，从北部湾来的强台风，在"布袋"中来回舒卷，使雨量的2/3在6至8月汇集于此，左江流域水位迅速上涨，洪水滔滔[②]。但在其他时间段，降雨偏少。这一地区水灾、旱灾频发，威胁人们的生命安全和生活出路。作为左江流域壮族先民主要的食物来源，农耕稻作与渔业是相当重要的。因此人们绘制花山岩画以祭祀蛙神，或者雷神，或者用来镇压水神等说法，都是和这种稻作文化有关。

花山岩画大多绘制于左江两岸的悬崖峭壁之上（图2），宋兆麟认为崖壁画与水神祭祀有关。主要原因是，从地理学考察，左江洪水是骆越人生存的最大威胁。但在当时的历史条件下，骆越人不知道左江水灾的原因，也不能有效地防御洪水，只能归咎于鬼神的支配。他认为岩怀山崖壁画上有三只船，体现的是人们祭祀水神时划着船，击铜鼓，表现的是铜鼓赛江神的场景。壮族的龙舟竞渡，最初的目的是祭祀水神，后来才演变成一种娱乐活动[③]。邝国敦认为临江崖壁画作画地点的选择不是偶然的，而是一种刻意的安排。崖壁画的内容为宗教祭祀场面，这样的地点选择必然与水有关。左江自古以来水患频繁，壮族先民在当时生产力低下的情况下，无力抗拒自然灾害，只能通过绘制崖壁画祈求神灵或祖先的庇护。陆

① 莫俊卿：《左江崖壁画的主体探讨》，《民族研究》，1986年第6期，第68-72页。

② 梁庭望：《花山崖壁画——祭祀蛙神的圣地》，《中南民族学院学报》（社会科学版），1986年第4期，第18-23。

③ 宋兆麟：《水神祭祀与左江崖壁画》，《中国历史博物馆馆刊》，1987年，第20-25页。

地崖壁画其绘画地点的选择也不是偶然的，这些绘制点被认为是“宝地”，壮族先民把他们崇拜的神灵或祖先画在这些地方，以求神灵赐福，保佑平安①。

图2　左江花山岩画

在物质环境上，花山岩画绘制选用红色颜料，乃是直接从自然界获得，是自然环境所赐予。邝国敦认为赤铁矿的成分主要是三氧化二铁，用作颜料有着很强的化学稳定性，但它们的黏结性却较弱，用它们涂在石壁上，虽可附着，但在雨水冲蚀下会很快脱落，尤其是光滑的岩石面更易剥落。只有掺入适当比例的黏合剂才能够确保颜料与岩石表面附着的紧密牢固。对于不同种类的基岩，这种紧密牢固性不同。

在地理环境上，杨成志认为宁明县的地理形势有两个特点：一是石山和崖洞多，随处可见。它们是古时代动物和人类的天然居穴。二是明江下游地势险要。距宁明县城15里的珠山，有一条蜿蜒曲折的峡谷地带，长

① 邝国敦:《左江流域崖壁画区地质观》,《广西民族研究》, 1987年第1期，第39–46页。

约30公里，有20多个转弯处。只有这条峡谷河流通向左江，是一个天然的屏障，也是一个居可守、出可攻的军事据点[①]。花山岩画正处于河流转弯处，且面向人们容易观望的崖壁。同时，左江流域远离北方政权的统治中心，地域褊狭，有十万大山的庇护，作为部落联盟的中心有一定的合理之处。出于这个原因，在左江流域绘制崖壁画是有可能的。左江流域作为壮族地区的腹地，梁庭望认为祭祀民族守护神的地方是非常神圣的，与民族的生死存亡攸关，必须放在腹地最安全的地方。浔江、郁江容易受到楚的威胁，红水河乃滇桂交通水道。右江之西有古句町国，也是滇桂通道。相比之下，左江是比较安全的。在历史上，这一带除偶尔受交趾之扰，是很少受中原及后来的中央封建王朝势力干预的，是壮族祖先的大后方。以这一带为祭祖圣地，颇有战略眼光。

从以上的论述可以看到，环境对于花山岩画的选址、绘制都有重要的影响。对于花山岩画的研究不能忽略环境的因素。

（三）时代与花山岩画

时代因素主要指某一阶段的政治经济状况、精神文化、社会制度等。一般认为花山岩画绘制的时间是在战国到东汉，骆越人正处于原始社会向奴隶社会的转变期间。

覃彩銮指出春秋时期，在广西地区，随着社会生产力的提高和农业经济的发展，瓯骆社会农业和手工业开始出现分工，这时候原始社会逐步解体，奴隶制开始形成。他从两处春秋时期的墓葬（群）判断当时的瓯骆社会已经开始出现贫富分化和财产占有的不平等。其依据是这两处墓葬及其出土的遗物，里面既有来自中原的青铜器，也有瓯骆民族自己所造的青铜器，其特征是工艺粗浅，数量少。这表明瓯骆民族的青铜文化还处于初

---

① 杨成志:《广西壮族的古代崖壁画》,《中央民族学院学报》，1988年第4期，第16–20页。

期阶段，与之相适应的社会形态也应是奴隶制的初期——家庭奴隶制阶段。战国时期的一批墓葬，里面有青铜器和铁器，这些多从内地传入。这一时期，瓯骆人民在日常生活、生产、战争中已经广泛使用青铜器和铁器。社会经济文化进一步发展，社会贫富分化加剧。对于整个瓯骆民族来说，发展是不平衡的，那些临近中原文化、交通便利的地区，社会经济文化发展较快，这包括桂东北、桂东南及桂中地区。而桂西南和桂西北地区，由于地处偏远，交通不便，直到秦汉乃至更晚的时期，这些地方仍在原始社会的故道上缓慢地行进着①。从以上的论述可以看到覃彩銮认为在战国到东汉期间，甚至东汉以后，左江流域仍然处于原始社会末期、奴隶社会初期，这个阶段不同地区的骆越民族在发展上出现了极度的不平衡。主要原因是左江流域远离中原地区，地域偏远，交通不便。

覃圣敏、覃彩銮认为古人绘制花山岩画是受着某种强大的精神力量和思想意识的支配，而这种思想意识又受当时经济基础的制约，并和当时的社会性质相适应。战国至汉代的金属工具在这一地区发现甚少，当时的生产工具可能主要还是各种石器或木器，生产力水平很低。这与文献记载大体相似。在政治管辖上，汉代在左江流域设置临尘、雍鸡两县，统辖于郁林郡。当时汉朝统治的重点是放在交通条件较好的郡治周围，对偏僻县地则"以其故俗治"。这些偏僻县名义上纳入汉朝的版图，但其统治是有名无实的，并没有使这些地方的社会发生很大的变化。可知左江地区在汉朝时最多是刚刚跨入阶级社会的门槛，人们依然是在原始社会的各种传统思想的主导下生活着。人们的思想意识只能是原始社会的思想意识。由于生产力和认识水平低下，原始人对于周围的事物感到"一切存在着的东西都具有神秘的属性"，形成了万物有灵的观念。由于鬼神的观念充斥着原始

① 覃彩銮:《汉文化的南传及其对壮族古代文化的影响》,《广西民族研究》，1988年第4期，第27–42页。

人的头脑，人的生命和存在所依靠的东西，对于人来说就是神。左江花山岩画的绘制可能是受到对神灵有所需求的强烈愿望的驱使，具有原始宗教的意义，是当时人们进行宗教活动的遗迹。有人认为到了原始社会末期，父权制出现之后，在鬼魂崇拜的基础上，出现了祖先崇拜，左江花山岩画正是祖先崇拜的表现。有人认为左江崖壁画的作画动机是与原始宗教密切相关的，主要是祖先崇拜的表现，同时也糅合了日月崇拜、山河崇拜和图腾崇拜等[①]。

杨群认为古代族群有着相当频繁的迁徙、分化、重组过程，就像民族名称所发生的变化一样。蒙文通先生经过研究，指出在古代的左江地区曾有过一个南疆国，统辖九部，据有今广西南部及越南北部高平地区。这个地区与左江流域相一致。秦灭蜀后，约在公元前285年，故蜀族开始南迁，在迁徙至今云南红河州、文山州地界后，“蜀王子将兵三万讨雒王”，于是东走高平，进入左江流域，与原住在当地的骆族相融合，重组成新的骆族，建立了南疆国。南疆国国王名蜀制，其子名蜀泮，蜀泮后来称为安阳王。南迁蜀族在迁徙过程中接受了万家坝型铜鼓文化和石寨山型铜鼓文化。左江花山岩画上各种类型的铜鼓图像，正是蜀族南迁经历的反映。这为花山岩画上各种类型的铜鼓图案提供了很好的证据。如果杨群的考证属实，那么左江花山岩画的族属也应该是融入了大量南迁蜀族的重新组合的骆族。他们才是左江花山岩画的真正作者。安阳王后被南越王赵佗所灭。《史记·南越尉佗传》说：“其西瓯、骆裸国亦称王。”赵佗曾以“财物赂遗闽越、西瓯、骆，役属焉”。赵佗后来被汉朝所灭。汉武帝平定南越，建立了郡县进行统治，左江地区属于郁林郡的范围，并设置了雍鸡、临尘等县治。汉王朝推行“以其故俗治，毋赋税”的政策。汉文化对于左

---

① 覃圣敏、覃彩銮：《广西左江流域崖壁画简论》，《民族艺术》，1986年第1期，第127–137，225页。

江地区的影响不深。直到东汉以后，中原封建文化才逐渐传播到左江流域。广民认为崖壁画绘制年代可能在秦汉时代或者更早一些。在东汉时期,《后汉书·南蛮传》记载了当时对壮族古代部落使用“羁縻”政策“绥抚之，附则受而不逆，叛则弃而不追”。这是利用当地民族首领来统治本民族的人民。这说明当时这一地区已经建立了军事政治制度，出现了阶级分化[①]。

由于在战国到东汉这个历史阶段，骆越民族正经历从原始社会向奴隶社会过渡的阶段，部落首领和部落联盟的首领需要巩固自己的统治。据《史记》《汉书》《淮南子》等记载，在秦汉时期，壮族古代的西瓯、骆越部落中，已经有“君”“王”“将”的分化，还有国家政权的建立。骆越民族与汉族发生过多次战争，再加上骆越民族内部的战争、民族迁徙、民族融合等，矛盾众多。因此，统治者需要统一信仰，建立一个共同的民族守护神。这是花山岩画产生的时代原因，同时花山岩画也体现了这个时代的特点。梁庭望认为从花山岩画的风格上看，有明显的奴隶社会的艺术特征。画面的个体图像僵硬、严峻、恐怖、狰狞，是奴隶制残酷现实在艺术上的反映。在花山崖壁上，犬、鸟、鹿代表狩猎和畜牧，蛙代表农业。

三、从“三要素”理论对花山岩画产生与消亡的思考

在中原处于战国到东汉这一历史时期时，左江流域的骆越先民正经历由氏族公社发展演变为部落和部落联盟的过程。由于与周边民族的频繁交流和融合，再加上与中原地区交流的加强，社会生产工具的引进，左江流域生产力有了很大的提高，经济得到了快速发展。人们已经解决了基本的

① 广民:《壮族古代崖壁画研究》,《中央民族学院学报》，1978年，第49-52页。

温饱问题，只有在这个基础上，人们才会去追求精神生活，制造铜鼓、钟铃，绘制崖壁画等。花山岩画作为一种意识的体现，反映了这种文化融合的过程。比如，花山岩画上有各类铜鼓样式，还有环首刀等来自北方的兵器。花山岩画可能也正是由于以上的原因产生的。正如席勒和斯宾塞的“余力说”的观点：人在满足直接生活需要而有余力时，才进行自由的艺术活动。那么花山岩画的绘制正是骆越先民在满足了日常需求的情况下所进行的艺术活动[①]。但这些要素只是一种刺激性的、时代性的，内在的原因是骆越民族对于精神文化的追求，对于花山岩画所具有的功利价值的一种追求。同时还有很多原因同时在起作用，比如说，地理位置。在骆越人的其他生活地区的文化交往中并没有出现这类崖壁画，这是由于地理位置决定的。左江流域远离中原文化，交通不畅，这使当地的骆越人既能接触到中原文化，但又不至于完全被同化，这样就保留了自己的文化特征，具备了绘制花山岩画的可能。这不同于桂东北、桂东南、桂中地区，由于在短时间内受到大量中原文化的影响，没有细加咀嚼、消化、回味已经被中原文化所同化，完全接受了更先进的文化。

对于左江流域花山岩画含义失传的原因，黄武强认为有三个方面：一是秦至两汉时期壮族先民还未掌握汉字，因此无汉文记载。二是秦至两汉时期壮族先民还未创造壮族土俗字（方块壮族文字），因此无壮文记载。三是在古代，龙图腾取代蟾蜍图腾，变为壮族先民的突出崇拜对象。加上汉文化的影响，促使魏晋以后的壮族先民，忘记了左江流域花山岩画的主题内容。这些观点解释了人们目前为什么不理解花山岩画的含义，但对于理解花山岩画的消亡也有一定的提示作用。花山岩画的消亡，正如花山岩画的产生，是由当时骆越民族社会的需要决定的。那么停止绘制，可以推

① 朱光潜:《西方美学史（第二版）》，北京：人民文学出版社，1979年，第36页。

断为社会不再有此需求。其原因可能是多样的。比如外来文化的传入、外来人口的迁入、社会生产的发展、朝代的更替等。

结语

从以上的讨论可以看到，由于在战国到东汉这个历史时期，百越民族发生了多次战争、民族迁徙、民族融合等，这种人口的变化，所带来的先进生产工具和其他文化，促进了当地经济文化的发展繁荣。这使人们有多余的精力去做其他的事情，而不是整天忙于获得食物，以满足每天基本的需求。这种多余的精力加上不同地域文化的进入，可能会导致对社会政治结构的冲击，影响统治者的统治地位和社会的稳定。为了巩固统治、收服人心、使人民和平相处、一致对抗外敌入侵等，共同信仰、共同文化的建立就变得非常必要了。同时先进工具的使用解放了劳动力，经济的发展使人们有了多余的物质财富，再加上人们富余的精力和对精神文化生活的追求，使人们有可能、有需要、有能力进行花山岩画的绘制。多种因素的影响，使花山岩画的绘制成为可能。这也使花山岩画具有多民族、多文化的特征。那些各种类型的铜鼓、兵器、头饰等就是很好的体现。这些因素导致了花山岩画绘制的产生，但当各个民族完全融合，社会安定，再加上中原地区的行政统治和北方文化的传入，尤其是汉朝时候传入中原的佛教，及在汉朝建立的道教，传统的儒家文化等，当这些学说体系以比较高级的宗教文化形式进入左江流域时，可以想象对于原始的宗教信仰和巫术文化的冲击，及其在人们的精神、信仰体系上所能产生的重大影响。那么花山岩画绘制的终止也就成了历史的必然。

总之，在战国到汉朝这个历史阶段，是壮族文化大发展的时期，这个阶段，壮族广泛地吸收了周围其他民族和中原的文化，在融合的过程中建立了自己的文化，并流传于后世。社会的变迁促使了花山岩画的产生，同理，也是社会的变迁导致了花山岩画绘制的终止。花山岩画是多民族文化融合的见证，也成了壮族文化的根祖。现在的很多壮族文化都是源于当时各族文化的融合。壮族在后来的文化发展中不断吸收中原文化，但因为地域褊狭、交通不畅，又保存了自己的文化特色，这也是难能可贵的。

原始族群的集体表象

——论左江岩画族群意识及族群属性

羊绍全

摘　要：左江岩画族群属性是对岩画研究的核心内容，目前学术界主要的观点认为左江岩画是古骆越先民所作。然而依据古骆越国望地考证，古骆越国包括了右江流域、左江流域、南宁盆地以及越南红河流域等范围，但左江岩画仅仅出现在左江流域。笔者尝试运用原始族群的集体表象理论，从族群发展历史的纵向分析以及左江岩画的集体行为特征等方面进行分析，提出左江岩画民族族群是相对独立的，是具有自身文化属性的民族族群。

关键词：集体表象；左江岩画；族群

左江流域岩画景观2016年被列入世界文化遗产名录，这给左江流域旅游发展带来了新的机遇，同时也对左江流域文化旅游开发提出了新的要求。在延绵两百多千米的左江流域范围内，共发现84处遗址，183个岩画点。这些岩画最早被记录在宋人李石的《续博物志》中，继后明人张幕《异闻录》与清代《宁明州志》也有记载。岩画以人物绘画为主体，配以动物、实物、太阳等图画。要确立左江流域岩画文化体系，其中尤为重要的就是要判定左江流域在这一时期的民族属性问题。

对左江岩画族属问题，不同的学者给出了不同的答案。就目前学者们研究的主要成果来看，大多数学者还是认为“左江岩画是古代聚居在左江流域的骆越人在战国至西汉时期创作的”[①]。然而战国至西汉时期，古骆越族人分布较广，除了学者们提出的左江流域，还包含右江流域、南宁武鸣等地区，甚至该区域一直延伸到现在的越南等地。那么为何岩画现象只出现在左江流域？这是值得人们去思考的问题。为此笔者尝试采用原始思维的集体表象理论阐释左江流域岩画的族群问题，试图找到左江流域本身的族群文化特征。并以此为基点，分析左江流域岩画本身固有的文化特征，确立左江流域族群文化结构的特征。

一、原始思维的集体表象特征

集体相对于个体而成立，集体表象是在某种有组织的社会团体中形成的社会性的信仰及道德思维方式，集体表象不产生于个体，但作用于个体[②]。这种表象是世代相传的，这种形象在每个成员身上留下了较为深刻的烙印，“引起该集体中每个成员对有关客体产生尊敬、恐惧、崇拜等感情”[③]。

（一）集体思维不产生于个体，但作用于个体

集体性思维、意识及表现是产生于人的集体行为，是集体组织出现

① 谢启晃、郭在忠、莫俊卿、陆红妹：《岭外壮族汇考》，南宁：广西民族出版社，1989年，第633页。

② Lvy-Bruhl：《原始思维》，北京：商务印书馆，1983年，第2-4页。

③ Lvy-Bruhl：《原始思维》，北京：商务印书馆，1983年，第1-2页。

后展现出来的整体文化现象，这种文化现象会影响到集体中的每一个个体，从而使个体的思维、意识、行为等要素服从于集体表象。无论是集体意识中的语言，还是生活习俗中的服饰、饮食问题，均遵守这一规律。在Lvy–Bruhl《原始思维》一书中提出集体表象与个体之间的关系，并用语言为例指出"（集体表象）是把自己强加给这些个体中的每一个；他先于个体，并久于个体而存在"。因此，可以认为集体表象应产生于集体组织之后，是对集体组织的一种文化表象。在原始社会时期，这种集体表象特征应该是在原始部落或氏族形成的基础上而出现的，当人类进入文明时代之后，这种表象甚至以国家意识形态而出现。

（二）集体思维影响集体中的每一个个体

当然集体思维对个体的影响是绝对的，使集体中的每一个个体产生共鸣，并在每一个个体中留下较为深刻的烙印。个体依赖于集体，在原始社会时期，个体对抗自然灾害的能力是有限的，在这种现象下个体依赖于集体，利用集体的力量来抗衡自然灾害，这就表现出了集体的宗教意识和原始自然崇拜现象。因此，原始宗教及原始图腾崇拜是集体意识的表象，是由对事物的崇敬、恐惧、崇拜的感情所致。

同时，集体思维对于个体而言具有强制性，它将这种集体的表象强加于每一个个体，对个体产生着深刻的影响。因此，可以认为原始社会中多表现出来的文化现象，是在具有相应权力的集体首脑的影响下，以部落或氏族为整体，形成的群体共有文化现象。

（三）集体表象是原始族群产生的依据

族群（Ethnic group 或 ethnicity），是指人类用来区分我族及"他者"的分类方式之一。根据集体表现的集体观，族群的产生应先有群体的出现，"群体"和"族群"是有区别的，群体是一个组织上的观念，族群是带有群体性质的，但同时又具有"族"的观念，在文化体系上具有高度统一的集体意识。因此，可以认为在原始社会时期，在群体的基础上，各群体在形成了统一的集体表现特征之后，开始具备原始族群形态，也即为原始部落和氏族的基本形态。

（四）集体表象是区别原始族群的重要依据

当原始族群产生后，形成自己特有的集体表现时，这也就成为区别族群与族群之间关系的重要依据。不同的族群在宗教崇拜、图腾信仰上均表现出不同的文化显现。集体表象上的区别确立了原始族群间的差异，反之在文化属性表象上有较大的区别，也可以认为在族群属性上有一定的差异。

（五）集体表象是族群产生与消亡的重要原因

集体表象是族群产生的重要依据，那么族群的消亡是否与集体表象有着重要的联系呢？既然集体表象是族群产生的依据及族群间区分的重要依据，那么在族群中，如果没有了集体表象的特征，族群意识同样不复存在。其主要表现有：一是族群消亡，在受到某种自然力的影响而消亡后，集体意识不复存在；二是文化被融合，在中国民族融合的实例中这种现象尤为突出；三是群体被冲散，集体表象无法展现，没有集体的观念，如族群被分散迁徙等现象。

集体表象特征对判断分析原始族群的集体性观念，确立区域性集体属性有着重要的作用。左江流域岩画主要分布在左江流域，在全国乃至广西其他地方均未发现类似的岩壁画景观。而这一文化现象为何只出现在这一区域？作画的时间与族群的演变是否有着重要的关系？为何这一文化现象会消失在历史的长河之中？可尝试采用原始思维的集体表象观对这一现象进行分析。

二、学界对左江流域岩画作画族群及年代研究

首先确立左江流域岩画的作画族群及年代问题。岩画的年代性问题一直是学术界的一个谜团，目前关于时间问题主要有以下几种论断：一是中古与上古时期，主要依据是左江流域岩画的样式及风格趋向于原始作画风格，其作画的主体是古骆越先民；二是两汉时期，主要依据是铜鼓图样和环首刀图形以及东汉初年的二征起义，其作画的主体是壮族先民；三是唐代时期，主要依据是岩画旁边的楷体“魁”字，其作画的主体是“三苗”；四是宋代侬智高起兵时期，主要依据是民间传说和关于侬智高的历史记载，作画的主体是侬智高及其兵勇；五是近代，主要依据是民间传说。根据覃圣敏先生通过碳-14检测及其相关论断，指出左江流域岩画是在战国早期至东汉时期所绘制的[①]，认为是壮族地区的古骆越先民所作，这也是目前学界比较推崇的一种观点。

对于左江流域岩画作画时间，学术界研究相对统一，在时间的推断上也借助了较为科学的碳-14检测的方法，笔者对此也表示认可。但对于左江流域岩画的作画主体，可进一步做出推论。根据历史考古的发现，古骆越国大致出现在商周时期，与同样在广西区域出现的西瓯古国并存。学者们在对古骆越国进行研究时认为，左江流域是古骆越国的地域范围。以此推论，左江流域的花山岩画是古骆越先民所作。但同时，古骆越国地域范围不仅仅在左江流域，从历史考证来看，其中心文化区在今南宁市武鸣区，以此为中心，范围涉及右江流域、防城港沿海区域，直至越南境内。那么，岩画为何只出现在左江流域？这只能有一种解释，那就是左江流域岩画区域本身民族集体属性是牢固的，族群文化特征未受到外界较大的干

① 广西壮族自治区民族研究所编:《广西左江流域崖壁画考察与研究》，南宁：广西民族出版社，1987年，第123-138页。

扰，具有自己独特的集体文化表象特征，花山文化与武鸣古骆越文化具有一定的区别，其族群体与骆越族群体也应当是有区别的。

三、左江流域族群辨析

（一）左江流域原始族群历史考证

左江流域在2008年确实发现距今10万年的古人类化石，同时也存在着旧石器时期和新石器时期的人类活动遗址。目前在左江流域发现的规模较大，具有一定的文化代表性的文化遗址就是桂南大石铲文化遗址，这一遗址区遍布广西大地，尤其集中在左、右江及邕江交汇的河谷地带。1952年考古学家在广西崇左大新县发现一种“有肩石器”，随之在崇左、隆安、扶绥等地陆续发现大面积的石铲，分布范围较广，但又相对集中，主要集中出现在左、右江及邕江交叉的河谷三角洲地带，被称为“桂南大石铲文化”[①]。据广西壮族自治区文物考古工作推测，桂南大石铲文化的年代大致为新石器时代末期至西汉晚期[②]。而根据北京大学考古学者们对花山壁画的研究推测花山崖壁画大致出现在春秋、战国至两汉时期[③]。这说明左江流域的花山文化与桂南大石铲文化存在一定的关系，可以说花山文化与桂南大石铲文化存在着前后衔接或者共生的关系。这一考古发现可以说明左江流域族群与大石铲文化区域的族群有着重要的联系。笔者认为，在左、右江汇合处的扶绥地区出现的以大石铲文化为代表的原始人类族群，随着时间的推移，其中的一支部落，开始逐步沿左江流域逆流而上迁徙，形成

① 蒋廷瑜、彭书琳:《桂南大石铲研究》,《南方文物》，1992年第1期，第19-24页。

② 唐华:《花山文化研究》，南宁：广西人民出版社，2006年，第136-137页。

③ 杨超:《圣坛之石：一部欧洲的岩画学史》，北京：世界图书出版公司，2013年，第181页。

左江流域早期的原始聚落群体。当然这一论断还需要进一步加以论证，但可以确定的是花山文化族群与大石铲文化族群存在着前后属性的关系。

然而，根据郑超雄先生在《壮族文明起源研究》一书中，依据苏秉琦先生提出古国、方国、帝国三模式，指出石铲文化应该是桂南地区的古国文化遗存。在古国之后是方国，依据《逸周书·王会解》后附的《商书》中《伊尹朝献》一文中记载“伊尹受命，于是为四方令，曰：臣请正东符娄、仇州、伊虑、沤深、九夷、十蛮、越沤，剪发文身，请令以鱼皮之鞞、鰂之酱、绞盾、利剑为献；正南瓯、邓、桂国、损子、产里、百濮、九菌，请令以珠玑、玳瑁、象齿、文犀、翠羽、菌鹤、短狗为献”。在先秦时期岭南地区已经出现了方国，至少可以说明方国应出现在商汤以前这个历史时期。而其中之一的“产里国”，在徐松石的《傣族僮族粤族考》一书中记载“产里，国都于临尘，今广西邕宁区西，后迁居云南车里（今西双版纳）”，在韦福安先生《汉象郡府治“临尘县”方位地址的文献法考辨——花山古都“临尘县”的人类学系列研究之一》一文中，对古临尘县进行了位置上的考证，认为临尘县较为准确的方位地址应该是在今龙州县上金乡政府所在地，即临尘县与花山岩画的核心区之一的宁明花山岩画直线距离为7.5公里。而产里国族群在徐松石《傣族僮族粤族考》中认为是掸族先民。当然在这一时期左江岩画并没有出现，这一论证不能完全说明左江流域岩画是古产里国民族所作，但人们可以认为从大石铲文化的古国形态到花山岩画所在区域的方国族群形态是存在的。

在西周时期，关于左江流域的记载较少，同时出土文物也较少，而从左江流域周边范围来看，西周文化对广西左江流域周边的影响还是较大的。一是从历史记载来看，在《逸周书·成周之会》一文中记载“路人大竹”，“路人”即“骆人”，是古骆越国的民族简称。在这一时期的“骆人”活动的范围是否包含着左江流域，却没有确切的依据。在《商书·伊尹朝献》一文中同时记载着“瓯”“产里”两个邦国，在《逸周书·成周之会》一文中记载有位于东边的“于越”“瓯人”“东越”“具瓯”“东越”等和位于南边的“路人”“苍梧”等邦国。而在西周时期的产里国没见记载，其可能性有二：一产里国消失，融入其他邦国之中；二产里国存在，但是没能与中原地区西周王朝交流。在《傣族僮族粤族考》一书中记载，古产里国乌浒族“渐迁滇边，分居牢山”，这一记载说明在西周时期，产里乌浒族受到某种驱使力的影响，开始沿左江流域逆流而上向广西、云南的交界处迁徙。从富饶的左江河谷地带迁徙至山区，这种迁徙行为应该是被迫的，最大可能性是受到来自其他邦国的侵袭与干扰。

在商汤时期，南方“瓯邓、桂国、损子、产里、百濮、九菌”是存在的，瓯即当时的瓯国。《商书·伊尹朝献》一文中并未提及骆越一国，而在《逸周书·成周之会》一文中记载“路人大竹”，却存在着骆越一国。再从考古发现来看，广西地区发现了大量商周时期的青铜器及陶器，具有典型的中原文化特征，而左江流域仅仅在大新歌寿岩、龙州更洒岩发现有代表中原文化的商代早期青铜器，这也说明在商周早期左江流域民族的确与中原地区的商汤有着往来，这可与产里向商汤进贡相互印证。这也表明在这一时期左江流域的民族族群是相对独立的，具有自己独特的集体表象意识。从这一时期的农业生产来看，广西东北、东部以及沿海地区均出现金属生产工具，这一地区受中原文化的影响，农业生产已经达到了较高的水平，在这一时期以南宁武鸣为代表的骆越民族已经进入了早期的青铜文明。而在桂西北以及西部地区，包括左江流域地区尚处于刀耕火种的原始社会时期。以此看来，广西东西部及南北区域性差异表现是非常明显的。

因此，笔者认为在商周时期，左江流域是有一个相对独立的民族群体存在的，同时具有邦国的国家意识形态，这种民族集体表象对左江流域花山岩画的绘制有着重要的影响。

（二）左江岩画族群的集体行为特征

战国及秦朝时期是左江流域花山岩画形成的初期，分析这一时期的左江流域民族族群，对岩画的形成及发展有着至关重要的作用。通观历史记载，这一时期广西范围内存在的主要族群有骆越、西瓯、苍梧，邱钟仑《左江岩画的族群问题》一文中，引用《史记》《汉书》《后汉书》《水经注》等文献指出战国至秦汉时期，左江流域主要居住的是骆越族。据此，在商周时期的左江流域民族称谓已逐步被骆越民族所取代。因此，笔者认为，骆越一族采用西进的方式，已将左江流域民族纳入到越民族的范围之内。但左江流域民族本身的民族文化特征仍然保存较为完整，只是作为一个整体性民族纳入骆越族群范围之内，而这一民族性融合不断呈现，直至东汉末年（即花山岩画逐步消失的时期），以骆越文化为代表的族群文化彻底掩盖了左江流域花山民族文化。

在战国时期，中原动荡，广西地区主要受战国时期楚国的影响较大，在广西平乐县发现了110座战国墓群，专家们认为这一文化现象是当时的西瓯族群，同时在武鸣发现85座战国墓群，这是属于当时的骆越族群。因此在广西版图上出现了以平乐县银山遗址和武鸣县马头乡遗址为中心的两个较大的国家实体。同时在《史记·南越尉佗列传》中记载有“瓯骆相攻”，这表明当时的瓯骆却为两个具有国家形态的族群体。而这一时期左江流域出现了规模较大，规格样式相对统一的岩画，而其分布又仅仅限于左江流域范围，这一集体性的文化现象只能说明这一时期左江流域的族群文化特征是非常明显的，相对于其他区域而言是牢固的，没有被任何外来文化所干扰的。“国之大事，在祀与戎”（《左传》），左江流域岩画其构图中存在着大量祭祀现象和武器图样，这正是“祀与戎”的完整反映，是真正意义上的“国之大事”。大面积的岩画出现在左江流域，而且图形纹饰相对统一，规模宏大，这说明左江流域族群有着高度统一的文化思想，而岩画应是在相对统一的文化体系下而作的。由于其作画难度较大，必然参与的人群较大，除有对原始宗教文化的崇敬之外，应还包含着高度统一的行政权力、高度统一的集体文化意识。

1.左江流域岩画是集体性行为，岩画本身不可能是个体行为所能完成的。左江流域岩画延绵在左江流域200公里范围内，岩画分布在沿江84处遗址共183个岩画点，其中距离江面（地面）最高处达50米以上，80%以上的岩画临江而作，作画难度相当高。这种规模宏大，分布范围较广的作画行为，必然是集体性行为，不可能是个体行为能够完成的。

2.岩画随族群的产生而出现，随族群体的消失而消失。岩画作画时间为战国早期至东汉末年时期，然而族群的产生要早于岩画作画的时间，岩画这一集体表现要在族群产生之后，受到某一特定的文化现象的影响才会出现。那么在前面的论述中，笔者尝试分析了左江流域族群演变的过程，能够得出的结果是“左江流域自商周时期开始就有着自己的方国族群出现，这里的族群文化特征是较为明显的”。花山岩画正是在这一族群文化的基础上而出现的，但随着中原文化的不断渗透，直至东汉末年，花山文化现象逐渐消失，这也说明左江流域族群特征也随之消失，族群体也逐渐被取代。

3.岩画是族群对某一特定事物或现象的崇拜、恐惧、尊敬而产生的。原始崇拜、神话传说、巫术等现象不是能用合理的理性解释完成的，这种文化现象是“对集体需要、对集体情感的回答”①，左江岩画反映左江流域民族原始的祭祀场所，是对自然的崇拜、对死亡的恐惧、对神灵的崇敬而产生的。这种原始的宗教文化是需要集体的，需要有集体性的情感。当个人的恐惧意识产生，这就需要利用集体感情及集体力量予以支持，这就产

① Lvy-Bruhl:《原始思维》，北京：商务印书馆，1983年，第17页。

生了左江流域族群集体表现行为——左江岩画的产生。

综上，花山岩画是一个特定的民族群体造就的特定文化现象，是以左江流域为核心的族群文化展现的方式。笔者认为在战国至东汉时期，左江流域形成了以左江流域岩画为代表的民族族群，这一族群实体与骆越族群体之间有着重要的联系，在商汤时期以邦国（方国）或部落形式而存在，在战国至东汉时期作为骆越方国的一个较为稳定的族群实体而存在。在这一时期，左江流域的花山文化与其他文化间有一定的区别。

左江花山岩画传说的德育价值研究

唐　月　黄尚茂

摘　要：左江花山岩画传说有多方面的价值，德育价值便是其中重要的一方面。左江花山岩画传说蕴含的德育内容包括社会公德教育和家庭道德教育，其德育思想寓教于生活。讲好并全方位传播左江花山岩画传说，打造花山品牌文化有利于其德育价值的实现。

关键词：左江花山岩画传说；德育价值；文化传播；品牌建设

左江——郁江右岸1级支流，也是郁江最大的支流，古称斤南水、斤员水，发源于越南广宁省平辽县与广西宁明县桐棉乡交界的枯隆山西北方10千米处。向西北流，经越南广宁省亭立县，高谅省禄平县、谅山市，至七溪县北江河从左岸汇入，以上称奇穹河，以下称黎溪。向东北流，于广西凭祥市边境平而关进入广西境内后又称平而河（古称松柏河、黎溪河），至龙州县城西，水口河从左岸汇入后称左江。流至上金，明江从右岸汇入（龙州县城至上金河段又称丽江），至响水（龙州、崇左市县交界处），黑水河从左岸汇入，再流经江州区（崇左市区河段又俗称府前江，因左江绕原崇善县城西、南、东三面故名）和扶绥县城，至南宁市区江西镇宋村汇入郁江。干流长591千米，其中246千米在越南境内，3千米为越、中（凭祥市）界河，342千米在广西境内。[①] 在左江两岸200多千米的悬崖绝壁上保存有壮族先民骆越人伟大的文化创造——左江花山岩画。据考古认定，左江花山岩画的创作年代是战国到东汉。古老壮观的岩画与左江两岸秀丽静美的田园风光相互映衬，形成了集“岩体—岩画—田园—壮家”于一体的左江花山岩画文化景观。该文化景观于2016年7月15日成功申报世界文化景观遗产，成为我国唯一的岩画类世界文化遗产，也是广西唯一的世界文化遗产。

生活在左江两岸的壮族人民围绕它创造出了神奇瑰丽的左江花山岩画传说。关于左江花山岩画传说的研究，学界主要从民俗学、人类学的角度对其进行文化研究，阐发其蕴含的民俗学、人类学价值。目前，较少有学者对其传说的德育价值进行研究。左江两岸壮族人民创造并世代相传的左江花山岩画传说的价值是多方面、立体化的，其中一个重要的价值就是当地壮族人民用它来教育子弟，使之发挥教化功能。因此，本文将研究其德育方面的价值。

一、左江花山岩画传说蕴含的德育内容

通过对左江花山岩画传说文本进行解读和分析，笔者认为左江花山岩画传说蕴含的德育内容主要包括社会公德教育、家庭道德教育两方面。

（一）社会公德教育

社会公德教育主要包括文明礼貌、助人为乐、舍己为人、爱护公物、保护环境、遵纪守法等方面的内容。左江花山岩画传说蕴含社会公德教育价值和内容的传说文本有两种类型：一种是正面教育，一种是反面教育，

① 关于左江的文字说明和数据均为崇左市水文局提供，于此谨表谢意。

具体见表1。

表1 左江花山岩画社会公德教育价值中的正面教育

传说名称	蕴含德育价值的主要情节	德育内容
《藏珠洞》①	阿婆勇斗交趾王，从其手中夺回本属于村民们的珠宝，并藏到洞中	助人为乐，爱护公物
《卜伯战雷神》	卜伯因天旱没粮可交，雷神便给人类降下大雨，导致作物没有收成，但雷神还是要收粮，人们就设计擒拿雷神的天狗，使之不敢再来人间	助人为乐，团结一致
《铜鼓山壁画的传说》	妖蛇横行霸道，它喷的毒物使村里流行天花，要根治天花就要取得妖蛇的胆汁。后生珠子从仙人那里学到制服妖蛇、获取胆汁的本领，最终消除天花造福村民	助人为乐
《药孩》	祖孙俩管理大药园。因瘟疫流行，孙子带兔子上山采药救人，人们得救了，但孙子变成了仙草	舍己为人
《水宝塔的传说》	左江有一条五头妖龙作乱，猎人张大海决心斗妖龙却被其吃掉。儿子水宝得到仙人的指点，经过艰辛考验学到本领，得到神箭，后来铲除了妖龙，自己却变成一块巨石	舍己为人
《灯笼高照》	为解除乡亲们晚上走山路之苦，兄弟俩自制大灯笼挂在山上，然而总是被大风吹灭。玉帝告诉他们到龙王那里借夜明珠，他们装成给龙王拜寿的童子，拿到了夜明珠，为人们把夜路照明	助人为乐，团结一致
《银山银鬼》	一个卖柴老人路遇三个讨饭的兄弟，把他们带到家里吃了仅有的苞米粥，并留宿他们，第二天老人捡到了三堆银子	助人为乐

① 本文所引的传说文本均参考陈金文《壮族风物传说的文化研究》，民族出版社2011年版，于此谨表谢意。

表 2 左江花山岩画社会公德教育价值中的反面教育

传说名称	蕴含德育价值的主要情节	德育内容
《仙人山的传说》	财主想把公共财物占为己有，结果被巨石压死	不要私吞公物
《天兵天将下凡》	左江两岸连年受灾，仙女到岩洞为人们提供衣食所需，人们有借有还，然而一个财主屡借不还，结果被堵死在洞中	要遵守规矩
《珠山》	土官把神仙送给人们照明的夜明珠偷献给皇帝以换取高官厚禄，结果珠子炸开，他们全被炸死	不要私吞公物
《金银洞和金银山》	砍柴青年因寻刀见到了可以借出但必须及时归还金银财宝的大岩洞，但是后来因有人没有及时归还，纵使人们如何请罪，也再也没有能从洞中借得财物	要遵守规矩
《仙洞的故事》	仙洞中有小孩喜欢吃的东西，但只能吃，不能拿，也不能在洞中撒尿拉屎，有个小孩性情慵懒，大家都不把这事告诉他，他自己偷偷跟在后面进入山洞吃东西，而且还拉屎，从此洞门就关闭了	要遵守规矩

从以上正反两方面分析可以看出，左江花山岩画传说所蕴含的社会公德教育内容主要包括提倡助人为乐、团结一致、爱护公物、舍己为人等；反对私吞公物、不遵守规矩等方面。民间传说是人民群众集体创作、口耳相传的民间叙事性文学作品，在其朴实无华的话语背后是人民群众集体愿望和集体意志的表达。2008年广西壮族自治区成立50周年时，中央称赞广西是民族团结的模范、维护统一的模范、维护稳定的模范、我国民族关系“三个离不开”的模范，即“四个模范”。中央对广西的评价可以说是对广西民族工作和广西民族团结局面的高度肯定。地处祖国南疆的广西壮族自治区在民族工作方面何以取得这样高的成就？原因是多方面的，但有

一点是值得肯定的，那就是全区各民族人民在长期的生存和发展过程中所养成的反映集体愿望和集体意志的社会公德。这样的社会公德在上述左江花山岩画传说中有着生动的、艺术化的表现。就此而言，左江花山岩画传说蕴含的社会公德教育内容具有很高的社会价值。

（二）家庭道德教育

家庭道德教育的内容包括尊老爱幼、男女平等、和睦相处、勤俭持家、邻里团结等。家庭是社会的细胞，家庭道德教育是生命个体接受社会公德教育的摇篮和道德实践的场所。左江花山岩画传说蕴含家庭道德教育的文本也有正面教育和反面教育两种。

表 3 左江花山岩画家庭道德教育中的正面教育

传说名称	蕴含德育价值的主要情节	德育内容
《楼梯山》	村里住着一对兄妹，哥哥靠每天上山砍柴为生，一天不小心摔下了悬崖。妹妹瞒着哥哥每天上山凿石修石梯以便以后哥哥上山砍柴，此举感动了天上的仙女，仙女帮助他们修了一条上山的石梯，并帮助乡亲们打败了霸占山林的财主	和睦相处，勤俭持家
《灵芝山上斩大蟒》	特高为救病母上山采灵芝，灵芝被蟒蛇缠绕无法取得。特高得到采药人指点并苦练箭法，最终射杀大蟒，采得灵芝，治好病母	尊老爱幼

表 4　左江花山岩画家庭道德教育中的反面教育

传说名称	蕴含德育价值的主要情节	德育内容
《邕莱山》	哥哥和嫂子虐待弟弟，弟弟上山砍柴摔入洞中得到有求必应的玉盆。哥哥和嫂子骗知玉盆的秘密，也假装上山砍柴摔入洞中，然而没有得到玉盆，而是变成了两条斑鱼	要懂得团结和睦和尊老爱幼
《独脚女孩》	被继母虐待的女孩获得金鸡相救，继母和财主合谋捕获金鸡，结果没捕到反被崩裂的石头砸死	要爱护子女
《公媳山》	公公和守寡的媳妇上山砍柴，因下雨到石洞里躲避，公公起邪念，侮辱媳妇，媳妇哭喊雷公，雷公劈死公公	要遵守家庭伦理

从以上正反两方面分析可以看出左江花山岩画传说蕴含的家庭道德教育内容主要包括提倡和睦相处、勤俭持家、尊老爱幼等；反对家庭成员不团结、不爱护子女、无家庭伦理道德等行为。儒学提倡家国同构，认为家庭和谐是社会安定的基础。儒学以治家为起点发展到治国的社会治理模式强调把家庭伦理延伸为国家情怀，从这个意义上讲，在儒学中家庭道德教育和社会公德教育在价值取向上是一致的。左江花山岩画传说蕴含的家庭道德教育和社会公德教育之间的关系符合儒学提倡的家国同构理念。这样的传说对教育好家庭成员、处理好家庭关系、树立良好家风都具有重要意义。

二、左江花山岩画传说蕴含的德育思想：寓教于生活

“教育是一种培养人的社会活动。”[①] 可见教育离不开社会生活，尤其

① 王彦:《高等教育学实用教程》，桂林：广西师范大学出版社，2011年，第4页。

是社会教育和家庭教育。左江花山岩画传说蕴含的德育思想正是体现了教育的社会性特点，这与左江花山岩画传说属于地方风物传说有关，该传说类型的特点是用地方性叙事的方式解释地方风物的来源与特点。民众解释的地方风物往往就在他们生活的周围，所以传说具有很强的现实性、生活性特点，左江花山岩画传说亦是如此，其创作者主要是左江两岸、花山脚下的壮族群众，流传范围也主要是在左江流域一带。从上文搜集的传说文本来看，左江花山岩画家庭道德德育内容主要有助人为乐、舍己为人、尊老爱幼、勤俭持家、和睦相处等，都蕴含在解释左江花山岩画来源和某些特点的传说情节中，从正反两方面给予人们的现实生活教育，体现了寓教于生活的德育思想。

值得一提的是，左江花山岩画传说蕴含德育思想的主要情节往往都带有幻想的色彩和成分在其中，这会不会影响其德育内容的传播和德育价值的实现呢？笔者认为不会。因为传说这一民间文学体裁的情节就是具有传奇性的特点，既有幻想的成分也有可信的因素。幻想的成分是超自然的成分（如神仙相助），可信的因素是客观实在物（左江花山岩画本身）。左江花山岩画传说就是从客观实在物中获得无限的想象空间，它所讲的历史和生活不一定是历史真实事件，但却是艺术真实事件。所以它所讲的历史和生活是艺术化的历史和生活，我们不能用历史真实的标准来看待传说，而是用艺术真实的标准来看待传说。解决了这一点，我们就会发现左江花山岩画传说所述之“苦难生活”是历史上左江两岸壮族群众现实处境的艺术化写照，所述之“美好生活”是他们世代追求和向往的理想和愿望，而帮助人们实现从“苦难生活”到“美好生活”转变的神仙或各种宝物实际上是人们理想中惩恶扬善的利器、力量。左江花山岩画传说蕴含的德育内容正是寄寓在传说所述的艺术化的生活之中，使之更具有艺术典型的魅力和感染力。

三、左江花山岩画传说中德育价值的实现途径

左江花山岩画传说蕴含丰富的德育内容、鲜明的德育思想，具有很强的德育价值，尤其是在左江花山岩画成功申报世界文化景观遗产的背景下，其多方面、立体化的价值应该得到充分挖掘与阐释，这自然也包括左江花山岩画传说的德育价值。

（一）提高思想认识，讲好左江花山岩画传说

首先，要充分认识到左江花山岩画文化景观是世界级的民族文化瑰宝，是区域民族文化创意产业、民族文化旅游业发展的重要源泉和资源，只有认识到这一点人们才会自觉去保护、宣传左江花山岩画及其传说，积极支持政府和开发商对左江花山岩画附近村落的改造和开发。其次，要讲好左江花山岩画传说。左江花山岩画有许多产生于不同时期的传说，由于时代主流思想的差异，不同时期人们的思想观念也不一样，因此创作出来的传说在思想内涵、主要内容、情节、人物形象等方面都存在较大的差别。用今天的眼光来看，有的传说因时过境迁而明显不能体现左江花山岩画所具有的价值，这些则不适合作为宣传的材料；有的传说则揭示了左江花山岩画的本质内蕴，而且很符合社会主义核心价值观的要求，这类传说应当成为宣传的材料。因此，要在“全面搜集、忠实记录、科学写定”的民间文学作品收集整理十二字方针的指导下收集整理左江花山岩画传说，在此基础上有选择地以一定的传说文本作为宣传的材料，并对在左江花山岩画景区内生活和工作的当地群众，民族文化旅游业从业人员，文化行政管理部门、宣传部门工作人员进行培训，让他们熟悉、认同左江花山岩画传说，进而给游客讲好左江花山岩画传说。在这个过程中，左江花山岩画传说的德育价值也就随之实现了。

（二）多元共生，四位一体传播左江花山岩画传说

某一种文化要产生影响力就要传播开来，为人们所熟知和接受，左江花山岩画传说德育价值的实现也有赖于其得到广泛传播。纵观左江花山岩画传说的传播状况，可以发现其传播的方式主要有口头传播、仪式传播、书面传播、现代技术传播等。

1.口头传播。

口头传播是文化传播中最古老的一种方式。在无全民族通行文字的少数民族中，其古老的民间文化主要依靠口头传播。左江花山岩画传说是左江两岸壮族及其先民骆越人集体创作、口头流传的地方风物传说，最初也是靠口头传播的方式传播开来。在书面文字产生以后，左江花山岩画传说口头传播的方式并没有消失，而是依然在当地民众中广泛流传。这说明了两个问题：一是左江花山岩画传说具有很大的艺术感染力，能够被一代又一代的当地人所认同、接受、传承；二是口头传播方式具有强大的生命力，就算是在书面文字普及的时代，它依然因自身具有灵活、方便的特点而存在。

2.仪式传播。

在被誉为“骆越根祖”[①] 的宁明县，人们把左江花山岩画人像中高大的正身人像视为骆越王，而骆越王被视为当地壮族的祖先。当地壮族有悠久的祖先崇拜传统，于是在当地便产生了各种祭祀骆越根祖的民俗文化活动。近年来，宁明县在每年的民族传统节日“壮族三月三”时都举行官方与民间共同参与的隆重的祭祀骆越根祖活动，并成为广西“壮族三月三”系列文化旅游节重点活动之一。这些传统仪式与现代演绎相结合的祭祀活动有力推动了左江花山岩画传说在旅游者中的传播。

① 2014年8月17日，时任广西壮族自治区党委书记彭清华同志到宁明视察工作时为左江花山岩画申报世界文化景观遗产工作题词“骆越根祖，岩画花山”。

3.书面传播。

书面传播相对于口头传播和仪式传播而言在留存的时间上和留存状态的稳定性上更具有优势。左江花山岩画传说书面传播的方式主要有以下两种。一是各类民间文学作品选，如《广西民间文学作品精选·宁明县卷》[①]《广西民间文学作品精选·龙州县卷》[②]《花山故事》[③] 等。二是学术研究成果和高等教育教材，如《壮族风物传说的文化研究》[④]《壮族民间文学概要》[⑤] 等。书面传播的左江花山岩画传说是经过科学写定的文本，具有稳定性的特点，而其受众则是突破了地域的局限性。可以说是出版物流通到哪里，传说就传播到哪里。

4.现代技术传播。

现代技术传播是指依靠现代技术，如广播、电影、电视、网络等为载体进行信息传递的一种传播方式。在我国，20世纪80年代以来，现代传播技术、能力不断提升，随之而来的是各种文化、信息获得了更广范围、更多元化的传播。左江花山岩画传说也借助现代传播方式进入不同民族、阶层、国别民众的视野中。根据广西著名作家东西获首届鲁迅文学奖的中篇小说《没有语言的生活》改编成的电影《天上的恋人》里面就有关于左江花山岩画的影像和传说。该影片获得第十五届东京国际电影节“电影最佳艺术贡献奖”;《左江花山岩画申遗宣传片》以中英两种语言进行传播，在花山申报世界文化景观遗产时提交给国际古迹遗址理事会，使左江花山岩画传说能够得到跨境、跨民族、跨语言传播。

---

① 谭冠堂、吕少贤:《广西民间文学作品精选·宁明县卷》，南宁：广西民族出版社，1998年。

② 谭燕玲、罗尚武:《广西民间文学作品精选·龙州县卷》，南宁：广西民族出版社，2002年。

③ 黄日昌、邓永隆:《花山故事》（壮文版），南宁：广西民族出版社，1983年。

④ 陈金文:《壮族风物传说的文化研究》，北京：民族出版社，2011年。

⑤ 陈金文、陈丽琴、陆晓芹等:《壮族民间文学概要》，北京：民族出版社，2016年。

需要指出的是，不管哪一种传播方式对于左江花山岩画传说传播而言都是必要的。因为每一种传播方式都有自己不可取代的魅力和特定的受众，所以左江花山岩画传说的传播方式应该是多元共生、四位一体的传播方式。

（三）打造花山品牌，让品牌文化与德育价值相得益彰

品牌文化的核心是文化内涵，具体而言是其蕴含的深刻的价值内涵和情感内涵，也就是品牌所凝练的价值观念、生活态度、审美情趣、情感诉求等精神象征。作为世界文化遗产的左江花山岩画，其品牌的文化底蕴深厚，文化内涵丰富。笔者通过田野调查认为其文化内涵最突出的三个方面是根祖崇拜、生殖崇拜、求吉纳福；其审美情趣充满生命力量的壮美。其文化内涵和审美情趣蕴含在品牌文化中便使得花山品牌散发出巨大的魅力，因为它能够作为人们情感诉求的精神象征：祈求先人护佑、祈求香火延续、祈求吉祥美满。这样的情感诉求是人类普遍的、共同的情感诉求，不分民族和国界。而要让花山品牌文化具有这样的功能和魅力，就要在其品牌文化建设中充分挖掘、阐释花山岩画传说的多方面价值，在这个过程中其德育价值自然会以或隐或显的方式表现出来，呈现出品牌文化和德育价值相得益彰的良好发展态势。

四、结语

左江花山岩画传说的价值是多方面的、立体的，德育价值是其重要的方面。当今的中国已经进入新时代、踏上新征程，党的十九大报告指出：要坚定文化自信，推动社会主义文化繁荣兴盛。文化自信源于文化自觉，充分挖掘左江花山岩画传说中的德育价值是一种文化自觉的行为，不断打造花山品牌文化，让花山成为民族文化品牌中一张亮丽的名片必然有助于提升民族文化自信。

马克思主义异化理论视域观照下的花山文化

唐华清

摘　要：马克思主义异化理论视域透视下的花山文化表现为“反—反—正—反—正—正”的六个阶段性特征。第一个阶段表现为花山岩画的作品创作是古壮族先民“自我意识异化”的结果，第二个阶段表现为认识花山的“蒙昧时期”的异化，第三个阶段表现为认识花山的“理性时期”的异化调适，第四个阶段表现为花山文化“初级消费时期”的再次异化，第五个阶段表现为“申遗时代”对花山文化“异化消费”的调适而进入“理性消费”时期，第六个阶段是“后申遗时代”建立在生态文明类型上的异化消解，表现为文化自信的归结。在这六个阶段的发展演进过程当中，始终贯穿着从文化自觉到文化自信的强大逻辑力量。

关键词：花山文化；异化调适；文化自信

在马克思主义异化理论视域下，透视拥有两千多年历史的广西左江花山岩画，其实经历了自我意识的异化、蒙昧认识时期的异化、理性认识时期的异化调适、异化的文化消费、调适后的理性文化消费、文化自信上的异化消解六个阶段。

一、早期花山岩画的创作是古壮先民“自我意识异化”的结果

关于左江花山岩画的创作者及创作年代，历史上由于缺乏科学系统的调查研究，学界没有能够做出客观的、科学的和令人置信的结论。中华人民共和国成立以后，学者们几十年来进行了多次、多学科交叉的系统而深入的研究，新的科学技术手段作为新的认识工具加以运用，得到了渐为清晰的认识。目前比较一致和有说服力的观点是，花山岩画是古壮族先民瓯骆民族（西瓯和骆越民族的统称）中的某个氏族或部落所完成的，时间跨度大约从战国到东汉时期[①]，而在这个漫长的历史时期里，零散、有限而指向宽泛的历史资料的记载，以及考古发现的典型的以“大石铲”为标志的原始生产工具，加之没有发现铁器，说明左江流域或者与之邻近的更大范围的区域仍然处于从原始社会到氏族、部落发展的形成时期，生产力落后，社会发展程度低，加之喀斯特地形地貌条件的影响，水旱无常，严重困扰着社会生产以及人自身的生产，在超自然力量的支配和控制下，人与自然的“依生”关系难以建立和维系，于是一种自觉不自觉的祈求上苍赐福或给予护佑的行为便自然而然地产生了，作为“自我意识的异化”的原始宗教也随之产生了。学者们普遍认为左江流域崖壁画是古壮族先民祖先崇拜的产物，“原始社会中，人们之所以崇拜祖先，把祖先的神灵视作护佑氏族或部落的神灵，是因为祖先神灵被认为具有多方面的功能。例如壮族传说中的始祖布碌陀，就被认为具有创天地、定万物、开山河、存火种、养鸡鸭、种稻米、造神牛、建房屋的神力和功劳，几乎涉及当时人们

① 广西壮族自治区民族研究所编.《广西左江流域崖壁画考察与研究》，南宁：广西民族出版社，1987年，第179页。

生产生活的各方面”[①]。就崇拜祖先的行为本身来讲，学者们大致倾向于认为古壮族先民通过对本氏族或部落共同的祖先举行某种隆重的祭拜仪式，达成消除水旱灾害、保障人丁兴旺、护佑战争胜利的社会功能。

二、早期认识花山的“蒙昧时期”的异化

在很长的历史时期中，由于地理位置、历史发展、民族交流交往、文化觉醒、社会发展进步等因素的综合影响，加之花山文化的历史文献记载较少和不够翔实，人们对花山的了解、认识不多，往往带有浓厚的神秘感、敬畏感，大多采取“敬而远之”的态度来对待，因而使花山蒙上了一层神秘的面纱。因此，对花山的认识就呈现为早期的“蒙昧”异化状态。一方面，本地区的民族大多通过民间神话传说等形式加以认识并口耳相传，因而往往缺乏科学性。另一方面，外界的认识则受制于历史资料的阙如也不能科学系统地揭示，如较早有记载的《续博物志》，系宋时人李石所著，其对左江花山岩画作如此的记载：“二广深豁石壁上有鬼影，如澹墨画。船人行，以为其祖考，祭之不敢慢。”这是以神秘的“鬼影”来描述花山的早期记载，反映了人们对花山认识的历史局限，也由于地理位置的偏远、交通落后等因素的影响，汉文化的传入、本土人与汉文化中心区域的主动交流尚少，人们对这“神秘”之境知之不多，于是靠有限的“传闻”做如此这般的“推测”，就难免蒙上一层神秘的面纱，形成“丑化”甚至“异化”的评价和偏颇的结论。明人张穆的《异闻录》则有更神秘的记录，其中有这样的记述：“广西太平府有高崖数里，现兵马持刀杖，或有无首者。舟人戒无指，有言之者，则患病。”反映了在当时的生产力水

① 广西壮族自治区民族研究所编.《广西左江流域崖壁画考察与研究》，南宁：广西民族出版社，1987年，第180页。

平条件下，人们对花山的不科学、不确切的认识，仍然不加以严谨的考证，仍然以传闻为凭据而归入类似“异闻”，进一步使对花山的认识重又蒙上一层厚重的异化“蒙昧”。

后来，随着中原地区文人政客的陆续到来，汉文化的逐渐渗入，社会文化、文明秩序、人民思想认识和观念等得到较大改变，人们对花山的认识才慢慢多起来，也逐渐变得“主动起来”，如清末的《宁明州志》才有对花山比较详明的记载：“花山距城五十里，峭壁中有生成赤色人形，皆裸体，或大或小，或执干戈，或骑马。未乱之先，色明亮；乱过之后，色稍黯淡。又按沿江一路两岸，崖壁如此类者多有。”到了这个时期才可以说，人们对花山的认识才“有了胆”，敢于“瞪眼细瞧”了，并开始做进一步的“探看”和记录，但仍然是主观评述的成分占多数，认真的、客观的认识和评价尚未形成“主流”，甚至于还称不上科学的考评，异化色彩仍然浓厚。

三、花山文化“科学”认识时期的异化调适

进入近代，随着国际国内形势的急剧发展，地处边疆民族地区的左江流域也发生巨大变化，政治、经济、军事、社会等的激荡，使这块地域不再“寂寞”，近代中法战争中著名的镇南关大捷、孙中山领导的反清镇南关起义、邓小平领导的龙州起义等“大革命”的洗礼，民众的“意识觉醒”随着社会的“开化”急剧上升，国内外各种思想的汇聚与交流呈历史性突破，这为打破“神秘”的认识误区提供了良好的群众基础和社会意识条件。

在领导中国革命、建设和改革的历史上，中国共产党坚决贯彻马克思主义民族理论和政策，坚持民族平等、团结，共同繁荣，共同发展，在左江流域民族地区产生重大的积极影响。中华人民共和国成立后，党中央高

度重视民族和民族文化研究工作，自治区党委、自治区人民政府积极贯彻党中央和国家的民族政策，全面开展广西的文化普查和研究工作，左江花山岩画的考察工作也得到重视，开始组织力量进行学术探讨，并不断引起国内外专家学者的关注并开展科学调查研究，科学、系统、深入的研究因此而得以开展并逐渐深入，开启了花山文化认识史上的“纠偏程序”，对之前的“蒙昧”认识、神秘猜测进行“异化调适”，并不断取得突破，成果丰硕，其中比较有影响力的主要有以下几次①：第一次是由广西博物馆1954年组织专业人员对左江花山岩画进行实地科学考察。第二次是在1956年，由广西省人民政府领导，省民族事务委员会具体负责指导，由广西民族学界、历史学界和考古学界的学者及中央民族学院部分师生组成考察队，前往宁明明江一带对花山岩画进行考察，并开展临摹工作，然后又在明江下游沿岸新发现七处岩画，调查的资料及一些研究文章引起了学术界极大关注。第三次是1962年7月广西民族事务委员会组织历史学、考古学、地质学等学者参加考察团，考察了左江花山岩画后，广西民族出版社出版了《花山崖壁画资料集》。第四次是1985年广西壮族自治区人民政府组织来自全国的80多位专家学者组成考察团对花山岩画进行调查，并对已经发现的岩画全部进行临摹。1987年1月，覃圣敏、覃彩銮等编写出版了《广西左江流域崖壁画考察与研究》。1988年，广西壮族自治区文化厅文物处、博物馆编著的《广西左江岩画》由文物出版社出版。第五次是20世纪90年代，广西壮族自治区党委宣传部组织几个专家组，分别对桂东、桂西、桂南、桂北和北部湾一带进行长时期、宽领域和深层次的考察研究，获得较大成果，其中花山岩画组的研究成果《花山文化研究》，由唐华主编，于2006年出版。第六次是《骆越画魂——花山崖壁画之谜》

① 广西壮族自治区民族研究所编.《广西左江流域崖壁画考察与研究》，南宁：广西民族出版社，1987年，第180页。

于2009年出版，由覃圣敏编写。第七次是2010年召开“2009年花山文化论坛——花山岩画申报世界遗产学术研讨会”，出版论文集《花山申遗论谭》。第八次是2014年11月20日，“花山岩画与壮族文化研讨会”在南宁召开，研讨会由自治区文化厅主办，来自中国社会科学院、中国文化遗产研究院、中央民族大学、广西区内外高校与科研院所的相关专业和研究领域的资深专家、自治区党委宣传部、文化厅、民委以及崇左市政府有关负责人参加了会议，专家们围绕“花山岩画与壮族文化”的主题进行了广泛而深入的研讨，再度推进了花山的深度研究。

四、花山申遗前的“消费异化”

随着花山文化探究的不断深入以及边关民族文化旅游的渐渐兴起，花山文化“研究热”及开发与保护问题也日益突显，形成“消费异化”的现象。主要表现为，首先是散客散游、自由探究、随意留痕污损、随意攀爬“探险”等现象，以及对这些现象的疏于监管而呈“听之任之、放任自流”之状。其次，对花山出现的自然损害现象没能组织力量进行有效管控和治理，比如雨水漫漶侵蚀、岩块崩塌、山顶植被的破坏、附近水域的淘河挖沙对台地的影响等。再次，花山所处水域的全域生态环境保护的意识淡薄、行动迟缓、措施不力造成的“环境消费异化”，比如水上网箱养鱼造成的水体污染、码头的乱搭乱建和疏于管理、水域内水运交通规范化管理的缺位、周边生态环境的破坏及古村落遗址的保护缺失等问题。

深层次的问题是对花山文化及其周边的“文化生态”内涵解读、对外宣传、文化传承工作的力度不够，影响不深，普及面不广，导致外界对花山文化不能得出科学、系统的结论，产生“随性揣摩”、任意解读，甚至误读的情况，产生“消费异化”。同时学科间也尚未实现深度融合，如考古资料与历史数据相互印证的紧密度尚存空间，与花山文化生成背景关联度深的周边民族民间民俗文化的挖掘整理工作尚未形成体系，碎片化的研究比较多，优秀民族传统文化的传承工作尚未真正起步，以致花山文化长期处于“孤岛状态”，花山文化的研究也处于孤立状态，没能充分地与现存的民间“活态”文化相印证。比如本地域民间尚存的祭祀仪式和与之相关联的舞蹈、配乐、唱腔、器乐弹奏、花山拳等，活动所采用的涂染颜料，相关的生产生活习俗等，与花山文化产生、演变关联度紧密的研究尚缺乏系统性，花山的“神秘面纱”仍然没能彻底揭开，这给民众对花山文化的“消费”带来不确切的判断而形成“异化”。

五、“申遗时代”的异化调适及理性回归

从2003年启动申遗程序到2016年申遗成功，在漫漫的申遗路上，花山文化的保护进入了“异化调适”和“理性回归”时期。一方面，是花山主体岩画区的生态环境保护，另一方面是花山岩画所处的左江流域及其支流范围的山川、河流、村落、道路等周边环境的治理。各级政府部门先后出台各项法律法规，明确保护措施，主要有:《广西壮族自治区左江岩画保护办法》（2012年颁布实施）、《崇左市左江岩画保护管理办法》（2014年颁布实施）、《左江花山岩画文化景观保护管理总体规划（2014—2030）》（2014年国家文物局批复）、《左江花山岩画文化景观监测预警体系建设方案》（于2015年编制并组织实施，建立了科学的监测预警体系，使得花山岩画文化景观进入专项监测的历史新阶段）。

花山主体岩画区的保护工作主要是对多年雨水侵蚀漫漶、石块崩塌、游客乱涂乱画等进行处理和管控，主要采取搭架加固修复、围栏隔离禁止游客近距离观光游览、封山育林保护等措施。流域内的生态环境保护主要

实施禁采河沙、禁止网箱养鱼、开展码头整治、河道周边生态环境绿化保护、花山多处岩画周边村落环境治理等工程，确保花山岩画区域所处的左江流域整体生态环境的美化、绿化、优化得以实现。崇左市“及时编制《左江花山岩画文化景观沿江景观保护展示工程方案设计》及《标识系统方案设计》，取缔了申遗区左江、明江105公里河段的采沙船和运沙船90多艘、沙场70多处，拆除养鱼网箱2900多箱，对沿江550多间民居及村庄实施美化绿化，绿化沿河岸坡，对沿江40多处码头实施改造，拆除可能影响景观的建筑。在整治的同时，加强造林绿化，做好森林防火，推广绿色清洁能源”①。

更为重要的是，花山文化“内核”的系统研究、整理，才是使花山文化从“异化”状态真正走出来的内生动力，是治本之策。在漫漫申遗历程的整整十三个年头里，崇左市委、市政府在这方面做了大量工作，比如成立花山研究院，组织力量开展学术研究，全面、深入、系统地对花山文化进行再研究、再探讨、再评价，全面系统地整理文献资料，编撰和反复修改、反复论证申报文本等工作，由于申遗准备工作做得全面、深刻、扎实和高标准，最后在国际各级专家评审中得到充分的肯定和高度的评价，“2015年12月，联合国教科文组织世界遗产委员会在巴黎组织专家集体评审，并通过巴黎联合国教科文组织总部与北京中国文物局之间的视频远程答辩。‘左江花山岩画文化景观申遗材料充足，不需要再进行补充。’专家给予肯定答复，此前中国的48项世界遗产中，从未有一项准备得如此充分”。

---

① 黄小芳、罗承品、蒋欣攸:《花山梦圆骆越瑰宝放异彩——探秘左江花山岩画文化景观申遗之路》，崇左新闻网-左江日报，2016-07-18，http://www.czfgw.gov.cn/ztlm/hssyzl/473815.shtml.

六、“后申遗时代”的异化消解及文化自信的回归

马克思主义认为哲学家们只是用不同的方式解释世界，问题在于改变世界，左江花山岩画文化景观申请世界非物质文化遗产及最后成功申遗的过程，既是对优秀民族传统文化的一次大盘点，也是一场深刻的文化自我觉醒的过程，是花山认识史上的“异化”消解及文化自信的重建与回归。

一方面，激活了本地域各族人民的文化自觉，增强了对本民族优秀传统文化的自信，从内生情感上更加自觉地加以热爱和维护，以更加理性的态度来加以对待，积极进行宣传、教育、传承，以多层次、多形式、多途径、多方式弘扬优秀的花山文化。如以祭祀仪式、节日庆典为活动形式出现的，则端庄典雅，有历史厚重感和仪式感；以文化旅游形式出现的，则大众普及程度高，传播速度快、影响面广；以文化传承方式出现的，则传之愈久，知之愈深，历久弥新，如花山绘画、花山舞蹈、花山体育中的花山拳等。还有更深层次的传承就是再现当年稻作农业文化的特定生产生活方式，有学者称之为“那文化”的。“那”在壮族语言里是“水田”的意思，水稻的种植在左江流域也有悠久的历史，考古学上大量的“大石铲”文物的出土证明了当时稻作农业已经有了一定程度的发展，而“住水头”也印证了水稻种植在古壮族先民生存发展史上的重要地位。与之相伴生的“男耕女织”传统社会文化亦流传深远，而反映此种类型的传统文化至今“遗风”犹存，如织壮锦、弹天琴、唱山歌、侬垌节等是传统稻作农业文明的产物，到如今则成为文化遗产，有艺术魅力，有文化韵味。

另一方面，“越是民族的越是世界的”，申遗成功后的花山更是名声在外，国内外大量游客和研究者因此慕名而来，当然，他们今日的到来已非昔日那样带着神秘的心态或者疑惑的心理而来了，赞叹、惊叹、欣赏、认可、探究的多了，通过融媒体主动了解、主动传播的多了，系统地、全面

地进行比较分析的多了。当然，申遗的成功是一个吸引外界进一步认识花山的重要契机，而交通设施、文化氛围、社会心理、生态环境等方面条件的根本性改观和完善，所综合形成的文化自信和“美丽生态”的呈现，才是真正使得越来越多“域外人”关注的内在动因。生态美了、环境好了、文化氛围浓郁了，周边的配套设施设备等条件能够很好地满足人们的吃、住、行，游、购、娱，风情别样的“美丽南方”和东南亚异域风情在此交汇、融合的景象，可以促进人们对多样性民族传统文化的了解，增进文化交流互信，可以使人们从更宽阔的视域对花山文化进行思索，可以把花山文化放到更宽广的视野、更悠远的历史和更和美的现实中去品读，去咀嚼，去回味。这样去解读花山，就可以避免孤立地把花山当作“天外飞来神物”来看待，而可以更有情感地理解这“一方水土”滋养的“这一方文化”，花山，无论是历史上，还是现实中，都是这一方土地上孕育成长的，她成为几千年来这一方热土上的精神力量源泉，支撑着这个民族得以生生不息。

左江流域“花山族群”历史考析

——也谈花山岩画族属问题

羊绍全

摘　要：左江流域花山岩画之作画主体问题一直困扰着学术界。本文的核心点在于关注左江流域在战国至东汉的岩画发展时期，左江流域族群的发展与演变过程。尝试用历史考证的方法，通过对古文献记载内容进行分析，结合广西左江流域考古遗址发现及学界对花山岩画的研究成果，从左江流域人类之起源开始，分析从战国至东汉时期（岩画时期）“花山族群”的演变，提出“花山族群”在起源、发展及民族融合过程中具备族群文化特征，是花山岩画创作的本体。

关键词：左江流域；“花山族群”；族属

一、问题提出

广西，先秦时期属百越之地。广西壮族起源目前可以追溯到距今4万至5万年的旧石器时代。其中，左江流域在人类发展的漫长历史中，作为广西壮族发展的重要区域而存在。左江，古称斤南水、斤员水。《分篇水经注·温水》注:“(温水)又东,至领方县东,与斤员水合。”① 左江之上有硃涯水、侵離水注入,亦即今之水口河、明江河②。左江发源于越南北部,沿西南向东北流,有水口河、平而河、明江、三叉响水河、黑水河、汪庄河注入,于南宁市宋村三江河口与右江(古驩水)合,汇于邕江(古鬱水)。左江流域,含今之崇左市大部、百色市靖西县、防城港市上思县等地域,流域面积32068平方千米,国境范围内20489平方千米。左江流域被誉为壮族先民骆越族群的发源地之一。关于骆越一族的记载,目前较早的为《逸周书·王会解》中的“路人大竹”,其中“路”通“骆”。这一时期的骆越族群的地理范围无法考证,因此左江流域是否属于同期的骆越族群也无法得到印证。那么,在这一时期甚至更早的时期,左江流域的族群是如何形成、如何发展的,我们或许可以从左江流域花山岩画中去寻求答案。

花山,又称画山、岜莱,广西左江流域崖壁画的代名词,因左江支流宁明江畔耀达“岜莱”(壮语,意为绘有画纹的山,译为“花山”)最为壮观,因此左江流域岩壁画也就被称为“花山壁画”。古壮族先民以色彩(赭红色矿物原料)绘制而成崖壁画。沿左江、丽江及明江支流分布,延绵200余千米,存180余处,规模宏大、气势磅礴。这一文化载体广泛地存在于左江流域,是左江流域民族文化的核心。如此壮举,为何人所创?为何仅存于左江流域?这就需要我们基于花山岩画的历史去分析左江流域“花山族群”的演变,以期找到左江流域族群发展与花山岩画的关系。族群是人类历史上用于区别我族与“他族”的分类方式之一,族与族之间有着明显的区别,族内有血同源、文同源、语相近、地相连的特征。“花山

---

① 载自(北魏)郦道元、(清)戴震、杨应芹:《分篇水经注(下)》。

② 韦福安:《汉象郡府治“临尘县”方位地址的文献法考辨——花山古都“临尘县”的人类学系列研究之一》,《广西师范大学学报》(哲学社会科学版),2015年第3期,第7-13页。

族群”，以左江流域花山岩画文化为代表，以左江流域为地域空间，族群活动遍布于左江流域之扶绥、江州、宁明、龙州、大新等区域，无论从区域之文化生态角度还是从河谷自然生态之角度，均能说明左江流域“花山族群”以自身部族特征而存在。

二、族群根源：左江流域“花山族群”的初成

广西发掘出的古人类化石颇为丰富，“成为研究人类化石的中心。”① 左江大新县牛睡山黑洞，1957年发掘出三枚巨猿牙齿，2008年，崇左木榄山智人洞，发现古人类下颌骨残段，距今约10万年；2000年，崇左扶绥南山洞，发现人类化石及蒙古野驴化石，距今3万—4万年。巨型猿人、早期智人、晚期智人均出现于左江流域，表明左江流域为广西人类起源与发展的重要地域。

新石器时代，左江的代表性文化是“桂南大石铲文化”，以左、右江及邕江交汇之河谷地带为中心，沿左江逆流而上，扶绥、江州、龙州大石铲存量较大，西至德宝、靖西，南至宁明。1950年，南宁至友谊关（左江沿线）道路建设发现大石铲；1960年，扶绥金光农场发现存量规模巨大的大石铲；随后，1962—1965年在南宁地区、1973—1978年在扶绥县那淋遗址、1980年在扶绥县中东遗址、1985年在江州区吞云岭遗址、1985年在靖西县那耀遗址等左江流域均有发现②：印证左江流域乃“桂南大石铲文化”核心区之一。据国家文物局文物保护科学技术研究所对石铲文化核心区之一隆安大龙潭遗址碳-14测定之结果，石铲遗址起于新石器时代晚期，可能延伸至商周时代。1955年，桂东南贵县（今贵港）桐油岭，

① 钟文典：《广西通史（第一卷）》，南宁：广西人民出版社，1999年，第2页。

② 谢日万：《桂南大石铲遗址》，《中国文化遗产》，2008年第5期，第46-49页。

石铲与铜器、陶器、铁器、玉器、五铢钱共存，考古实证“桂南大石铲文化”起至新石器时代晚期延至商周时期，甚至可能止于西汉时期[①]。

黄现璠等在《壮族通史》中提出：“（至西汉时期）广西南部、西部距今两千年左右，仍是父系氏族公社阶段。”[②]在新石器时代晚期，广西东北部、东南部、南部及中部地区存在大量几何形纹陶片，西部区域无发现，证实西部左、右江落后于东部地区；新石器时代末期，宁明、江州等区出现海贝，柳江、浦北、玉林出现石铲[③]，此为“以物易物”之商品交换现象，物之交换为部落交往之实证，印证氏族部落存在异同，区域族群分化开始出现。

综上所述，左江流域自古人类遗址起直至先秦时期前，人类活动较为频繁。此时左江流域人类族群与广西其他地区人类活动存在大量相似之处，尤以大石铲文化为典型代表。但同时左右江流域人类活动又具有自己之特征，在新石器时代后期开始形成具有左江流域文化特征之氏族部落，并与钦州等沿海地区及广西其他地区开始交往。在新石器时代晚期，广西左、右江流域受地域等因素的影响，生产方式落后于其他地区，生产方式、生活方式、族群文化等与其他地区有明显的区别，这就是左右江流域族群区别于其他区域族群较为显著的特征；同时，左江流域开始出现以“物物交换”为特征的部落文化，族群本身的文化特征逐步形成。由此明显区别于其他区域文化特征的左江流域“花山族群”初步形态逐步展现。

---

① 黄现璠、黄增庆、张一民：《壮族通史》，南宁：广西民族出版社，1988年，第109-111页。

② 黄现璠、黄增庆、张一民：《壮族通史》，南宁：广西民族出版社，1988年，第109-114页。

③ 宁明、江州地区处于内陆，远离海洋；柳江、浦北、玉林地区没有制作石铲的材料。

三、族群兴衰：以“左江岩画”为代表的“花山族群”的繁荣与衰落

（一）从独立的“方国”到古骆越国的“花山族群”

族群文化必然是经过较长时间的集体思维和集体意识逐渐形成的，花山岩画的创作需要较为稳定的族群共同体、较为稳定的集体思维和意识，但这一过程是漫长的，从新石器时代的原始部落形态的“花山族群”到具有一定文化基础和集体意识的族群共同体，是“花山族群”在本质上的一个改变。这一时期最为显著的特征就是商朝时期“产里人”的出现。

1. 古文献考析

夏朝时左江无文献可考，自商之后，有文献谈及广西地区。“百越”乃中原政权对南方部落之统称，古书中“南夷”“苍梧”“南瓯”“南海”等均指“百越”地区。《逸周书·王会解》之下篇《商书·伊尹朝献》中记载：“正南瓯邓[①]、桂国、损子、产里、百濮、九菌，请令以珠玑、瑇瑁、象齿、文犀、翠羽、菌鹤、短狗为献。”

徐松石指出“产里（即产里国），初都临尘，即今广西邕宁县西”。[②]临尘位于左江流域，这表示产里一国核心地区在左江流域，但徐松石在《泰族僮族粤族考》一文中对产里的论述是否可信，值得考证。

《商书·伊尹朝献》中所指的“桂国”，据《山海经》记载，其都城

---

① 学者对“瓯邓”有两种看法：一种认为瓯国与邓国是两个国家；一种认为“瓯邓”应为一国，主要因为其后国家均为两个字。笔者也认为瓯邓本为一国，从朝贡物品对比来看，瓯邓贡珠玑，桂国贡瑇瑁，损子贡象齿，产里贡文犀，百濮贡翠羽，九菌贡鹤及短狗。

② 《壮学丛书》编委会编：《徐松石民族学文集（上卷）》，桂林：广西师范大学出版社，2005年，第345-346页。

在今湖南郴县一带[①]，桂国之地望在广西东北至湖南南部区域。损子国亦称啖人国、噉人国，在今广西、广东一带，《后汉书·南蛮传》记之“今乌浒人也”，其地与西瓯交错[②]。明代邝露《赤雅》记载：“乌蛮古损子产里国也，即乌浒蛮也……汉建武中，国除，蛮遂散居山谷，其风不改。”表明产里和损子两国交互、交错杂居。在广西地域范围内的瓯邓国主要居住的是瓯人，瓯是原分布于浙江、福建一带的族群，史称东瓯，广西一带瓯人史称西瓯，瓯之地望在桂东、粤西地区，瓯之大东临苍梧，北接桂国，西起桂西、桂西北，南至郁江邕江、右江一线与骆越交错[③]。但《商书·伊尹朝献》中未提及骆越一国，历史记载骆越以南宁盆地为核心，地望至右江流域，与瓯交错杂居，至于商汤时南界止于何处，无考。若此时左江流域归于骆越，产里一国位于何处？因此，产里位于左江流域，与骆越、损子交错，北为骆越，东临损子，就地理空间而言是恰当的。因此，笔者认为徐松石关于产里国的论述可信。即产里于商汤时出于左江，依此判断，商之前的夏朝时期，左江流域便存在产里一国，至少夏朝时左江流域之“花山族群”是存在的。

《逸周书·王会解》记“路人大竹”，清代朱右曾《逸周书集训校释》记载：“路音近骆，疑即骆越。”《逸周书·王会解》还记载：“苍梧之翡翠贡于中原，亦明成周之时骆越、苍梧为岭南之主要邦国，与中原交往甚密。”但是书中对岭南地区之瓯、产里、损子等邦国并无记载，难道其不与中原交往？不得而知。但是，梁代顾野王《舆地志》记载：“交趾[④]周时为骆越，秦时为西瓯。”《汉书·南越王传》也记载：“尉佗之王，本由

① 《壮学丛书》编委会编：《徐松石民族学文集（上卷）》，桂林：广西师范大学出版社，2005年，第345-346页。

② 张声震主编：《壮族通史》，北京：民族出版社，1994年，第140页。

③ 郑超雄：《壮族文明起源研究》，南宁：广西人民出版社，2005年，第151-152页。

④ 交趾，又作交阯，今广东、广西、越南北部等地，秦时在此设交趾郡。

任器。遭汉初定，列为诸侯……瓯骆相攻，南越动摇。”西汉初年，骆越两国相攻，此为两国之实。表明商周至汉，岭南地区本不稳定，瓯骆两国相互攻伐，此消彼长，周时骆越国占据主导地位，而西瓯占据次要地位。当然，周时的骆越并不只与西瓯攻伐，其必然与周边之邻国交战，并在交战中获得胜利。在此我们可以大胆地推论，这一时期的产里国遭到周边方国或部落的攻伐而被兼并。当然，也不排除在交往的过程中主动融入其他方国，但从历史记载中能发现，产里、损子等国消失在了历史长河之中。因此，笔者认为产里人在经历商朝时期的一个短暂的“方国”时期后，在周时被纳入骆越古国之地界，成为古骆越先民的一个重要部落。

2. *考古辨析*

古文献中载有“骆”“瓯”“产里”“损子”等岭南方国之名，同时在中原地区流行的青铜礼器亦有“南夷”“南蛮”“南瓯”之铭文。这就表明，商周时期岭南与中原之间交往密切。中华人民共和国成立之后，考古学者在兴安、灌阳、荔浦、忻城、宾阳、武鸣、横县、灵川等地出土一批商周时期的青铜器，在全州、兴安、灌阳、平乐、富川、钟山、贺县、昭平、苍梧、梧州、岑溪、平南、容县、北流、浦北、武鸣、合浦、钦州等地出土一批几何纹陶片。以此看来，广西之青铜文明、陶器文明是由中原地区经湖南、江西等地传入广西，在广西由桂林、贺州等地传入，再经柳州、玉林、南宁等地传至北海、钦州、防城港等地，并通过此传播路线传入越南等国家①。但在考古研究中发现，左右江流域物品极少，甚至没有确切的考古发现。此路线何以绕开广西左右江流域？一则认为，此时左右江流域尚处于原始部族时期，生产上尚处于金石并用时期，对外界认识较少；二则认为，左右江流域虽已纳入古骆越国，然部落文化相对封闭，部落意

① 张声震主编:《壮族通史》，北京：民族出版社，1994年，第149–150页。

识形态影响较深。由此而言，左江流域在商周时期仍是原始部落状态。当然，这也就为左江岩画的创作打下了坚实的族群文化意识形态基础。

3. 遗传学辨析

徐杰舜、李辉《岭南民族源流史》一书中采用遗传学方法考证，通过对邕北、右江、田林、桂边、红水河、桂北、邕南、左江、上思、德靖等地壮族各支系之Y染色体SNP分型频率的分析，认为左江、右江、德靖支系联系比较紧密，与红水河支系，尤其是邕北、桂北等其他支系相距较远①。邕北地区，在考古发现及历史记载中确实为骆越古国之核心，这也就印证了左江流域族群虽归入古骆越国行政管辖，但其族群文化之独特性仍然存在。

综文献、考古与遗传学论述，左江流域在商周时期从产里一国逐步以族群部落形式与古骆越国交往，其间不排除古骆越国对左江流域的攻伐，存在族群的融合与分离。自此之后，左江流域作为骆越古国之附属而存在，直至骆越王国消失，但其族群性质仍然存在，直至东汉时期“乌浒蛮”国除，然“其风不改”，其“民风”一直保持至东汉时期。这一时期是左江花山岩画的初创作期，在此谈论岩画族属之根源，确定这一时期左江流域之族群，关系到左江花山岩画之根本。左江岩画正是在战国至东汉时期所作，学者们认为作画之主体为古骆越先民本无可厚非，但是此说不尽准确，此时左江流域民族虽融于古骆越族，但其民族主体意识仍然存在。笔者认为，左江花山岩画应为古骆越民族之一支——“花山族群”本身所创作。这也就印证了为何左江流域之岩画仅仅出现于左江流域，在古骆越国之其他范围包括南宁盆地、右江流域及越南红河流域均未出现。

---

① 徐杰舜、李辉：《岭南民族源流史》，昆明：云南人民出版社，2014年，第291–311页。

（二）"花山族群"由繁盛走向衰落

1. "和辑百越"的越人得益于自治政策，族群文化得以传承

秦为统一大业，为获取岭南地区之丰富物产①，始皇二十九年（公元前218年）派尉屠领兵五十万，分五路攻瓯骆之地，即"五岭之戎"。《淮南子·人间》载："一军塞鐔城之岭（今广西桂林兴安县越城岭），一军守九疑之塞（今湖南省永州市江华瑶族自治县萌渚岭），一军处番禺之都（今湖南省东南部郴州市骑田岭），一军守南野之界（今江西省大庾县大庾岭），一军结余干之水（今江西省余干水上游）。"五路之军攻入岭南，直接与西瓯交战。然瓯骆之地地广人稀，生产落后，直至春秋时期原始社会才解体，阶级等级制度才出现，然多以部落或部落联盟形式出现，且部落间战争不断，无法抵御秦之大军，秦军攻下西瓯，杀"西瓯君译吁宋"。但是，秦军进入西瓯腹地，与西瓯部落军作战却困难重重，遭遇顽强抵抗，致使秦军"三年不解甲驰弩"。秦军进退两难，在今桂林兴安县置秦城②，以守为攻。经三年之战，始皇三十二年（公元前215年）派任嚣、赵佗攻西瓯，并向骆越之地发动进攻，次年统一岭南，设桂林、象郡、南海三郡。

秦在三郡之下设县，但是由于古籍资料阙载，对县之设立无过多考证。左江流域有记载的仅"临尘"一县，《清一统志》载"（临尘）今太平府崇善县地"，即今广西崇左市江州区境内，临左江河流；学者韦福安③提出临尘位于广西崇左市龙州县上金乡，于丽江、明江汇入左江之河口地

---

①《淮南子·人间》载："（秦）又利越之犀角、象齿、翡翠、珠玑，乃使尉屠唯发卒五十万……以与越人战。"

②［南宋］范成大："秦城，相传秦始皇发卒戍五岭之地。"

③ 韦福安：《汉象郡府治"临尘县"方位地址的文献法考辨——花山古都"临尘县"的人类学系列研究之一》，《广西师范大学学报》（哲学社会科学版），2015年第3期，第7–13页。

带，《茂陵书》载“象郡治临尘。”[①] 总体上来看，临尘一地无论位于何地，均在左江流域范围内。秦统一岭南后，为加强对岭南地区的控制，采用移民开发的策略，南征的五十万大军（除亡者）均留于岭南之地“适戍以备之”。为使士卒安定，南海尉赵佗上书“求女无夫家者三万人，以为士卒衣补，秦皇帝可其万五千人”[②]，使之与越族杂居。因此，中原先进文化与生产技术逐步影响了岭南地区，但秦郡县制及其后南越国郡县制对岭南的传统影响有限，瓯骆之地部族文化影响深远，根深蒂固。同时，赵佗建立政权后，采用“和辑百越”之策，让越人参政，并准从越人之习俗，因地制宜，以越人自治等方式管理南越。

左江流域，秦统一之后，隶属于象郡，与岭南地区其他部族一样，故风故俗保持依旧，这也使岩画之作画习俗得以继续流传。秦在岭南虽设三郡，然并没有设郡守，“乃置南海尉以典之，所谓东南一尉也”[③]，岭南秦之郡县制有别于中原之郡县制，因越人部族势力加大，为实施有效的控制，军、政、财统归于“南海尉”。

以此来看，在此时，瓯骆之地部族形制仍然保存，并影响着中央对区域的统治。此时，左江流域“花山民族”不仅仅融合古越国的其他民族，同时中原地区的汉族文化也开始传入左江流域，但是这种外族之融合，仍然不能占据主导地位。同时，受“和辑百越”的越人自治政策的影响，左江流域“花山民族”仍然以部落氏族社会形态而存在，未能进入文明时代。

2. 民族大融合，族群文化逐渐衰落

汉武帝元鼎六年（公元前111年），汉武帝平定南越，设南海、苍梧、

① 余天炽、覃圣敏、兰日勇：《古南越国史》，南宁：广西人民出版社，1988年，第12页。

② 载自《史记·淮南衡山列传》。

③《晋书·地理志》载：“后使任嚣、赵佗攻越，略取陆梁地，遂定南越，以为桂林、南海、象等三郡，非三十六郡之限，乃置南海尉以典之，所谓东南一尉也。”

郁林、合浦、交趾、九真、日南等郡。汉朝时期对岭南地区采取“以其故俗治”之策略，传统部族文化依然得到传承，但受中原文化的影响，原始部族文化逐步被文明时代的文化取代。

综上所述，秦汉之“花山族群”，经秦、南越国、汉三个历史时期，虽受中原文化之影响，但仍然保持着原始部族之特性。受先秦时期骆越国影响，秦汉时期对左江流域“花山族群”称谓均为“古骆越地”“古骆越人”。

这一时期，左江花山岩画从兴盛走向衰落，这一时期也正是民族大融合之时，汉族大量迁入，左江流域民族不断与中原及其他区域民族之间交流、互渗。

四、结语

左江流域“花山族群”源于广西早期人类，较为集中的族群来源于左江流域下游及左右江流域交互之河谷地带，并沿左江流域西进，在商汤以前形成了较为稳定的族群形态。商汤时期以方国之社会形态与中原交往，之后在多部落攻伐战争中被骆越方国所兼并，正式纳入古骆越族群，被统一称为“骆人”，但原始部落形态保存完整，族群的“花山文化”特征非常鲜明。而从商汤时期“产里人”，到秦汉时“骆越人”，再到东汉时之“乌浒人”，正是左江流域“花山族群”之花山文化兴与衰的全过程，也是左江流域岩画兴与衰的过程。

第二篇

花山岩画艺术、体育研究

广西花山岩画蕴涵的壮族传统体育文化及其现代传承发展

董必凯　何卫东

摘　要：广西花山岩画图像中的原始武舞体现了鲜明的体育运动元素与规律，可以说是一种活态的体育文化现象。花山区域壮族传统体育文化在现代传承过程中取得了较大的进展，未来，可以将其置于以“东盟”为主题的大格局下进行传承发展，也可以通过景区建设、民族体育旅游等多种途径进行传承发展。

关键词：花山；岩画；壮族；传统体育文化；传承；发展

聚居于我国广西西南边陲左江流域的壮族先民，他们所创造的文化是我国西南文化圈的一个重要组成部分。广西宁明花山岩画是左江流域岩画群的代表，为研究已消逝的古西瓯、骆越人的历史文化提供了明确有力的证据，特别是为壮族（一般认为，壮族是西瓯、骆越人的后裔）发展史提供了确凿和真实的实物证据。它与世界各地的古代岩画一样，重现了已经消失的历史，它们又包含了丰富的文化内涵，值得关注和研究。民族传统体育文化是人类体育文化的一个重要组成部分，它既是一种带有民族特点的文化形式的表现，又是一种颇具传统色彩的文化形态。而壮族的传统体育文化，既有浓郁的地域文化特征，又与同时期的中原文化和本地方的民族文化有着不可分割的联系。本文拟从广西宁明花山岩画中探究壮族传统体育文化及其现代传承，以丰富花山岩画文化的研究。

一、广西花山岩画蕴含的壮族传统体育文化

岩画是现存较早的图像形式之一。花山岩画历史悠久，画面宏大，图像众多，内容丰富。在这些岩画中，人物造型似习武又似跳舞，这即为原始武舞。早期的武舞是武术与舞蹈的结合体，它最显著的特征是舞与武共存。武舞是花山岩画中的重要内容，它真实地记载了左江沿岸古西瓯、骆越人劳动生产生活的历史，不但有武舞演练的场景，还有备战操练的场面以及宗教活动场景，其中蕴含着深厚的壮族传统体育文化。

首先，原始武舞演练场景展示出壮拳功法及特点。花山岩画中有的人物造型，反映出当时武舞演练的实际情况。这些人物图像主要有正面人像和侧面人像，正面人像的特征是头部上窄下宽，如梯形，上肢粗壮，两臂向两侧平展开，屈肘向上举，左臂曲折近似直角，右小臂略向外摆，臂形似钝角，两掌与头顶平行；躯体壮实，胸宽、束腰，腰以下渐宽，形似腰鼓；两腿较手臂略细，向两侧打开，屈膝呈半蹲式，小腿分别向两外侧叉开，呈“八”字形，形似练武站桩，有的图像人物在腰间佩带刀或剑。侧面人像的特征是形体较小，双手向同一侧伸展，两臂呈出拳状，双腿朝前屈膝半蹲呈提膝式。不论是正面人像还是侧身人像，都是成排站立，方向一致，动作整齐有序，犹如壮族武士正在集体操练某一动作。这些动作与现代流传在左江流域一带的壮拳功法 —— 七步铁线桩功非常相似。

其次，备战操练场面的原始武舞体现了现代壮族武术技击动作和技巧的雏形。从花山岩画描绘的场景来看，它所表现的不仅是当时壮族先民的

生活情景，还有壮族先民进行战斗演练的情景。自古以来，左江流域就是壮族先民的聚居地，在该地区的壮族先民，主要生活在森林茂密、河流纵横、湖泊密集的岭南一带，为了生存的需要，他们长期与恶劣的自然环境进行顽强的斗争。而随着人口的繁衍，氏族部落的不断扩大，部落间为争夺猎物和领地时常发生战争。为了适应战争的需要，当时的统治者要求部落战士做战斗的演习操练，使这些战士熟悉战斗的击刺动作和应有的群体组合战术，这种战舞可以说是武舞的原初形态。据考古发现，1976年在广西贵县（今广西贵港市）罗泊湾出土的西汉时期的漆绘铜盘，绘有四组技击的人物形象，动作与花山壁画中的武士动作极其相似，这进一步证明了花山岩画代表着当时壮族武术的雏形。

最后，宗教活动情景的原始武舞孕育着“潜体育”。从人类原始文化形态上看，原始宗教、教育、娱乐等活动是交织在一起的。武舞是原始部落祭祀活动的主要内容，据传巫就是以舞降神。祭祀活动的形成，是各民族信仰习俗形成的基础，经历历史的发展后，祭祀时所进行的舞蹈逐渐衍化成娱乐人神的艺术，通过人神沟通的方式，以祈求五谷丰登、人丁兴旺。在万物有灵思想的支配下，产生了一系列的祭祀崇拜活动，而舞蹈正是这些活动的主要内容之一，并且这种形式一直延续到现代。从壁画上看，壮族先民在宗教祭祀上的舞蹈多数是由首领引领进行的，而舞蹈的内容应与祈神驱鬼、禳灾求安有关。这些原始武舞在有序组织的带动下，完成多种布局、队形队列、秩序、节奏的动与静的组合变化，参与者全身心投入，互相舞动身体，共同参与并完成祭祀活动，孕育着“潜体育”，可以说是古老的体育形态之一。

上述花山岩画中的多种原始武舞，蕴涵了深厚的壮族传统体育文化。从运动学的角度来分析，这些原始武舞体现了鲜明的体育运动元素与规律，可以说是一种活态的体育文化现象。其一，无论岩画舞人的变化如何，正面舞者与侧身舞人的基本形态是不变的，举手蹲腿贯穿于舞蹈的始终。而画面中舞人手臂有力地伸缩和腿部有节奏地屈膝，无不显示舞蹈的力感和美感，半蹲的双腿更是衬托出舞者强壮的身躯和稳健的步伐。其二，岩画中的舞蹈形式主要是通过舞蹈人物头部的后仰、侧转或晃动，躯体的抖动、挺身、收腹、弯腰以及蹲、屈、跳等动作表现的。从外形上看，舞人的动作似乎有点笨拙，然而仔细观察就可以发现，舞人所表现的技术是趋于成熟的。比如舞者的仰身、转体、席地弹跳而起等具有一定难度的动作，如果没有很好的身体素质及系统的训练，常人是无法完成的。这足以反映当时舞技的高超与精湛。其三，与世界范围内的岩画相比，花山岩画舞者的舞姿也是独特的。以正面舞人为例，舞人突出了双手举起，两腿半蹲的动作，手臂和腿分开的幅度比较大，四肢对称，舞蹈时强调动作的力度。而南方沧源岩画的舞姿，双臂以下垂为主，两脚跨度小。从此可以看出，花山岩画的舞蹈动作以它古朴的造型和有力的动作，无不彰显着壮族先民舞蹈的独特风格与美感。

综上所述，从花山岩画的图像中，可以清楚地看到武术、舞蹈等关于古时体育活动的场面[①]。这些体育活动，如今仍然广传于现实生活当中，且有着较为深厚的群众基础。岩画中舞人所表现的舞姿，现今已成为健美健身运动，是我国全民健身运动不可或缺的组成部分，由于人们对身体形态有了很好的认识，从而促进了健美活动的发展[②]。将花山岩画中的体育图像与现今相关体育项目相比较，可以发现其动作形式不仅没有明显的改变，而且相似度极高，这说明岩画所表现出来的各项活动并没有随着时间

---

① 刘继辉:《广西宁明花山崖壁画文化研究》，南宁：广西师范学院，2011年硕士学位论文。

② 曹景川:《中国古代竞技体育活动及其表现形式》,《成都体育学院学报》，2008年第9期，第45-49页。

的推移和环境的变化而发生改变，充分说明了其传承的连贯性和一致性。

二、广西花山区域壮族传统体育文化的现代传承发展进程

广西花山区域壮族传统体育文化现代传承发展过程中有如下重要历史事件及活动：

第一，1988年花山岩画由国务院公布为全国重点文物保护单位。2004年12月，广西壮族自治区政府为了更好地连接东盟各国，建立友好邻邦，积极与东盟各国开展文化交流，以中国－东盟博览会为契机，在崇左举办了首届花山文化艺术节，并在2005年将花山文化艺术节永久落户宁明。此外，广西花山岩画文化景观于2003年启动申报世界文化遗产工作，并于2006年列入中国申报世界文化遗产预备名单。至此，广西花山岩画文化开始进入一个跨越性的历史发展时代。宁明花山岩画文化中所蕴含的壮族传统体育文化也由此得以重点传承和发展。

第二，2008年12月22日，广西壮族自治区政府在南宁正式启动中越边境（广西）全民健身工程。中越边境（广西）全民健身工程的重点项目有：体育设施建设工程、全民健身进军营工程、全民健身进社区工程、全民健身进学校工程、全民健身进口岸工程、全民健身进乡村工程、体育后备人才工程、全民健身知识普及工程和体育文化旅游节庆工程。中越边境（广西）全民健身工程是结合中越的实际情况，以增强人民体质，树立国门形象，维护边境地区的稳定和文化安全，增进中越两国人民体育文化交流，促进边境体育事业和经济发展的全民健身工程。花山区域处于中越边境地带，也受益于这一系列工程，该区域的壮族传统体育文化随着这些工程项目的实施传播到全国乃至东盟各地，实现了现代传承。

第三，2010年4月9日至10日宁明花山文化广场隆重举行首届花山民

族民俗风情节，节日以“展现骆越民族风情，共享传统和谐文化”为主题，积极挖掘当地优秀民俗文化资源，展现骆越民俗民风，努力打造骆越圣地“花山”文化品牌。2011年崇左市举办的国际花山文化艺术节，在保留了首届花山民族民俗风情节优良传统项目的基础上，与时俱进，勇于创新，积极吸引外资，加速发展旅游业、农产品加工业和民族体育文化交流及展示等项目，使得更多企业和民众从中受益，融合与协调共同发展，提高当地民众的民族自信心，传承花山文化，创新性与大众化成为一个新亮点。在这些节庆活动中，一些民族文化爱好者积极吸收花山岩图中的元素，创编出具有花山风情的民族健身操和民族舞蹈，活动中展演了“花山舞”“蚂蜗舞”“师公舞”和“铜鼓舞”等壮族舞蹈，让广大群众参与壮族的抛绣球、打壮拳、走板鞋、跳竹竿、划竹排和打陀螺等民间民俗体育项目，壮族传统体育文化得到有效传承。

第四，2011年和2013年，第一届和第二届亚洲及大洋洲地区大众体育合作发展论坛暨中国–东盟大众体育合作发展论坛在南宁市举行，针对本地区的民族体育与国际交流合作进行研讨。论坛以传统体育的保护、传承与发展为主题，专门设置了传统体育的历史与缘由、现状与特色、保护与传承、发展与动态四个版块的议题供大会研讨。从这两届论坛提交的论文及相关成果看，有部分民族体育科研工作者选取花山区域的壮拳、打陀螺、抛绣球和民间舞蹈等题材来进行研究，探讨花山区域如何与周边东盟国家进行民族体育交流合作等实际问题，反映出将花山区域的壮族传统体育文化与当前的民族性、区域性和国际性相接轨的趋势。

第五，2012年12月1日，广西壮族自治区政府颁布实施《广西壮族自治区左江岩画保护办法》，花山岩画保护变得有法可依。此外，自2004年起，广西壮族自治区政府对花山岩画组织多学科联合攻关，开展保护勘察研究、编制保护方案等前期工作，其中加固材料试验取得显著成果，突破了花山岩画保护的关键技术，获国家专利。近年来，国家文物局安排花山岩画保护、安全技术防范系统建设等专项经费达4720万元，目前正在实施花山岩画本体保护第三期工程[①]。这些都为花山区域的壮族传统体育文化的现代传承与发展提供了有力保障。

第六，2014年12月中旬，广西歌舞剧院历经3年精心创作，从花山岩画中解读古西瓯、骆越人的信息，吸收了花山岩画展现的文化元素，提取了花山岩画中的壮民族文化内涵，创作完成了壮族岩画音乐舞蹈诗剧《花山》，并在南宁成功举行首演[②]。这是国内首部以古老岩画为题材、突出壮族文化符号的音乐舞蹈诗剧，讲述了壮族先民古西瓯骆越人繁衍生息、刀耕火种的生活劳动的情景。音乐舞蹈诗剧作为一种现代传承发展方式，更促进了花山区域的壮族传统体育文化的现代发展。

第七，2015年1月20日，广西文化厅公布了从国家文物局传来的好消息：左江花山岩画文化景观有望于2016年代表我国申报世界文化遗产，广西有望实现世界文化遗产零的突破[③]。可见，左江花山岩画文化景观已被提升到世界文化遗产范畴，这对于广西十大民族传统体育传承基地建设、花山壮族传统体育非物质文化遗产基地建设和花山体育地质公园建设将有较大促进作用。

第八，2016年7月15日，在土耳其伊斯坦布尔召开的第40届联合国教科文组织世界遗产委员会会议，审议并通过中国广西左江花山岩画文化景观项目。该项目成功列入世界文化遗产，填补了中国岩画类世界遗产名

---

① 李湘萍:《广西申遗正发力——灵渠、花山岩画文化景观申报世界文化遗产工作纪实》,《广西日报》，2014-03-27.

② 罗劲松:《传播广西精神演绎壮乡精彩——广西文化大发展大繁荣记事》，2015-01-20，http://news.gxnews.com.cn/staticpages/20150120/newgx54bd876e-12049153.shtml.

③ 罗劲松:《传播广西精神演绎壮乡精彩——广西文化大发展大繁荣记事》，2015-01-20，http://news.gxnews.com.cn/staticpages/20150120/newgx54bd876e-12049153.shtml.

录的空白。

三、广西花山区域壮族传统体育文化的现代传承发展路径

（一）将花山区域壮族传统体育文化置于以“东盟”为主题的大格局下进行传承发展

2011年以来，广西结合当前国际形势发展与我国国情，将对外体育文化交流合作确立以“东盟”为主题。基于此，对花山区域民族传统体育文化的传承与发展可以融入中国－东盟体育文化交流合作中。

1.根据体育产业发展规划与定位，打造体育文化特色产品与产业模式，实现合作共赢。近年来，广西体育局以科学发展观为指导，突出规划对项目的引导作用，突出与东盟合作发展主题，编制了《广西体育产业发展规划（2010—2020年）》《中国－东盟体育合作交流总体规划（2011—2020）》和《中国－东盟体育合作交流行动计划》等，确立了广西体育产业发展的基本定位、发展目标和阶段性要求[①]。据此，可以考虑以中国－东盟系列体育赛事、体育基地、体育论坛、体育人才培训、体育产业城与体育园区作为花山区域壮族传统体育文化的传播传承载体；同时，根据宁明花山区域壮族传统体育文化设计出一些特色体育产品，打造出具有宁明花山壮族风情的体育竞赛表演、体育特色体验、体育旅游、体育会展、民族体育文化、体育创意等多维度、多业态的产业模式，通过多路径、多层次和多方位的活动展示和交流互动，弘扬优秀的壮族传统体育文化，传承壮民族风情，共享传统和谐文化。只有这样，宁明花山岩画图像群中蕴涵的丰富的壮族传统体育文化在现代的大环境中，才能大有作为，在未来体

---

① 陈浩：《促进与东盟体育合作发展广西抢抓机遇突出特色》，2011-01-11，http://www.sports.cn/subject/2011tyjz/news/2011-01-11/2118239.html.

育交流合作中实现合作共赢。

2.针对广西高校的东盟留学生与东盟部分孔子学院传承花山区域壮族传统体育文化。壮族传统体育文化的传承与发展过程中，既需要有稳定扎实的文化基础平台，也需要有多种多样的传承方式。其一，可以针对广西高校中的东盟各国留学生群体进行壮族传统体育文化的展示，将壮族传统体育文化融入学校体育教育之中，构建中国大学生与东盟留学生的和谐关系，增强各民族之间的文化认同感。其二，用“走出去”的方式，在东盟各国的孔子学院中适当引入花山区域壮族传统体育文化及相关体育项目，如壮拳、民族武术套路、抛绣球、板鞋竞速、击铜鼓、跳竹竿和民族健身操等项目，介绍并推荐给东盟学员，积极与他们进行交流，搭建合作的新路径。

（二）通过景区建设、民族体育旅游等多种途径对花山区域壮族传统文化进行传承与发展

其一，以左江流域花山区域为根基，从花山区域的壮族文化中提取出有价值的体育素材和体育项目，在花山景区和周边建设骆越文化博物馆和壮族文化长廊，专门设立壮族体育篇章。同时，在花山区域的景区定期进行壮族传统体育文化展示和表演。例如，对花山岩画集体祭祀中的“花山舞”“蛙舞”和“铜鼓舞”等原始舞蹈进行加工整理，将西瓯、骆越人遗存在花山岩画上的民族记忆进行活态的展现与互动。其二，将壮族传统体育文化与旅游进行有机组合。开发与设立旅游团队，在花山景区设置多种游玩项目与活动，开设壮族的抛绣球、打壮拳、走板鞋、跳竹竿、划竹排、打陀螺、捕鱼、钓鱼、跳方格、滚铁环、弹石珠子、掷石子等民间民俗体育项目，让游客们近距离接触壮族传统体育文化，增强游客的参与和互动，满足游客们的需求，从而带动当地民族体育旅游业的发展。第三，加强对民族体育特色项目、民族体育团队和民族体育传承人的保护与管理。传统体育文化往往是依靠民族体育特色项目、民族体育团队和民族体

育传承人才能得以传承和发展的，因此，必须依法对其进行保护和管理。例如，根据非物质文化遗产条例的规定，对当地一些具有壮族民俗风情的体育项目加强管理，并认真落实相关政策，对民族体育团队和传承人给予适当的支持，使活态的传统体育文化得到延续。

文化的内涵，艺术的外延

——左江花山岩画民族美术造型研究

张锦春　郑丽君

摘　要：左江花山岩画，画面神秘，气势雄壮，色彩美丽。其规模场面之广，单位面积之大，物象数量之多，分布密集，保存完好，为国内罕见，为世界瞩目。以一个美术工作者的角度去研究左江花山岩画，力图了解其文化的内涵，艺术的外延，学以致用，进行美术创作探索。

关键词：左江花山岩画；民族美术；中国画

一、概述

左江花山岩画释义，花山是壮语“岜莱”的意译，即把山画花了，或者说是有画的山，这些山崖绝壁上的绘画分布在左江流域，跨度上百公里，故称之为左江花山岩画，也叫花山崖壁画、花山崖画。

左江花山岩画，内容为大规模朱红色人物、动物、器物，这些物象的位置有一定规律，一定秩序，平涂在山崖绝壁上（图1），其中人物最高约3米，小的则不到34厘米。器物多为圆形，内有多条放射状线。动物多似狗形。画中人物有正有侧，大都双手高举过头，双腿半蹲，如蛙形。

图1　左江花山岩画局部照片

这些岩画大多画在高高的绝壁之上，最高离水面约有130米，最低约有5米，这些绝壁大多上凸下凹，岩画画在向内凹处，山石颜色多为灰黄色，这些岩画大多朝南，江对面一般都会有一块较宽阔的坡岸或平地。

左江花山岩画分布在左江流域的五个县，有宁明、龙州、扶绥、大新、天等、凭祥和崇左市一个区，现发现近90个地点有花山岩画，有的一个地点有多处，共计近200处，每处又有多组，共计近300组，每组又有人物器物多个，共计约6000个物象。

总之左江花山岩画，规模大，场面大，单位面积大，物象数量多，分布密集，保存完好，为国内罕见，为世界瞩目。

二、左江花山岩画的文化内涵和艺术外延

左江花山岩画所画内容究竟要表达什么？为什么要在崖壁上画这么多

人，这么宏大的场景？画面中这些舞状的人在干什么？绘画的色彩又为什么选择红色？

这些都应追寻到花山岩画的特定时代、特定历史上来，这种特定的历史下产生的文化就是花山岩画的文化内涵。

据现在公认的资料分析，左江花山岩画绘制时间，大约在公元前500年到公元200年，此时北方是战国至东汉时期。那么左江流域此时的历史又如何呢？

“这一地区（左江流域），秦以前的历史建置不太明晰，但从出土的文物看，居于此地的瓯骆越人，大约从商周时代就已经同中原的王朝发生了关系。”“秦王朝统一岭南地区，设南海、桂林和象郡。左江大部分属象郡地，小部分属桂林郡地。”“秦末，南海郡龙川县，县令赵佗代理南海郡尉后……建立南越国，自称为‘南越武王’，左江流域一带为南越国的属地。”“至元鼎六年（公元前111年），汉武帝平定了‘南越王国’……左江流域属郁林郡地……”“东汉时期……左江流域仍属郁林郡……”（《广西左江流域崖壁画考察研究》广西民族出版社）从以上历史脉络可以清楚地看出：左江花山岩画绘制时期，左江流域基本上属于北方王朝统治管辖，或属于北方王朝的附属国统治管辖。但是因为地理位置偏远，北方王朝已经进入了封建王朝，左江流域可能还处于奴隶时代，或原始时代，不管是奴隶时代，还是原始时代，他们都不由自主地被历史的滚滚洪流带入了封建王朝，成为北方封建王朝的一部分。先进的文化冲击着左江流域先民的思想，本土文化中优秀传统文化又必须付出血的代价加以保护，在一次次战争冲突、交流、碰撞中，文化进行着融合，而这种融合又是伴随着战争与杀戮而进行的。这种战争包括本地部落之间的，也包括本地民族与北方王朝之间的，总之这个时代是血与火的时代，也是文化融合的时代。中国文化是一个多民族融合的文化体，有学者认为“龙凤呈祥”是北方文化（龙图腾）和南方文化（凤图腾）融合的产物。由此可以推测“龙”“凤”本身就是一个不同动物代表不同民族文化融合的远古图腾。

在这样的历史环境中，左江流域先民特别需要一个神护佑族人，一个强大而有力的领袖，引领族人在战争中获得胜利，在和平中得到保护，这样的时期产生对神化的祖先进行图腾崇拜是合理的，其他地区的民族图腾崇拜也是如此产生的。

今天，这个充满血与火的历史早已成为往事，但代表着那个时代精神的左江花山岩画却被保留了下来，这些沉静、符号化的线条和轮廓可能有些僵化，但又可以看出它们的庄严、神秘，神秘中有几分稚拙，稚拙中又有几分可爱。这种美李泽厚在《美的历程》中称之为“崇高”，即“壮美”。“想当年，它们都是火一般的炽热虔信的巫术礼仪的组成部分或符号标志。它们是具有神力魔法的舞蹈、歌唱、咒语的凝冻化了的代表。”李泽厚《美的历程》中曾这样描写远古图腾和原始歌舞。

这正是左江花山岩画的文化内涵之所在，它是文化的沉淀，是左江花山岩画魅力产生的原因。文化的内涵是内在的规律，如果具体地量化，或者外化，则必须以花山岩画这种艺术形式作为载体，自古文化都以诗歌、绘画、舞蹈等艺术形式表现出来。左江花山岩画的外形美、造型美和色彩美等元素，则又可以由外而内，反映其文化内美。

左江花山岩画中的人物外形多以蹲式、舞状、蛙形为主，状如剪纸。这种蹲式给人以动感，大规模的人舞动着，使画面产生一种律感和节奏感，从而给观赏者一种不可言说的美感。岩画中人物的造型简练、概括、半写实半抽象，看上去却十分逼真，观众仿佛从画中可想象到原始歌舞的神秘、热烈、豪放……岩画本身的色彩是血红色的，红色本身有着特殊的意义和美感，在此不多论。但这种红色的画与灰黄色的背景结合在一起，另一种色彩搭配之美由此产生。

上述三点，不管是律动和节奏感，还是半抽象半写实的造型，都能给人一种感受的真实，或者画和背景产生的色彩和谐美，如此种种，都能让人联想到中国画的写意手法。

三、左江花山岩画和中国画的联系

左江花山岩画的画法是平涂出人形，是平面的，如同红色剪纸，给人的感觉如同一个红色的影子，不知道是当时左江人的绘画技巧不高而选择了这种“影子画法”，还是有其他原因呢？

中国有关“影”的解读有很多，古人甚至认为影是人的魂，形不离影，影不离形。影子画法有一个好处，就是它能省略掉真人的细节刻画。但是影又是真人的投射，所以又能传达真人的动态、特征，传达出真人的神韵。

中国画中关于形和影的画论不胜枚举，月夜竹影和树影，投影在墙壁或者窗纸上的故事屡讲屡新，有诗云：“问我何处得粉本，雨淋墙头月移壁。”

影是物体形的投影，物体是实的，影是虚的，物体是复杂的，影是简洁的。所以这种影子画法在中国画中扩展成“舍形而悦影”“离形得似”“不似之似”等画论，这些正是中国画的精神所在。“离形而得似的方法，正在于舍形而悦影。影子是虚，恰能传神，表达出生命里微妙的、难以模拟的真。这里恰是生命，是精神，是气韵，是动。”（宗白华《美学漫话》论形与影）

东晋顾恺之关于画人物“传神写照”的理论和花山岩画中这种影子画法精神上是相通的，出现的时间也较近。左江花山岩画中这种影子画法是以形的特征，传达出神的逼真。虽然形简练概括，甚至半抽象半写实，却神韵十足。这与中国画不抽象不写实的意象画法是相通的。

还有一点与中国画相通的地方，就是大小对比手法。如花山岩画中王高大，王四周人小，离王越远人越小。用四周的小人烘托出王的高大神圣，这在中国人物画中是很普遍的手法。

总之，由中国画的画法和中国画的画论反观花山岩画，可以看出左江花山岩画与中国画文化内核是相通的，也可以说左江流域当时南北文化的融合已经达到文化内涵的融合。这和前面写到的左江流域古人在绘制左江花山岩画时期，一直是在北方王朝的管辖之下的历史是相符的。

四、左江花山岩画在美术创作中的运用

研究左江花山岩画的目的是学以致用。我们如何传承左江花山岩画的美学精神，如何把左江花山岩画的元素融会到美术创作中？左江流域画家一直在思考和探索着。

艺术的本质在于创新，什么样的创新才称得上是真正意义上的新呢？“新”不是简单的外貌的新，如可乐瓶在古代没有，我们画可乐瓶是创新吗？这些还只是外在的。

真正的创新在绘画方面，必须经历三个过程：其一，艺术源于生活，绘画也离不开生活，生活阅历丰富到什么程度，对生活的体悟到什么深度，都与绘画创作息息相关；其二，任何一门绘画发展到今天都有着完备的理论体系和技法体系，不去研究过去人的“经验大山”，想“自立山头”是很难的，必须站在“传统巨人”的肩膀上，才能取得一定的成就，因此继承传统的多少、理解传统的深浅与绘画创作关系也十分密切；其三，个人对于绘画的悟性。个人对生活，对传统有没有“化功大法”，对生活和

传统进行消化和转化也很重要。自古以来泥古不化的仿古画家与模拟自然真实的画家有很多，模拟自然真实的画家是对生活提炼加工不够，仿古画家则是对传统消化不够，这两类画家必须经历第三关，就是画家内心的创作加工过程。古人云：“师古人不若师造化，师造化不若师心自用。”“外师造化，中得心源。”都说明创新的过程必须经历学习传统、学习自然、内心转化三个过程。

具备上面三点是创新的必备条件，同时还得选择一个好的题材作为创作对象。范宽以终南山和华山为创作对象，荆浩以太行山为创作题材，黄公望以富春江为基地，沈周一辈子没出过吴中。广西画家黄格胜以少数民族山寨为题材，形成自己的风格。但凡大画家都有自己的创作题材、自己的写生创作基地以及自己生活的区域文化。可以说，画家是有地域性的，俗话说“民族的才是世界的”。

基于此，我们左江流域的画家，是不是可以以左江花山岩画为创作题材，以左江流域的文化和人文环境为生活、写生、创作的基地，创作出属于左江流域特色的美术作品，完成本土画家美术创作的创新之路？

美术创作之路很艰辛，如女人生孩子，如有新意更可喜可贺。艺术创作充满变数，因此呈现出的作品也因人而异，各具面目，百花齐放。左江流域画家群在花山题材美术创作中各选取一个点进行突破，或者说各有侧重，张建东、陈智勇、刘应军等画家的花山题材美术作品，从左江花山岩画的色彩美方面入手；韦艺丰、何家福等画家的花山题材创作以左江花山岩画的影子手法为切入点，梁华强的花山题材美术创作从形、色以及构成元素着眼，张锦春的花山题材创作手法取法于左江花山岩画与中国画相通的写意精神，用传统水墨与花山岩画人物相融合，进行探索创作。附张锦春作品《血色花山》（图2），并对其进行简要分析：

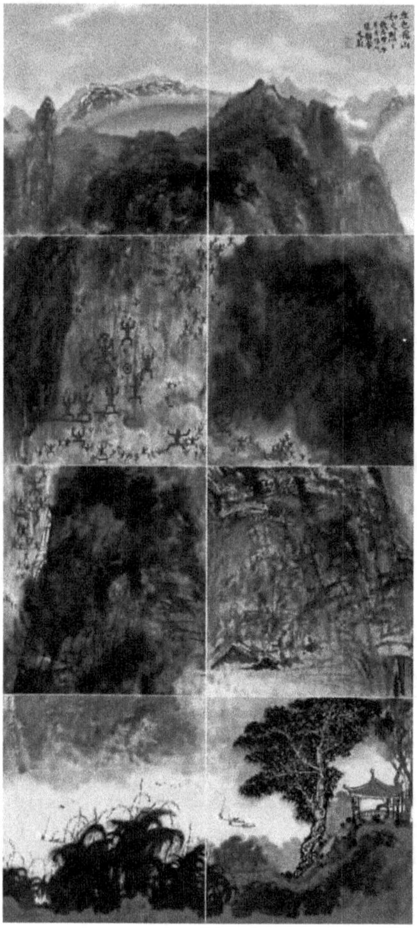

图 2 《血色花山》（中国画 190cm × 90cm 张锦春）

第一，尊重自然的真实，不描摹自然。画面有左江流域的地貌特征，左江悠悠，毛竹轻舞，渔舟唱晚，幽鸟相逐，古树高耸突兀，空亭待人，山色灰黄，人影如血，天蓝水清，白云自闲。

第二，以传统水墨技法为主，以其他手法为辅。画面总体感觉是一张全景式构图，画面分前、中、远景，构图法为高远法。前景有毛竹、古树、空亭，这些物体统一在一长长的坡岸上，中景前景被江分开，前景高大的树木穿过江面与中景发生联系。中景是主体，即为有花山岩画的山体。中景是主景，面积大，占画面的三分之二，中景的山体上主要表现有岩画的“花山”，左江花山岩画中的血红色很美，很红，很正，作者不愿意降低这么美的红色的纯度，因此背景的底色必须够重，墨色必须给足，这样才能镇得住红色，使画面和谐。在画山体时反复皴染，层层深厚，如同泼墨的夜山。画面的红色面积得小，但数量要多，要有一定的规模，才能产生气势。张锦春表示创作过程中充满矛盾。远景是山峰，更远是天空。天空他用传统的技法“借白为云”，蓝色染天空，留白即是白云，看上去还较现代。

在左江花山岩画元素借鉴方面，主要利用岩画中的红色美，红人的造型美，岩画中红人组合的规律美和秩序美。在画此画的过程中，为保持红色的纯正，画面重要位置，利用红色宣纸剪出红人，再用胶水贴合在宣纸上，其他次要位置则以朱砂色画出红人，朱砂干后色略淡，正适合次要位置。红人的置阵布局很有意思，几经经营，增添了画面的神秘气氛，使整幅画看起来古而新。

花山岩画铜鼓图像蕴含的壮族体育文化及其传承发展研究

董必凯　何卫东

摘　要：从花山岩画铜鼓图像来看，壮族先民许多有关铜鼓的社会活动形式中蕴含了壮族体育文化的雏形。这些壮族体育文化承载着原始壮族先民身体活动的记忆，具有竞技性、健身性、娱乐性和整体性等特性。在花山遗产区域壮族村落，铜鼓图像所蕴含的壮族体育文化通过各种各样的形式、载体得以传承和发展。在世界文化遗产视域下，应加大对花山壮族体育文化内涵的挖掘力度，探索多样化传承载体；加强对花山壮族体育文化的宣传和展示，加大民众参与度；搭建多样化传承平台；积极扶持和培养壮族体育文化传承人。

关键词：花山岩画；铜鼓图像；壮族体育文化；传承；发展

中国自殷周以来，北方青铜文化以“铜鼎”为代表，而南方在青铜时代最具有代表性的器物便是铜鼓。铜鼓不仅可用于娱乐、祭祀、战争等，它同时也是权力的象征。目前，在南方少数民族中仍然保存并使用铜鼓。铜鼓是南方民族祭祀重器，平时不能轻易敲打，其本身具有重要的文化功能。在广西宁明花山岩画中发现以铜鼓为题材的诸多图像，其中蕴含着体操的队形队列与阵形的变化、壮族体育舞蹈、壮族武术、壮族军事体育、壮族划龙舟、壮族投绣球和壮族体育健身娱乐等形式。本文试图就花山岩画中铜鼓图像来探讨其中所蕴含的壮族体育文化内涵、特征与其现代传承以及在宁明花山岩画文化景观“申遗”成功后，在世界文化遗产视域下，如何促进花山壮族体育文化的传承与发展。

一、花山岩画铜鼓图像中蕴含的壮族体育文化雏形

中国是目前世界上出土并收藏铜鼓最多的国家，有1400多面，广西是中国现存铜鼓最多的地区，有600多面，仅广西博物馆就珍藏有300多面，世界上最大的铜鼓也出土于广西。广西的铜鼓制造有着悠久的历史，广西宁明花山当地的壮族先民亦学会制造铜鼓，且制造工艺和造型达到相当高的水平。以下结合花山岩画中铜鼓图像的类型、祭祀和击铜鼓跳舞的活动场面分析其中蕴含的壮族体育文化雏形。

结合花山岩画中圆圈特征的分析。根据圆圈（图1）的特征，可以将铜鼓图像分为六种类型：鼓面纹饰；鼓面有日体，无芒及晕圈；鼓面有日体，有芒，芒多在四至八芒间，无晕圈；鼓面有日体及一层单弦晕圈，无芒；鼓面有日体，有芒及一层单弦晕圈；鼓面有日体，有芒及双层单弦晕圈。从图1可以看出，图中的图像一般作圆圈状，圈内中心有日体，日体外有芒体，有的画出了晕圈。罗勋认为，太阳属于鼓心，向四周辐射光芒，是天空的主要标志[①]。太阳纹很特殊，光芒锐长如针，或成锐角三角形，有的光体与光芒有分界线，象征阳光灿烂；有的光芒分叉；有的光芒尖还穿透若干个晕圈，表现出骄阳似火，力透苍穹的神奇力。在壮族布洛

① 罗勋：《试谈铜鼓、崖壁画与壮族神话的内在关系》，《中央民族学院学报》，1991年第1期，第84-88页。

陀神话中，太阳的光芒乃是造太阳时布洛陀将蛟龙的眉、睫毛贴上去形成的，故光芒纤细刺目，富有神力。

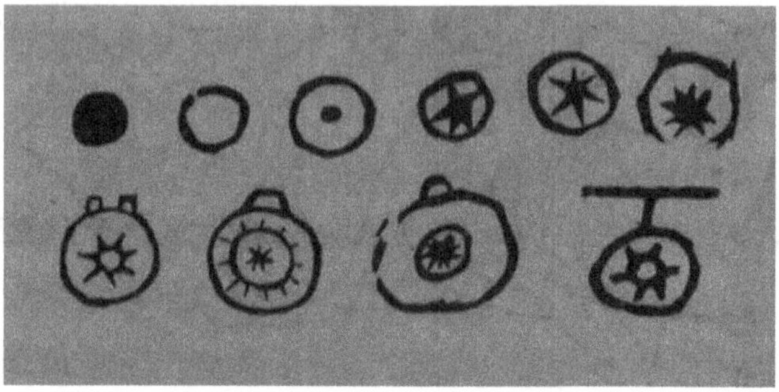

图1　花山岩画中的铜鼓图像[①]

崇拜日神是中国古代各民族崇敬自然界的一种表达方式。壮族先民崇敬过的图腾天象就有太阳这一类型，关于日、月、星辰等天体图像的崇拜在花山岩画上就有体现。壮族神话把铜鼓看成地上的星星，在铜鼓面上铸上光芒四射的太阳，壮族先民认为铜鼓是忠诚勇敢的卫士，在当时恶劣的自然环境下，敲响它们可以帮助人们杀死毒虫恶兽和妖魔鬼怪，老百姓才得以生存下来，过上安宁的生活[②]。

结合以上分析，壮族先民对天体图像的崇拜，需要民众既服从天体的领导指挥，又要在自然环境中强身健体和团结，这样才能像铜鼓那样成为忠诚勇敢的卫士，这是壮族体育文化原生态的表现，是壮族体育文化的雏形，其外在可以使民众强身健体，内在可以培养民众的团结、忠诚、勇敢，进而实现本地区与部落安宁和幸福的精神诉求。

---

① 图1 ~ 图3来源于广西壮族自治区文化厅文物处、广西壮族自治区博物馆《广西左江花山岩画》，文物出版社1988年版。

② 梁庭望：《壮族风俗志》，北京：中央民族学院出版社，1987年，第24页。

结合壮族先民祭祀和击铜鼓跳舞活动场面的分析。图2和图3是花山岩画中所展示的大型祭祀活动和击铜鼓跳舞的场面，岩画中铜鼓图像映射出壮族先民崇拜铜鼓的宗教信仰。从图2和图3可见，在众多的仪式中，壮族先民将铜鼓作为崇拜的对象及工具。从这些岩画中的铜鼓图像及组合来看，其反映了壮族先民对铜鼓的崇拜、敬畏心理，是当时宏大仪式场面的真实写照。此外，从当时壮族先民的社会生活来看，壮族先民崇鼓、祭鼓的仪式形式多样。岩画画出的一个个虔诚歌舞的膜拜者，有的置鼓于地，围而起舞，有的悬鼓于上，于鼓下歌舞，并有以人祭鼓的场面。以铜鼓为题材组成的图像，体现着壮族先民在集体活动中诸多如体育项目中体操的队形队列与阵形的变化、壮族体育舞蹈、壮族武术、壮族军事体育和壮族体育健身娱乐等形式。而其中一些信仰与崇拜活动中的流程与步骤，至今仍在南方一些少数民族中流传。

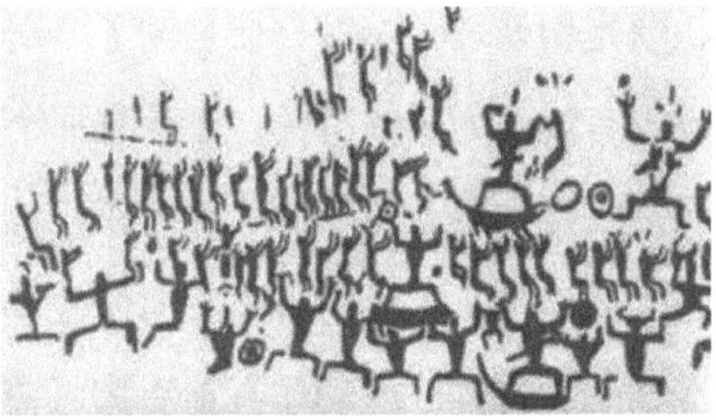

图2　大型祭祀活动的场面

图3　击铜鼓跳舞的场面

结合以上分析，古代壮族文化体系以铜鼓为基点，铜鼓文化蕴含在该民族价值观念、政治权利、管理机制、图腾崇拜、宗教祭祀、民族习俗、军事作战、农耕劳作、大众聚会、欢庆娱乐和体育活动等社会活动形式中，民众拥有强壮体魄和追求安宁幸福的心理诉求，形成了古代壮族体育身体与精神共存一体的观念，在各个社会活动中凸显其多样性和重要作用，是壮族体育最原始的雏形。

二、花山岩画铜鼓图像所蕴含壮族体育文化的特性

从岩画里的铜鼓图像来分析，其所蕴含的壮族体育文化具有如下特性：

其一，竞技性。竞技性是民俗体育活动中竞争意识的体现。壮族铜鼓比赛世代相传，历久不衰。比赛是在村与村、峒与峒之间进行，主要有两种形式，一种是双方拿出铜鼓，各在一个山头挂起，或者以河为界，双方各自敲打自己的铜鼓，一面敲打，一面派人探听对方的鼓声，如果对方打不出声音，就说明对方铜鼓哑了，或者裂了，便判定对方输了；另一种形式是双方同在一个山坡上立好支架，挂上铜鼓，双方鼓足对鼓足（口），并用红布条把双方鼓足箍在一起，洒上水，喷上酒，然后双方拼命敲打，人停鼓不停，一直打到对方铜鼓哑了，或是铜鼓裂了，对方便是输了。铜鼓比赛表现了壮族特有的民族韵味，不仅有浓郁的民俗特色，还具有那个时代的精神风貌，体现出壮族先民们顽强拼搏的民族精神。

其二，健身性。但凡有铜鼓的地方，人们都觉得敲打铜鼓不但使人欢乐，而且村屯温暖，人心沸腾，心情舒畅。敲打铜鼓的动作有正面打、转身打、翻身打，具有动作粗犷、情调高昂的特点，体现了壮族人民质朴、强悍的气质和勇敢顽强的民族精神。打铜鼓时节奏由快到慢，鼓声时分时合，利用节拍的交错奏出特定的旋律。应用现代运动医学分析，打铜鼓时的身体活动，可以发展人的力量、耐力等身体素质，提高有机体对各种环境的适应能力，从而促进身心健康，使精力充沛。

其三，娱乐性。敲打铜鼓是一种娱乐性很强的活动，即使在繁重的劳动条件下，仍不失为一种具有艺术性的娱乐方式。鼓歌声中，人们忘却了

疲劳，鼓舞了精神，并通过娱乐性的歌唱寄托人们的追求和向往，宣泄心中的苦难和怨忧之情。这种活动日益成为人们改善生活方式和提高生活质量的重要内容，为人们提供了一种有益的消遣，给人们带来欢乐和幸福。

其四，整体性。壮族先民在特定场合借助击铜鼓发出有节奏的声音，欢快跳舞，通过族群的首领指挥，局部又由数个小首领协助与引领，带动数个不同分工的个体组成一个完整的团队，形成一个完整的人事组织结构，完成以事达情的心理诉求与表达方式。这一整体性显现了壮族当时的管理机制，与当前体育管理方式和团队组合极其相似。

三、花山岩画铜鼓图像所蕴含壮族体育文化的现代传承与发展策略

在花山遗产区域壮族村落，铜鼓图像所蕴含的壮族体育文化通过各种各样的形式、载体得以传承和发展，例如，白鹭舞、抢花炮、击鼓、花山壮拳、舞龙与舞狮等就是左江流域田园生态景象和壮族体育文化的结晶，是壮族村落中最生态化的文化记忆[①]。

当前，这些壮族体育文化在政府的积极扶持下得到了一定程度的发展，但要获得持续性的发展，还需要积极探索有效的传承与发展策略。

（一）现代传承

2015年1月20日，广西文化厅公布了从国家文物局传来的好消息：左江花山岩画文化景观有望于2016年代表我国申报世界文化遗产，广西

① 董必凯、何卫东：《广西花山岩画蕴涵的壮族传统体育文化及其现代传承发展》，《广西社会科学》，2015年第4期，第51-54页。

有望实现世界文化遗产零的突破[①]。2016年4月完成了左江花山岩画文化景观"申遗"专题片的制作，并对外进行宣传。经过一年多的多方努力，2016年7月15日，在土耳其伊斯坦布尔举办的联合国教科文组织第四十届世界遗产委员会会议上，左江花山岩画文化景观"申遗"成功，成为我国第四十九项世界文化遗产，也是广西第一项世界文化遗产[②]。左江花山岩画文化景观现已被提升到世界文化遗产范畴，这对于广西花山壮族传统体育非物质文化遗产基地建设有积极推动作用。

近年来，广西积极将壮族传统体育融入中国—东盟自由贸易区发展的大格局中，形成了"走出去"与"请进来"的立体组合的思路，以中国—东盟系列体育赛事、体育基地、体育论坛、体育人才培训、体育产业城与体育园区为重点，以广西高校与孔子学院为平台，面对国内以及东盟各国传播优秀的壮族传统体育文化。同时，按照"发挥广西与东盟区域优势，启动与建设一批体育工程"和"积极服务国家战略，拓展广西与东盟的对外体育交流合作"的思路，实施了中越边境（广西）全民健身工程、广西"国门风采"全民健身示范工程、中国—东盟体育产业发展论坛、亚洲及大洋洲地区大众体育合作发展论坛暨中国—东盟大众体育合作发展论坛，通过相关工程与论坛的实施，共同致力于将论坛打造成为本地区大众体育信息交流、产品展示和项目合作的高规格平台，进一步促进壮族传统体育文化发展。花山岩画文化景观"申遗"成功后，宁明花山景区作为世界文化遗产地，享有"世界的花山，人类的遗产，中国的奇迹，民族的瑰宝"的美誉，借助这一优势，崇左市政府积极通过文化、教育、

① 罗劲松:《传播广西精神演绎壮乡精彩——广西文化大发展大繁荣记事》,《广西日报》，2015-01-20。

② 吴秀欢、周仕兴:《中国广西左江花山岩画文化景观成功申遗》，2016-07-15，http://news.xinhuanet.com/politics/2016-07/15/c_129150224.htm.

艺术、旅游、体育、交通、农业等方式，打造左江花山岩画文化的名片，传承发展壮族体育文化。2016年9月，崇左市教育局和宁明县电视台积极将花山拳传承人甘敏整理出来的花山壮拳进行整合，构建了以甘敏为核心的宁明花山壮拳团队，积极向全市中小学校全面推广宁明的花山壮拳。除政府部门外，当地学校及老师也为此做出了努力。例如，广西民族大学何卫东教授也将近年来整理出来的《花山武舞》向中外师生和同行进行表演和教育宣传。广西民族大学和广西民族师范学院在各自举办的年度校运动会上，积极引入民族体育中击鼓助威、板鞋竞技、投绣球和背篓抛绣球等项目，向中外师生进行表演、展示和宣传。

（二）发展策略

当前可在世界文化遗产视域下，借助有利条件与平台，促进壮族体育文化的现代传承与发展。具体做法如下：

其一，加大对花山壮族体育文化内涵的挖掘力度，探索多样化传承载体。要促进广西宁明花山地区的壮族体育文化健康发展，首先要将植根于该地区的壮族体育文化内涵挖掘出来，并探索多样化传承载体，加强保护与传承。当前宁明花山地区已经挖掘并发展起来的壮族体育文化项日有壮族体育舞蹈、壮族武术器械、花山壮拳、壮族健美操、壮族啦啦操、壮族划龙舟、壮族投绣球、壮族背篓抛绣球、水上牛拉爬犁、白鹭舞、抢花炮、击鼓、舞龙、舞狮和壮族体育健身娱乐等，在宁明花山景区被列为世界文化遗产地的背景下，更要加大当地壮族体育文化内涵挖掘力度，并以更多样化的形式载体予以展示。

其二，加强对花山壮族体育文化的宣传和展示，加大民众参与度。花山岩画中的铜鼓图像是传统文化的重要形式与载体，不仅反映了壮族传统体育文化的特征及价值观，而且给当代人留下一段“活态”的文化记忆。对此，必须加强宣传和展示，提高当地民众对自身民族文化及体育项目的了解与认同，从而增强民众的参与度，使这些文化及项目得以顺利传承下去。首先，要保护传习场地、公共场所等壮族体育文化原生场地与活动场所，并充分利用乡村文化馆进行文化展示、交流和互动，激发村民的传承热情，唤起村民的文化自觉，增强村民对本民族文化的信心和对本民族体育项目的热爱。其次，充分构建村落与城镇交流合作的文化通道，通过城镇综合传播平台，扩大壮族体育文化及体育项目的传播范围与影响力。

其三，搭建多样化传承平台。近年来，当地政府通过政治、文化、经济、艺术、教育、农业、旅游和体育赛事活动及论坛等组合方式传承与发展壮族体育文化，这成为现代地方特色文化传播的重要途径与措施。乡村交通、旅游、公共交流平台等与当地壮族体育文化的有机结合，可以培育与提高村民文化自觉与自信，进而促进乡村社会的进步，当地的壮族体育文化及体育项目也会获得较好的传承发展空间。可以考虑充分办好乡村旅游和节庆活动，搭建体育文化传承平台。例如，在旅游开发中建设几个典型的民宿和农家乐，挖掘乡村民俗文化内涵，保护村落特色文化。同时，定期举办民俗、体育与艺术相结合的民间活动及比赛，将植根于宁明花山地区的壮族体育文化及体育项目有效地传承下去。

其四，积极扶持和培养壮族体育文化传承人。当地政府可加大对代表性人物的扶持力度，针对白鹭舞、抢花炮、击鼓、花山壮拳、舞龙与舞狮等项目，在村镇选拔与设立相对应的传承人和负责人，同时加大资金资助力度，提供配套资金和物资供给，鼓励建立师徒传承关系。同时，发挥学校传承教育作用，加强乡土教材的编写使用，培养更多壮族体育文化传承人。

其五，利用左江花山岩画文化景观提升到世界文化遗产平台的机遇，积极与国际接轨，促进本区域的壮族体育文化与国内各少数民族文化和谐共生，与东南亚的相似相近民族文化互利共存，共同举办与承接更多有利于壮族体育文化发展的活动。例如，在中国—东盟博览会、中国—东盟商务与投资峰会期间或前后，举办各种传统体育文化论坛与交流活动，建立中国与东盟国家进行传统体育文化研讨、交流、合作的重要平台和长效机制。

左江花山岩画在景观营建中的应用探究

吴 明

摘 要：本文从左江花山岩画的艺术特性开始分析，对其在桂西南地区的景观项目中的应用现状进行研究，分析其现状中的不足之处并提出了景观规划、形态设计和民族文化发掘等方面的改进方法，最终希望通过区域文化旅游产业的发展实现以左江花山岩画文化景观为代表的世界文化遗产保护路径升级。

关键词：文化遗产；景观营建；左江花山岩画

在桂西南地区的左江流域，壮族先民的世代努力孕育了地方特色的世界文化遗产——左江花山岩画文化景观。申遗成功后，人们对左江花山岩画文化景观的关注度持续升级，花山岩画在旅游景观中的具体应用形态出现了许多变化。围绕着左江花山岩画进行营建的旅游景观项目日趋增多，在追求景观品质的基础上，也应注重旅游景观与左江花山岩画文化特征之间的关联，寻求可持续的旅游发展策略。

一、花山岩画文化景观的主要内容

在文化旅游产业开发过程中，除了原有的自然风光外，左江花山岩画文化景观以独特的视觉形象、神秘的绘制方法和文化魅力不断吸引着人们的关注。

（一）岩画视觉形象

花山岩画的典型单体形态是头戴单羽、双羽饰物的圆首或者方首造型，腰配环首刀或长剑状器物，肢体形态呈手指张开、双腿下蹲状。组合形态则以主体人物搭配周边进行侧躬、舞蹈、划船等动作的群体人物，并出现了一些动物、器物的形态如犬类、铜鼓等造型形态。色彩方面主要为赭红色的图案和棕黄色的山体背景。赭红色能起到激励、鼓舞的作用，和花山岩画目前研究中的主题相对应。

（二）岩画绘制方法

在生产力处于较低水平的时代，在崖壁上绘制大体量的图形是十分困难的。后世推测骆越先民主要通过搭架、浮船、吊索、打孔攀岩、攀爬等方法抵达绘制位置。具体绘制使用类似于平涂剪影的表现技法，将先民日常生活或宗教活动中的场景提炼出来，以原始的抽象图形绘制在河流转折处的岩壁表面，完成了生产生活内容的记录。在旅游景观项目营建中，常将岩画绘制方法运用起来，以用于丰富旅游景观的表现内容。

（三）民间传说及其反映的文化内涵

左江花山岩画文化景观的岩画分布点在朝向、选址、对向空间等方面的相似之处说明了花山岩画本身并非率性而为的艺术创作，而是有计划、有组织的人类活动。关于花山岩画中反映的内容，主要有战争说、图腾说、巫术说、语言符号说等。而近年来普遍认为花山岩画是进行图腾崇拜活动的记录，它是骆越先民原始宗教意识及民俗文化的集中体现。从铜鼓、羊角钮钟等乐器反映出民族音乐中的艺术魅力，从长短剑、环首刀、铜鼓等反映出骆越先民族群的器物文化，发饰内容则反映了岩画绘制年代的审美情趣和生活习俗。这些内容是对左江花山岩画文化景观中丰富和繁复的文化特点的集中体现。

二、花山岩画在旅游景观营造中的应用现状

岩画中那种迥异于现代生活的生活状态以剪影画的形式出现在现代人的眼前，让现代游客在饱览桂西南地区独特的自然风光之余，又能细细品味本地区源远流长的历史文化。而目前主要有以下几种方法将其运用到旅游景观的营造中。

（一）缩微景观

缩微景观的使用，是指将花山岩画的整体印象包括山体、崖壁及河流等在一些特定的场所如博物馆、主题公园等进行设置，壮族博物馆中的花山岩画崖壁缩微景观结合所在建筑的社会功能对花山岩画的主要崖体景观进行了再现。缩微景观不仅仅应该进行花山岩画画面和场景的模拟，还应该结合左江流域花山岩画的不同区域特点缩微不同的场景，使其更富有表现力。目前，花山岩画由于历史年代久远，画面许多内容已经出现残缺，甚至整面岩画内容模糊不清面临消亡的危险，缩微景观不仅应该是一种岩画内容的再现和重复，还应该结合关于花山岩画内容的研究将缺损的岩画内容在缩微景观中进行完善和推演。将旅游景观的欣赏特点和岩画保护的研究特点进行结合。

（二）界面装饰

为了彰显本地区作为骆越文化发源地的优势，同时突出古代壮族先民遗留下来的宝贵精神财富，许多景区的人流集中活动区域——景区入

口、图腾广场、民歌舞台、文化长廊、酒店等区域的立面效果都植入了以花山岩画艺术形式为代表的民间美术元素的内容，同时也有以其他民间美术元素为题材的景观小品如以民族图案为造型内容的图腾柱、以壮族铜鼓为原型的民歌舞台背景等。室内空间墙体立面也可以使用这类元素，比如明仕酒店的部分客房内部也有以花山岩画艺术形式为原型设计的客房背景墙，其中就对花山岩画进行了艺术性的处理。在色彩的运用上突破了原有花山岩画的色彩组合，采用红底白图的经典搭配，将感染力强的红色色块作为背景，白色图形浮于其上，减轻了红色在心理上带来的张狂和不安，一些景区的独立小院外墙上也有以花山岩画小人进行创作的窗花图案，在构图时采用中心发射式的构图形式，将花山岩画人物造型置于漏窗的中心区域，四周搭配着发散式的图案纹样进行排布。

（三）光影效果

崇左壮族博物馆的外立面采用金属工艺和玻璃幕墙相结合的表现手法，将花山岩画的人物形象错落地布置在建筑的外立面，在树立花山岩画主题的艺术形象的基础上还采用了类似于园林中“漏窗”的效果，通过光线形成一定的光影效果，形成一种虚实对比的视觉效果。

明仕田园临河餐厅正立面区域的装饰方面使用花山岩画的人物造型，结合餐台的内置光源展现了良好的灯光装饰效果。在空间的整体艺术处理中，使用暖色灯光营造休闲温馨的就餐环境，同时面向着游客就餐区进行良好的文化形象展示。

崇左市市政广场的地面铺装中使用了花山岩画中的经典群组画面制作特色地灯，地灯将磨砂材质和内置红色光源进行结合，白天展现了朴素的地面铺装图案，而华灯初上时，地灯在周围硬质铺装低照度的环境下，红色的花山岩画人物造型画面显得分外显眼，以其特色的光属性为所在地区人群活动聚集地中点亮民族文化的“灯光效果”，将民族文化元素自然地融合到景观的基础设施中。

（四）软景应用

景区的营造除了自然的山水景观之外，还可以使用“借景”的方式在硬质景观和自然山水之间的边缘地带以软质景观的形式进行，在灌木拼花、本地特色景观乔木的造型中加入花山岩画的元素，形成自然山水和硬质景观之间的过渡带，不仅可以使两种景观之间的结合更加和谐，还能顺利完成不同景观之间的“借景”。

软景除了借景外，造景也是非常重要的内容。如现在很多地区的景观软景就结合农作物或花卉的规模化种植，利用图底关系或者色彩对比等方式完成。进行合理的设计后，让平时较为普通的植物元素成为造景的主体，丰富旅游景观的内容和层次。例如位于左江流域的明江镇花山田园，农民将不同颜色的稻作物“拼组”出花山岩画人物形态，让植物图案成为旅游景观的核心内容。

三、花山岩画在旅游景观营造应用中的不足及改进方法

由于开发年限尚短，开发规模较小，花山岩画文化景观尚未得到充分开发，旅游景观项目也存在一些不足之处，如现有设计样式缺乏创新、应用范围狭窄、未深入发掘景观的文化内涵、文化景观所在区域尚未进行整体规划等。笔者主要从以下几个方面提出相应的改进方法。

（一）创新设计形态

少数民族文化类艺术题材经过艺术家多年的创作和发掘，逐渐形成了具有代表性的文化艺术符号。但由于其历史断层形成文化内容“碎片化”的情况，具体形态在不同历史时期和区域会出现一定的变形。在进行旅游景观创意时，可以大胆地引入多种形态的艺术风格进行设计，如一些造型

原型本身较为模糊，只呈现了片段式的艺术形象，可以使用立体化、植入式的方式让人物造型饱满起来；在色彩的运用上，花山岩画本身的色彩偏鲜艳，可以使用现代色彩学重新进行色彩组合让旅游景观的色彩配置更贴近现代人群的审美认知习惯。

（二）扩展花山岩画在旅游景观中的应用范围

旅游景观的开发应扩展到与核心景观相关的旅游产品中。它不应只局限于传统的“静观”，还应发挥“动观”的作用，如反映地区人文历史、生活百态的景观展演。它是旅游景观在文化层面的外延表现，包括舞台、灯光、服装、表演内容等具体设计内容，景观展演已成为旅游景观中不可或缺的内容。目前，左江流域的宁明县正在建设的花山实景演出项目和音画夜游项目，就是扩展花山岩画运用方式的尝试和探索。此外，将特色旅游景观内容以绘画作品、动漫卡通作品等图形形态出现在门票、明信片等便携性纪念品上，并通过网络平台进行推广，有效开拓了左江花山岩画文化景观的应用范围。

（三）深度挖掘花山岩画的文化内容

花山岩画创作的时代背景和民间传说是骆越文化中的精髓。开发旅游景观时应将其蕴含的文化内容如动态场景、民族服饰、故事传说等运用起来。如大新县明仕田园景区注重壮族“历史文脉”在景区设施中的运用，并体现在对壮族文化元素如花山岩画等内容的发掘上。在景区中央图腾广场，使用了象征广西12个世居民族的图腾柱围绕着中心形似火炬的建筑形态，并使用了以花山岩画和壮锦图形为原型的人物形态。花山岩画人物形态带有清晰的少数民族文化形象，结合场所使用功能进行虚拟场景模拟，让游客在直接体验中了解壮族“历史文脉”的独特韵味。这种类型的景观营造需要将文化内涵表象化、具体化，并依托实际的场景载体进行表现。

（四）整体规划文化景观周边区域

左江花山岩画分布区域，主要呈现带状形态分布在左江两岸的山崖石壁上。周边区域还分布有民族村寨、自然保护区、田园山水等景观内容。对其整体区域进行合理规划，将分布点、河道、周边区域等有机地结合起来。并根据基础设施现状和政府总体规划修正景观规划方案，完成花山岩画及周边区域整体景观的优化方案。

具体实施可基于对花山岩画文化景观的生态结构层次，从景观生态学的角度将花山岩画文化景观初步划分为“岩画分布点（斑块）— 河道（廊道）— 周边区域（基质）”等部分的内容。通过对左江花山岩画文化景观周边区域的合理规划，打造左江流域文化旅游带，通过“斑块 — 廊道 — 基质”理论对左江流域的花山岩画分布点、河道、地台等内容进行整体规划，按照年代分布、地理位置等内容逐步进行建设，不断完善道路设施、景区内容等，对文化景观及分布区域进行整体规划设计。

结语

花山岩画文化景观的发展不应只依赖于岩画本身的艺术特质，还需要围绕花山岩画的母题进行相应的研究和开发。结合现代旅游景观的营造，应依托秀丽的田园风光和人文环境，打造以左江花山岩画文化景观为核心的主题旅游景观。在营造过程中须将以花山岩画为代表的壮族历史文化放在核心位置，展示景观设计中文化遗产传承和旅游景观开发之间的共生性。依托山水大环境，漫步于各类旅游景观营造的人文小环境，将自然和人文元素融于一体，这不仅为桂西南地区旅游景观特色发展提供了一种建设方法，也为大众旅游时代旅游景观中世界文化遗产的保护与传承开拓了新的思路。让旅游景观项目在保护世界文化遗产和发展文化旅游经济之间充当黏合剂的作用，既能将民族地区世界文化遗产转化为文化旅游产业发展的外在驱动力，也是遗产类文化景观保护及传承路径升级的重要探索。

花山岩画图像的形式美及其在绘画创作中的运用研究

梁穆穆　陈　锋

摘　要：花山岩画图像的色彩、线条、形状具有一定的形式美特征。主要体现为：对称均衡、对比变化、重复与韵律、单纯的色彩、多样的统一。形式美具有抽象性、相对独立性和可学习性特征。形式美具有一定的科学性。花山岩画的形式美法则对于目前桂西南的绘画、文艺创作具有一定的借鉴和指导意义。

关键词：左江花山岩画图像；色彩、线条、形状；形式美；艺术创作

吴冠中认为“美，形式美，已是科学，是可分析、可解剖的。”[①] 绘画的形式美是由多种因素组成的，如色彩、线条、形状等。花山岩画在2016年7月15日已经成为世界文化遗产，是壮族人民珍贵的文化瑰宝，是独创的绘画艺术作品，具有众多的形式美特征。花山岩画的形式因素，包括线条、色彩、形状等是可以分析的，具有一定的美学研究价值。左江花山岩画图像数量众多，形式独特，在国内外已经产生了巨大影响。目前

① 吴冠中:《绘画的形式美》,《美术》，1979年第5期，第35页。

已经有大量的学者、艺术家进入了花山岩画相关的研究和艺术创作的各个领域。花山岩画具体的形式美需要系统地分析介绍，让人们从中可以了解到人类早期对于自然界形式美的把握并用于艺术创作的能力。这些形式美可用于美术专业教学，也可以被用来指导当代的绘画、文艺创作。

一、花山岩画图像的形式美

花山岩画图像的形式是花山岩画图像所有的视觉因素的组合，包括颜色、形状、线条等要素。壮族先民为了表达有关集体活动的主题内容创造了花山岩画的艺术图像，这些艺术形式语言应是来自他们社会生活生产实践的成果，是长久地对周围自然环境事物观察思考提炼的艺术结晶，体现了骆越先民的生存智慧。

形式美应主要指生活、自然中各种形式因素（形状、颜色、线条等）的有规律的组合。[①] 在自然界中，美的事物的内容和形式应具有统一性特征，美的形式一般不会脱离内容而存在。但在后现代艺术创作活动中，有意味的形式有时候也会直接被当作艺术的内容来表现。在长期的对于事物的审美活动中，人们总结了很多美的规律性法则，这可以被称为美的形式法则。事物美的形式常常可以给观赏者带来美感，这就是事物的形式美造成的。花山岩画图像是由线条、形状和色彩构成的，花山岩画图像的形式语言具有对称均衡美、对比变化之美、重复与韵律感、单纯的色彩、多样与统一性等美的特质。从这些单纯的形式中，人们也可以获得强烈的美感。

① 杨辛等:《美学原理》(第4版)，北京：北京大学出版社，2011年。

（一）对称均衡美

花山岩画图像在整体上具有对称均衡的形式美。正身人形图像和圆形图像是单个图像中对称均衡的典型代表。从图像中可以看出来正身人形图像双臂左右对称地呈直角或钝角弯折上举，双腿对称地向下屈蹲。整个正身人形图像具有左右对称的特征。同时在一定程度上，上肢与下肢之间也具有上下对称性。对于花山岩画的圆形图像，在经过圆心的地方画一条直线，整个图像就会呈现出左右或者上下对称。花山岩画在整体的画面组合上，也具有一定的对称性。这种对称性会给人带来安全、稳定、安静的感觉。这种对称性也会让人产生一种愉快、亲切、轻松、舒畅的感觉，让人能够在心理上和视觉上获得美感。① 花山岩画人形图像和其他图像的组合等在比例上是均衡协调的。正身人形图像在整体与各个部分之间、身体各个部分的比例关系、人形图像与器物图像、动物图像在比例关系上是均衡协调的。这种均衡协调性不具有绝对性，有时候某个图像或者图像的某个部位被故意放大，会显得不成比例，这可能是由于某种文化心理在起作用外在表现为一种心理崇拜。

（二）对比变化之美

在绘画中，线条、色彩、形状等的对比变化的目的是要以美的形式表现丰富多彩的内容，让人们的视觉可以长时间地停留在绘画作品之上。中国画在笔墨功夫上讲究一笔多变，其目的就是更好地表现内容的多样姿态，使表现的内容丰富多彩，生动有趣，让欣赏者获得视觉愉悦感。在颜色上，花山岩画图像的各种红色与崖壁的灰黄色、灰白色等各种色彩，红色图像与周围的环境、天空等的颜色形成了鲜明的对比。在线条上，花山岩画图像的线条变化多样，线条在粗细、力度、长短上具有多种变化，绘

① 广西壮族自治区民族研究所编：《广西左江流域崖壁画考察与研究》，南宁：广西民族出版社，1987年。

画者灵活地使用横线、竖线、曲线、圆弧线等使画面非常丰富。在形状上，可以看到各种圆形图案、方形图案、三角形图案、圆柱形图案等。这些形状被用来表现人和动物躯体的各个部分和各种器物。同时可以看到大的图像与小的图像呈现错落有致的排列。整个画面形式在对比变化中给人以生动有趣，丰富多样的美感。

（三）重复与韵律感

有人认为花山岩画人形图像在整体上具有形式化特征，给人重复的、千篇一律的感觉。但这种重复性，不是一种无意义的重复。从每组画面的整体来看，图像似乎在表现一种集体性的活动，骆越先民正围绕着某个中心、沿着某个方向进行舞蹈。人形图像不是在同一条水平线上行进，而是如同在波浪线上，沿着某个方向行进，给人一种跃动的韵律感。人形图像双臂弯折上举，双腿屈蹲向下是一种不稳定的形式，让人感到下一秒的动作即将到来。腿部不断地弯曲、站立，双手上下摆动，身子前仰、直立与双手的摆动保持一致，整个人不断向前行进。花山岩画图像这种韵律美可以给人带来愉悦感，人们从中也可以感受到艺术的乐趣。人们在观赏这些画面时，目光和头部会随着这些图像上下、左右反复地移动，乐在其中。

（四）单纯的色彩

色彩是光线的组成部分，会影响人们的情绪、想法、行为甚至健康等。艺术家对于色彩进行了广泛而深入的研究，并对颜色进行了类型的划分。如冷色、暖色等。花山岩画图像在色彩上是单纯的红色，属于暖色。花山岩画图像全部是由红色的赤铁矿粉加上一些胶合剂混合而成。“色彩直接影响灵魂”。[①] 这种单纯的色彩在人的内心会产生重要的影响。红色在中国文化的多种场合中都得到了广泛的运用。原始人已经开始将红色粉

① [美]帕特里克·弗兰克:《艺术形式》(第11版)，俞鹰、张妗娣译，北京：中国人民大学出版社，2016年。

末撒在已经故去之人的身体之上，用红色来装饰自己和各种物品等。在花山岩画图像中，红色图像可以激发骆越先民内在的生命激情，实现心灵的净化，获得身心的愉悦。[①]

（五）多样性与统一性

花山岩画图像群在整体上具有多样的统一性，如线条、色彩、形状、人物动作和神态等都既具有多样性又具有统一性。花山岩画图像在形式上的多样性与统一性具体表现如下：在每个图像群组中，不同的人物图像、器物图像、动物图像、圆形图像不是杂乱无章地排列的，而是按照身份地位、空间位置关系、功能作用等有规律地排列的。这些图像大多以正身人形为中心进行排列，整个画面具有一定的叙事特征。在构图上也注重动与静的多样统一、大与小的多样统一、色彩的多样统一等。中心正身人形图像大多给人一种静态感，而周围的人形图像和动物图像等大多给人一种动态感。

花山岩画图像的形式美还有待深入挖掘，以上只是笔者在反复观察花山岩画图像之后的一种认识。人们从不同的文化背景出发，会看到花山岩画不同的形式美特征。希望这个话题可以引起更多有关花山岩画形式语言的讨论。

二、形式美的特征

花山岩画的形式语言是骆越先民在生活生产中对劳动对象和集体活动观察思考的结果。体现了人类的观察能力、思考能力、学习能力。表现在艺术上就是对事物形式语言的观察和抽象。这种抽象的艺术语言以某种能

① 梁穆穆、陈锋：《花山岩画中的骆越先民色彩心理探究》，《大众文艺》，2018年第2期，第122–123页。

力和文化的形式在代际进行传承和发展，具有一定的独立性和可学习性。形式美一般具有以下几个突出特征：

（一）抽象性

人类对形式语言的把握和运用是人类在思维上高度抽象化的体现。绘画艺术体现了艺术家对事物的形式语言把握和运用的能力，是对事物线条和形状的把握和对色彩的感受，及其在艺术创作中将其表现出来的能力。人们通过对自然万物的观察来获得这种能力。骆越先民在日常生活中和集体活动中把握到了事物和集体活动的形式语言，在某种社会使命感的驱使下，将这些形式语言以一定的主题绘制出来。这些形式语言正是骆越先民艺术抽象能力的体现。这种抽象的艺术能力在当时应该还只是处于潜意识阶段，还没有上升到理论的高度。但通过对花山岩画艺术形式的赏析，我们可以感受到骆越先民在艺术上的抽象能力。

（二）相对独立性

形式虽然来源于物质，从物质世界抽象出来，但却不受物质世界左右。相对来说，形式美法则可以独立于物质，以概念的形式存在。在中国画创作中非常注重形式美法则的运用，注重笔墨功夫。人们在观赏中国画的时候，已经远离了真实的对象。米点法适合表现烟雨迷蒙，勾勒的线条可以给人苍劲有力的感受。人们总结了一些形式美的法则，运用于绘画创作，并被不断地学习、模仿、传承。所以从中国画中是最能看到中国人的审美观念的。通过花山岩画图像苍劲有力的线条，可以看到骆越先民坚毅不屈的性格特征，红色的图像也表现了骆越先民生活的激情和对美好生活的向往。

（三）可学习性

形式美具有一定的抽象性和概括性，独立于物质实体，需要专业的人员去研究和总结。形式美在上升到法则之后得到了广泛的认可，具有一定的规律性和普遍性。这时候人们只要掌握了形式美法则之后就可以用这个法则来欣赏各种美的事物，得到美的享受。作为规律性的形式美法则可以被学习，用以指导个人的审美活动和艺术创作活动。人们在学习了形式美法则之后，在欣赏花山岩画图像时就拥有了理论的指引，能够在短时间内欣赏花山岩画图像线条、色彩、形状的魅力。

花山岩画的形式美对于研究美的本质，研究两千多年前人类的审美能力、认知能力具有一定的理论意义和实践意义。人类审美活动一旦开始，审美主体和审美对象之间就建立了某种联系，而不是相互隔离的。美的本质应该来源于审美主体与审美对象的有意义的互动。这种有意义的互动主要体现于审美主体在审美活动中不是被动地接受，而是主动地探究思考形式的问题、美的问题。同时，对于审美对象在自身的物质组成上与后来的审美主体在感情上发生了某种关联，触发了审美主体的审美兴趣。

三、形式美的科学性

中国绘画创作理论历来重视意境的构建，讲究气韵生动，在西方绘画创作、教学活动中非常强调作品的形式美，将各种造型艺术条分缕析地进行划分、切割，用于研究创作或用于美术教学。人们研究出了黄金分割率以及各种构图的法则。吴冠中认为形式因素是造型艺术的显微镜和解剖刀。形式因素也可以用来分析总结中国传统绘画，用来指导美术教学和创作活动。这些具体的形式因素，如不同的颜色、线条、形状等给人带来的感受具有一致性，在创作中能够有意识地选用某种颜色、线条、形状表达自己的思想往往更容易引起观画者的共鸣。整体画面的构建是由这些具体的形式因素组合而成的。在共同的文化中，对于美的形式人们在认识上基本上是一致的。

从中西方的绘画理论传统可以发现中国绘画工作者喜欢从整体上去思考绘画创作问题，西方绘画工作者喜欢从形式因素去探求绘画创作的有关问题。这应该和中西方人的思维习惯、文化传统有关。传统上，中国学者偏向于从整体上思考问题，而西方学者偏向于从具体的形式细节思考问题。随着中西方文化交流的进展，人们逐渐将这两种思维模式进行了融合，并且这两种思维模式不是绝对的划分。古代的中国画家在注重整体画面统一的同时，也会注意形式细节的表现，西方画家在注重细节表现的同时，也会注重整个画面的统一。这也是两种思维模式能够融合的原因所在。

四、形式美与艺术创作

现代美术工作者，通过分析、理解、掌握古代经典的、具有时代特色的绘画作品的形式，可以摆脱今日艺术创作中单纯的、被动的、拘谨的对对象的描摹，从画“像”工作的桎梏中解放出来，尽情发挥和创造美的领域，这是绘画发展中的飞跃。艺术家可以通过对古代绘画作品形式的分析，理解艺术创作的原理，人们的审美心理，艺术创作相关的社会文化因素等来获得艺术的美感，掌握艺术创作的规律和原理以指导自己的艺术创作活动。通过提取古代绘画作品的形式美，根据表意的需要，进行重组变形，以适应现代绘画创作和审美的需求。也可以在形式美的基础上进行自由的艺术创作活动。中国的绘画教学历来重视对古画的临摹，其动因也是为了把握古画中的形式美以利于艺术家的美术创作。在一些艺术家的艺术创作活动中，艺术的有意味的形式已经成了艺术表现的内容，人们在欣赏这些形式的时候也可以获得艺术的美、认知、感动等。

在现代派艺术观念中，人们对形式美在艺术创作的运用上，更注重个人的主观“表现”，追求创新。很多作品故意突破形式美法则，呈现破碎、扭曲、怪诞的艺术形态[①]。这种有意的对形式美法则的突破，可以反映出形式美法则对于艺术创作的深入影响。在以花山岩画图像中各种形式元素作为创作题材时，应大胆借鉴国内外各种艺术创作理论和实践，将花山岩画图像中的各种视觉元素按照内容表现的需要进行不同的重组排列创新，或者重新设计以使其具有时代感，这样才能创作出具有国际水平的艺术作品，才能进一步提升花山岩画在国内外的影响力。这也对美术专业教师提出了新的要求，尤其是花山岩画所在地的地方高校的美术专业，应注重花山岩画在美术专业的教学，和国内外各种艺术理论的讲解、艺术实践创作的介绍。教师应该鼓足干劲深入学习、研究，以求有所突破，为地区民族文化建设、祖国文化事业做出应有的贡献。教师个人的审美能力也需要不断提高，才能不断地提高创作水平。

五、结语

花山岩画作为客体的存在，作为一种绘画，人们对于其“美”的问题，有不同的认识。有的认为花山岩画具有“崇高美”，有的认为花山岩画具有“朴拙美”。如何正确深入地认识花山岩画的“美”，是花山岩画研究领域一个无法回避的问题。从形式美的角度来探讨花山岩画图像是本文的一个尝试，花山岩画作为一种具有原创性、民族性、地方性、时代性的艺术作品，还需要更多的审美主体对其进行持续的有意义的探究思考。

---

① 王受之:《世界平面设计史》，北京：中国青年出版社，2002年。

第三篇

花山岩画品牌传播研究

1985年以来花山岩画研究回顾与展望

——社会科学视角

黄尚茂

摘　要：花山岩画是壮族先民杰出的文化创造。自从1985年多学科、大规模考察花山岩画以后，学术界关于花山岩画研究的成果呈现出新的风貌。通过对近30年来花山岩画研究情况进行概述性回顾，认为人们对花山岩画的研究有高峰期，也有低谷期。而研究的冷热程度与社会环境有很大的关系。

关键词：花山岩画研究；社会科学视角；回顾；展望

广西左江花山岩画属于中国岩画三个分布系统之一的西南系统。[①] 目前，在广西左江流域已发现的岩画点有89个（含189处，300组，图像总数约为5258个）。其中沿江的岩画点有65个，分布在崇左市江州区、龙州县、宁明县、扶绥县4个县区境内，绵延达两百多公里。因其作画年代久远，选地和作画原料的独特性，画面规模宏大、场面壮观、图像众多、

① 陈兆复:《古代岩画》，北京：文物出版社，2002年，第84页。

风格庄严肃穆，颇具神秘色彩而闻名于国际岩画界。

在1985年多学科、大规模考察花山岩画以前，对花山岩画的较大规模考察有两次。第一次是在1956年8月到10月，中国文化人类学领域的开创者杨成志先生主持调查了宁明县明江花山崖壁画。其间在广西政协礼堂举行了展览和报告会，向学术界介绍花山岩画。这是有史以来第一次对左江花山岩画进行有组织的科学调查。① 此后，花山岩画逐渐进入区内外学术界的视野，陆续有关于花山岩画的报道或初步研究文章见于书报。第二次是1962年7月，在时任自治区人民政府领导莫乃群、林克武同志的倡议下，由自治区民族事务委员会组织的由历史学、民族学、考古学、地质学等有关学科专家参加的考察团进行了比较全面、深入的考察研究，考察结束后汇编出版了《花山崖壁画资料集》。这是20世纪80年代以前汇集资料比较丰富的资料集。②

从20世纪80年代人类学、社会学复兴到21世纪人文社会科学研究的多学科交融，不同学科研究方法相互借用，在这样的背景下，花山岩画研究取得了许多重大的成果，为后人研究奠定了坚实的基础。笔者以1985年以来的花山岩画研究现状为基础，回顾近30年来花山岩画研究的主要成果，并对未来花山岩画研究进行前瞻性思考。

依据近30年来花山岩画的研究主题、研究取向、研究方式及其所呈现出的整体风貌，大致可以划分为以下几个方面的研究：全面考察基础上的综合研究、花山岩画的主题与作画目的研究、花山岩画的美学研究、花山岩画的人类学研究、花山岩画传说的民间文艺学研究、花山岩画的保护

① 广西壮族自治区民族研究所编:《广西左江流域崖壁画考察与研究》，南宁：广西民族出版社，1987年。

② 广西壮族自治区民族研究所编:《广西左江流域崖壁画考察与研究》，南宁：广西民族出版社，1987年。

与开发研究、花山岩画的申遗研究。

一、全面考察基础上的综合研究

1985年，广西壮族自治区人民政府组织了由自治区人民政府顾问张声震任团长的“左江流域崖壁画考察团”，对左江花山岩画进行了为期3个月的野外考察。这次考察涉及历史学、民族学、考古学等14个学科，是中华人民共和国成立以来对左江崖壁画进行的规模最大、学科最多的一次综合性考察。其考察的成果主要体现在《广西左江流域崖壁画考察与研究》[①]一书上，该著在花山岩画研究历史上起到了承前启后的作用，其特点主要有以下两个方面。

第一，材料翔实，内容广泛。其资料翔实主要表现在对宁明、龙州、崇左、扶绥、大新五县的崖壁画分别描述上。该著对这五县每一地点岩画的描述都涉及以下几个方面的信息：一是采用汉语拼音和数字相结合的方法标注地点编号；二是精确到秒的地理坐标；三是政区归属；四是位置关系。并且将每一地点的岩画划分为若干处，对每一处又划分为若干组进行描述。此外还附了357幅珍贵的岩画插图。其内容广泛主要表现在该著除了详细、科学描述左江流域各地点的岩画外，还概述了左江流域的自然地理、历史沿革、古代文化遗迹，探讨了崖壁画的年代、分期与族属问题，分析了崖壁画的内容与社会功能，论述了崖壁画的艺术风格，推究了作画技术，梳理了崖壁画与其他文化的关系，最后还提出了崖壁画的保护意见。可以说，其研究内容涵盖了花山岩画研究的诸多方面。

第二，论据充分，论述严谨。花山岩画由于年代久远且历史上没有详

---

① 广西壮族自治区民族研究所编:《广西左江流域崖壁画考察与研究》，南宁：广西民族出版社，1987年。

细文献记载，所以对于作画年代和族属问题人们进行了各种各样的猜测与研究。关于年代问题，该著通过对岩画中典型器物图像、左江流域出土的青铜器纹饰解读以及碳-14年代测定，认为左江崖壁画是在战国早期至东汉这段时间内绘制的。关于族属问题，该著从地理分布、地名、语言、风俗等方面分析了现代壮族与古代越人的关系，认为二者有渊源关系，而根据历史记载，广西的越人应是西瓯骆越，因此得出左江崖壁画的作画民族是壮族先民的结论。关于花山岩画的年代与族属问题，在没有明确文字资料佐证的情况下，这样将社会科学与自然科学方法结合起来进行判断与推理的过程是比较科学的，因此其结论也是比较接近于历史事实的。

然而，也正因为其内容广泛，即便是宏大的篇幅也不能对每一个问题进行精深的研究。这为后继学人留下了就花山岩画某一方面开展专门研究的空间。

二、花山岩画的主题与作画目的研究

岩画主题与作画目的研究是花山岩画研究的核心问题之一。对花山岩画考察与研究的年代、学者的学科背景、考察所用的仪器设备以及时代大环境的不同，导致了关于花山岩画作画主题与作画目的研究的结论差异甚远。总的来说，有以下几种观点。

（一）祖先崇拜说

姜永兴先生的《壮族先民的祭祖圣地 —— 花山崖壁画主题探索》一文考察的着眼点在作画具体地址 —— 悬崖与洞穴。文中首先指出“崖画必定是绘制在断岩崖壁，洞穴四沿或则二者兼有之处”[①]。接着摘录了前人

① 姜永兴:《壮族先民的祭祖圣地 —— 花山崖壁画主题探索》,《广西民族研究》，1985年第2期，第61-67页。

对左江流域崖葬现象的考察文章，然后对当地流传的关于岩画的民间故事进行民族学解读。在对这些材料进行分析的基础上姜先生认为崖、洞必然与崖壁画及其主题存在内在关联，认为花山岩画是一幅祭祖盛典图，而花山则是壮族先民的祭祖圣地。

（二）祭祀蛙神说

梁庭望教授在《花山崖壁画——祭祀蛙神的圣地》[①] 一文中认为花山岩画人物图像是神而不是人，而且这个神是蛙神，明确指出花山岩画作画目的是祭祀蛙神。这个结论基于以下理由：一是远古时期由于生产水平低下，人们认识能力有限，因此，作画的动机是通过宗教的方式满足心理需要和精神欲望，而不是为了欣赏。其鬼影式的图像和历时六七百年相距数百里其风格却高度统一也证明了画面是不同地域、不同时代（从战国初期到东汉）的人们共同信仰的神。二是图像与蛤蟆游水姿势在五个方面相似，图像为人身蛙形，因此认为这些图像为蛙神。三是蛙类本是壮族的图腾，花山岩画图像与壮族图腾崇拜完全吻合。壮族先民冒着生命危险在悬崖峭壁上作画，必然是受到一种不可遏制的集体信仰所支配。就这个问题梁庭望教授认为，花山图像——蛙神是壮族祖先的守护神，具有保护民族繁荣昌盛的本领。因此，壮族祖先把它画在灵魂栖息之所与通天之路的山崖上。

（三）祭祀水神说

中国岩画界著名学者陈兆复教授在《中国岩画发现史》一书中认为花山岩画“最大的意义应当是为了镇水除魔。”[②] 这一结论的依据是古代左江流域水患严重。人们在江流的拐弯处，在悬崖峭壁上作画的目的是用岩画

---

① 梁庭望：《花山崖壁画——祭祀蛙神的圣地》，《中南民族学院学报》（社会科学版），1986年第4期，第18–23页。

② 陈兆复：《中国岩画发现史》，上海：上海人民出版社，2009年，第183页。

艺术的手段强迫自然力量服从于人类，保证其族人不再受侵害。岩画表现出了部落的集体精神和抵抗洪水的信心。

（四）人生礼仪及其演化说

潘其旭在《花山崖壁画——图腾入社仪式的艺术再现和演化》一文中认为花山岩画是“以入社仪式为主体，并渐向繁殖仪式、祭祖仪式和祭神仪式演化，形成多层次文化累积的图腾文化现象。”① 所谓的入社仪式就是人生礼仪中的成年礼仪式。文中认为入社仪式的两个核心因素可以解释花山岩画的主题为图腾入社仪式：一是模仿图腾动作，跳图腾舞蹈以期获得图腾的认同和保佑。花山岩画中人物图像的蛙形舞姿就体现了这一点。二是由部落首领或巫师主持入社仪式。花山岩画中居于中心位置的高大正身人物图像为入社仪式的主持者，而绕其周围的众多体小侧身人物图像为参与入社仪式的青少年。

在花山岩画主题研究中，梁庭望教授和潘其旭研究员都认为蛙类是壮族图腾，花山岩画都反映了图腾崇拜的观念。然而两位学者的观点同中有异，表现在梁庭望教授立足蛙神崇拜观点认为花山岩画人物图像是神的形象。潘其旭研究员从成年礼仪式出发认为人物图像是成年礼仪式场景的再现，而不同时期的图像风格则是图腾仪式产生、演进、累积的过程。

（五）为氏族首领灵魂升天说

刘益之先生在《关于花山崖壁画若干问题的思考》一文中认为“花山崖壁画不是为了庆丰收祝胜利而绘制的，而是为了重送死——为了氏族首领或部落酋长的早日升天，为了本氏族或本部落的繁衍兴旺而绘制

---

① 潘其旭：《花山崖壁画——图腾入社仪式的艺术再现和演化》，《民族艺术》，1995年第3期，第21–40页。

的。"[①] 该文立足于"灵魂升天"观点，分析了花山岩画的一些图像，认为"正身人像"代表死去的部落首领，"犬"为部落首领之物，"侧身人像"为巫祝。岩画中的圆形图案，多数学者认为是铜鼓，但刘先生认为不是铜鼓，理由有二：一是从出土的铜鼓来看，没有一件铜鼓的纹样与岩画上所画的一样；二是铜鼓是一种打击乐器，然而岩画上一个打击动作也没有。从"升天"方面考虑，刘先生认为岩画中带芒的圆形图像代表太阳，无芒的代表月亮。而之所以选择在朝西南方向和山高壁平的崖壁作画是因为每天太阳西落前会照在这高大的崖壁上，又因壁平受光面积大，使得岩画显得特别耀眼，会给先民带来很多幻想。这是刘先生对作画选址独特性的解释。

（六）巫麽信仰说

黄桂秋教授在《巫麽信仰：广西左江崖壁画新探》一文中认为巫麽信仰是左江崖壁画凸显的主题。黄教授从壮族原生态民间宗教巫麽信仰出发，认为花山岩画作画地点的选择与壮族先民宇宙观中的天、地、水三界说观念有关。在高耸的崖壁上作画"上可通天，下可接水，中间连着中介人类，是沟通宇宙天地水的最好媒介。"[②] 壁画上剪影式人像，代表祖先的灵魂，因此，剪影式人像是壮族先民灵魂信仰的表现。而祖先的灵魂要进入永生的境界必须经过巫术礼仪。黄教授进而认为崖壁画上的巫舞是壮族先民超度亡灵的仪式，目的是让英灵得以永生。在文中黄教授还列举了三大佐证来支撑其新论。一是中国南方的悬棺葬；二是左江崖壁画的有关民间传说；三是壮族麽教超度亡灵经书。最后给花山岩画下的结论是"左江崖壁画是壮族先民瓯骆族群用巫舞祭仪来超度那些在战乱中为民族捐躯的

---

① 刘益之：《关于花山崖壁画若干问题的思考》，《艺术探索》，1990年第1期，第17–35页。

② 黄桂秋：《巫麽信仰：广西左江崖壁画新探》，《宗教与民族》，2007年，第141–154页。

亡灵，祷祝牺牲的英魂在天地水三界宇宙中得到永恒与再生。”①

刘益之先生和黄桂秋教授都认为花山岩画“人影”与灵魂崇拜有关。所不同的是刘先生从美术学、美术史的角度来解析岩画艺术，而黄桂秋教授则从壮族及其先民宗教信仰体系来解读岩画，因此其文章内在逻辑性很强，可以说是花山岩画巫信仰研究的代表作。

值得一提的是，关于花山岩画的主题和创作目的研究虽然各位学者各执一说，以凸显花山岩画主题的专一性，但是大都认为千姿百态、绚丽多姿的画面反映着壮族先民生活的方方面面，堪称壮族先民历史与生活的形象写照与生动记录。

三、花山岩画的美学研究

因花山岩画创作的年代久远，而且其创作目的不是审美需要。因此，在20世纪的花山岩画研究中极少有学者从艺术哲学的角度探讨花山岩画的审美性，然而花山岩画本身就实实在在地屹立在左江之滨，让每一位观赏它的人都惊叹于它的壮美。到了21世纪，随着美学的发展特别是少数民族美学与生态美学的发展与进步，学者们开始用审美的眼光来看花山岩画。

袁鼎生教授是一位在生态美学研究领域中取得突出成就的专家。其在《壮族先民的和谐理想 —— 花山岩画的生态批评》一文中认为花山岩画“基于万物有灵观，壮族先民以艺术和宗教魔法相结合的方式，生发出神人相通、神人相悦、神人相和的中介，达成天人相通、天人相和的生态

① 黄桂秋:《巫麽信仰：广西左江崖壁画新探》,《宗教与民族》，2007年，第141-154页。

目的。”[1] 短短几十个字袁教授就把花山岩画创作的思想基础、思维方式、中介、目的阐发得很清楚，并且行文字里行间体现着深刻的生态链意识。在该文中袁教授从“生存和谐”到“生态功利目的”再到“天人相和”最后到“生态发展”的花山岩画生态链论述了壮族先民从生命生存到生态发展的和谐理想。花山岩画的本质是一种生存艺术，而不是一种以审美为目的的艺术。因此，袁教授对花山岩画的美学研究突出了花山岩画的依生之美，并且把花山岩画放在壮族古代艺术的审美场中来考察，认为其具有元典性，衍生了壮族后代艺术的谱系。

从美学角度研究花山岩画的学者还有黄秉生教授。其在《壮族文化生态的奇葩——左江岩画在壮族文化生态中的地位》[2] 一文中综合运用格式塔文艺心理学理论和生态美学理论分析了花山岩画作画地势、画面布局、线条、色彩等因素，认为这些因素的运用使花山岩画在形式方面显示出神秘险峻、宏大壮阔、粗犷强劲、瑰丽灿烂的特征，这种形式特征深有意味，这种意味就是壮族先民在祈求神灵保佑他们，这个神灵也就是黄教授文中所说的“对象、客体”。那时的壮族先民在“对象、客体”面前显得很渺小，所以他们依附、依从、依赖神灵的目的是求得平安幸福。而要得到神灵的保佑，先民们就要全体出动、倾其所有进行祭神活动，而且要虔诚到“非高山难以托其情，是大海才能纳其意”的程度。因此，壮族先民选择在滔滔江水之畔依托于悬崖峭壁再加上布局和色彩在形式上的独特之处创作花山岩画来表达出对自然、神灵的依生，是壮族先民文化生态链中依生美的典范，体现出原始的崇高之美。

---

① 袁鼎生:《壮族先民的和谐理想——花山岩画的生态批评》,《花山申遗论谭》，南宁：广西人民出版社，2010年。

② 黄秉生:《壮族文化生态的奇葩——左江岩画在壮族文化生态中的地位》,《花山申遗论谭》，南宁：广西人民出版社，2010年。

在很长一段时间内，大多数学者被岩画的作画年代、族属、目的、材料、方法等问题所困，没有带着审美的眼光来看岩画，甚至认为相对于当下很多纯粹的艺术形式而言，岩画不具备审美性。因此，岩画的美学研究成果数量还较少，但是袁教授和黄教授从生态美学的角度研究花山岩画，把花山岩画的依生之美，崇高之美阐释出来，体现了研究理论和方法的创新性。

四、花山岩画的人类学研究

人类学主要的研究对象是人类群体的行为方式，也就是人们通常说的文化。因此，人类学最核心的概念是“文化”。花山岩画既为壮族祖先所绘制，属于群体的行为方式，理所当然就成了人类学的研究对象。其实，花山岩画最早的研究者就是人类学家。受到人类学本土化思潮的影响，在这一时期依然有学者对花山岩画进行人类学研究。

左江流域本土学者黄汝训、黄喆在花山岩画研究的系列论文中阐述了花山岩画钟鼓乐器与骆越民族歌舞习俗的关系。① 考察了花山崖壁画附近岩洞葬文化习俗。② 探讨了花山崖壁画先民生业与炎黄农耕文化的关系，认为包括花山岩画文化在内的左江流域文化具有明显的地方特色，同时也深受长江流域文化甚至黄河流域文化的影响。③ 作为本土学者，黄汝训、黄喆的研究注重田野调查收集资料，一些结论颇有见地，自成一家之言。

黄现璠等则探究壮族族源与花山崖壁画的关系，认为要理解花山岩画

① 黄汝训：《花山岩画钟鼓乐器与骆越民族歌舞习俗》,《广西文物》，1992年第1期。

② 黄汝训、黄喆：《花山崖壁画附近岩洞葬略考》,《南宁师范高等专科学校学报》，2001年第2期，第37–40页。

③ 黄汝训、黄喆：《花山崖壁画研究》，北京：中国广播电视出版社，2005年，第46页。

就要联系西南民族的古葬风俗，因为花山岩画与悬棺葬有密切关系。[①] 张利群从花山岩画的原始宗教文化、灵魂造影、反映现实内容三个方面来论述花山崖壁画影像造型所体现的先民的生命意识，认为花山岩画是先民通过原始思维表达对现实和自身的认识，显示出壮族先民的诗性思维和顽强的民族意志。[②]

其实，在花山岩画研究的各个阶段都可以看到人类学的身影。从最初的花山岩画考古人类学研究到后来的文化人类学、艺术人类学、宗教人类学研究等。可见花山岩画的人类学研究是贯穿于整个研究进程的。将来可能还会有花山岩画的旅游人类学研究。

五、花山岩画传说的民间文艺学研究

在历史长河中，左江流域壮族民众创造出了许多关于花山岩画来历和特点的解释性故事，即花山岩画传说。这些口头传说让本来就壮美的花山岩画显得更具魅力，也引起了学者们的关注。陈金文教授在其《壮族风物传说的文化研究》一书中专门对花山岩画传说进行了文化研究。陈教授将收集到的花山岩画传说分为“人、神与自然，社会斗争，道德与伦理，信仰观念四大主题。”[③] 在此基础上从历史、道德伦理及信仰三个层面研究了花山岩画的文化意蕴。接着从民间文艺学的角度分析了花山岩画传说在内容和形式上的民间文学特色。最后还探讨了花山岩画传说在当下社会的多元化传播方式问题。陈教授关于花山岩画的研究涉及了传说研究中的类

---

① 黄现璠、何英德、周作明：《壮族族源与花山崖壁画之关系》，《南宁师范高等专科学校学报》，2000年第1期，第22–26页。

② 张利群：《论花山崖壁画影像造型的生命意识及其人类学意蕴》，《贵州民族研究》，2003年第2期，第48–53页。

③ 陈金文：《壮族风物传说的文化研究》，北京：民族出版社，2011年，第171页。

型学、文化学、传播学等理论，是目前花山岩画传说研究中较高水平的成果。

在没有详细文字记载的情况下，民间传说为人们了解花山岩画提供了一个视角。对花山岩画传说的研究也有利于阐释花山岩画的民俗文化价值和民族文化旅游方面的价值，让花山岩画呈现出艺术美与社会美的统一。

六、花山岩画的保护与开发研究

1972年11月，联合国教科文组织第17届大会通过了《保护世界文化和自然遗产公约》，拉开了对文化遗产进行立法保护的序幕。在中国，1982年通过的《文物保护法》使文化遗产保护也走上了法制轨道。花山岩画作为重要的民族文化遗产，对其保护与开发研究也受到了学者们的关注。

李晓秋在其硕士学位论文《广西宁明花山岩画的保护与开发研究》① 中运用田野调查的方法分析了花山岩画的资源、特色以及保护和开发现状，指出了影响花山岩画开发的因素。文章从旅游产品开发、基础设施建设、文化品牌打造、人才队伍建设、政府和民众作用等方面给出了花山岩画保护与开发的建议。

此外，最近几年对花山岩画的开发与保护研究主要集中在以下三个方面。一是动画开发与制作研究。彭湘认为可以从动画片制作和动漫相关衍生产品的开发来打造花山文化品牌。② 聂辉认为可通过动漫的形式宣扬花

---

① 李晓秋:《广西宁明花山岩画的保护与开发研究》，中央民族大学硕士毕业论文，2013年。

② 彭湘:《试论广西花山崖壁画的动画开发与制作》,《广西轻工业》，2010年第5期，第98-99页。

山岩画的趣味性、生动性、教育性和艺术性特点。[①] 二是花山岩画图像符号在产品包装中的应用研究。李晓璐、喻计耀以丹泉酒包装为例来探讨花山岩画图像的运用，认为在产品包装上运用花山岩画的图像可以彰显产品的广西特色和文化内涵。[②] 三是花山岩画的旅游商品设计研究。陈建强认为花山岩画的旅游商品设计应该从与花山岩画有关的民间材料、民间色彩图案、壮族精神和风格三个方面元素的应用来考虑设计出独特的旅游商品。[③]

对于花山岩画而言，保护与开发是相辅相成、互动发展的。坚持在保护中开发，在开发中保护是一条良性发展之路。当前学者们关于这个问题的研究多侧重于问题的某一方面。因此，花山岩画保护与开发互动发展研究方面还有许多可以开拓的空间。

七、花山岩画申遗的研究

2006年12月，花山岩画首次进入由国家文物局设置公布的《中国世界遗产预备名单》，2012年12月花山岩画再次以“花山岩画文化景观”的名称列入国家文物局更新后的《中国世界文化遗产预备名单》。近十年来，花山申遗工作如火如荼地进行，花山申遗研究也因申遗工作需要而逐步开展起来，目前花山岩画申遗研究主要涉及以下三个方面。

一是站在广西文化发展的高度来研究花山岩画申遗工作的重要性。杨炳忠研究员探讨了花山岩画申遗与广西文化发展的关系，认为两者关系密

---

① 聂辉:《广西花山崖壁画艺术和动漫艺术的融合》,《大家》，2012年第10期，第66页。

② 李晓璐、喻计耀:《广西花山崖壁画中的图像符号在产品包装中的应用》,《艺术教育研究》，2014年第6期，第74页。

③ 陈建强:《论广西花山崖壁画艺术的开发》,《艺术科技》，2014年第2期，第113，136页。

切。花山岩画申遗有利于维护世界文化的多样性，有利于其自身价值升级，有利于推动广西文化的发展。[①] 二是在世界遗产评选规则的视角下研究花山申遗工作。陈学璞教授解读了世界遗产的入选条件和评定规则，分析了花山岩画入选世界文化遗产的障碍因素并提出了个人的解决方案。[②] 三是从国际性区域文化视野来研究花山岩画申遗问题。何颖教授指出花山岩画内涵具有多样性和独特性，因此花山申遗方向有多种可能性。但无论选择哪个方向深入挖掘其文化价值都是申遗成功的重要环节。而如何凸显花山岩画的突出、普遍价值问题，何教授认为应该扩展视野，在国际性区域文化视野下建构“花山文化圈”，同时注重挖掘花山岩画的“活态文化系统”[③]。

如今，花山岩画是以文化景观类型申报世界文化遗产的，但这并不意味着学者们之前对花山岩画申遗进行的多种可选性研究没有意义。学者们的这一研究反而证明了花山岩画文化内涵的丰富性和价值的重大性。

八、花山岩画研究展望

近30年来，花山岩画研究并非狂飙突进，而是有高峰，有低谷。其间有两个高峰，第一个是1985年大考察之后的那几年；第二个是2006年花山岩画首次被列入申遗预备名单之后的那几年。可见花山岩画研究的热潮与社会环境有关。2016年花山岩画成功申报世界文化遗产，这一历史

---

① 杨炳忠：《花山岩画“申遗”与广西文化发展》，《广西民族师范学院学报》，2010年第1期，第1–4页。

② 陈学璞：《花山文化与世界遗产和人类非物质文化遗产》，《广西民族师范学院学报》，2010年第1期，第5–9页。

③ 何颖：《从国际性区域文化视野中推进花山岩画申遗》，《花山申遗论谭》，南宁：广西人民出版社，2010年，第22–31页。

性事件引爆了新一轮花山岩画研究热潮。人们对获得“世界文化遗产”身份标识的花山岩画的研究呈现出新的特点。一方面，学者们继续关注传统研究中还比较薄弱的环节，如国内不同系统岩画间的比较研究，甚至是岩画跨国比较研究；另一方面学者们开辟出花山岩画研究的新领域。如结合“发现山水崇左，圆梦别样桂林”的崇左旅游发展战略重新审视左江花山岩画文化景观遗产在崇左市旅游发展中的作用和地位。还有游客“井喷式”增长背景下景区、景点、路线、游览方式的设计、开发、管理研究等。再有作为世界文化遗产的花山岩画永久性保护措施研究等。

总之，未来的花山岩画研究可能会因现实需要而在应用研究、应用基础研究方面取得较大进展。

花山文化与广西当代文学互动关系引论

罗瑞宁

摘　要：花山文化是壮族人民根性文化具象之所在，探析花山文化与广西当代文学的互动关系可以进一步理顺“花山精神”的实质及其与“广西当代文学精神”的互通性，揭示花山精神对于广西当代文学思想启迪和精神支撑的作用，探讨“花山精神”之于广西文艺创作可供选择的路径、方向。应以创新的文学研究为理论基点，进一步挖掘“花山精神”的创造潜力，发展繁荣本地区民族文艺创作。

关键词：花山文化；花山精神；广西当代文学；互动关系

花山，直译于壮语“岜莱”（“岜”是壮语“山”的意思；“莱”是壮语“画画”的意思），意思是“画有图（壁）画的大山”，是广西左江流域壮族先民（骆越）与大自然进行灵魂交流的“话语记录”。花山不仅是“一座山”，更是壮族人民的精神圣地和根性文化具象之所在。真正的文学，总是要触及精神灵魂的，而真正的精神灵魂，又潜藏于民族文化的深层次里，是一种文化的积淀和集体无意识的存在。广西当代文学在发展中难免会涉及花山文化，尤其是其中的“花山精神”——广西少数民族传统文化精神，因此探析广西当代文学与花山文化的互动关系，从而构建崭新的具有时代性的文艺理论及创作尤为重要。

一、探析二者互动关系的价值意义

广西当代文学与花山文化形成普遍的互动关系，这不仅是理论论证的结果，也是广西文学文化实践客观存在的事实。1985年，杨克与梅帅元撰写的《百越境界——花山文化与我们的创作》一文已指明这种互动关系的客观存在[①]。黄伟林在《从花山到榕湖——1996—2004年广西文学巡礼》中进一步揭示了这种互动关系的内涵："1985年前后，当中国文坛正被一股文化寻根的冲动澎湃之时，广西一批年轻的诗人和小说家曾走向花山，进行他们文化本根的朝圣，试图创造一种能与湘楚文化、齐鲁文化相媲美的百越境界……一个后来被称为'花山会议'的广西青年文艺工作者座谈会在宁明花山召开，揭开了文坛新桂军'文学北伐'的序幕。"[②]温存超在《花山岩画与广西当代文学》中进一步指出："文学桂军边缘崛起重要原因之一乃受花山文化的重要影响。"[③]以上作家学者的研究和发现，充分证明了花山文化与广西当代文学互动关系历史性存在的客观事实。其实这是一个刚打开局面的广西文化构建大课题，对该课题继续进行全面深入探讨，将对广西民族地域文化尤其是文艺理论和文学批评构建发挥重要的推动作用。

学者们普遍认同："花山岩画是世界岩画的极品；花山文化是壮民族

---

① 杨克、梅帅元：《百越境界——花山文化与我们的创作》，《广西文学》，1985年第3期。

② 黄伟林：《从花山到榕湖——1996–2004年广西文学巡礼》，《南方文坛》，2004年第4期，第44–48页。

③ 温存超：《花山岩画与广西当代文学》，《广西民族师范学院学报》，2010年第1期，第16–17页。

文化形成的标志，是岭南文化的缩影，是连接中国－东盟的文化桥梁；花山岩画具有着世界性的突出意义和全人类的普遍性价值。”① 目前“左江岩画申遗”已明确纳入广西人民政府重点文化工程建设规划之中。从文艺理论和文学批评角度出发，进一步挖掘花山文化精神内涵，以塑造左江（花山）文化品牌，这应是构建广西文化的当务之急。从文学研究层面看，对花山文化与广西当代文学互动关系进行研究，有重要的现实意义：其一，进一步理顺“花山精神”实质及其与“广西当代文学精神”之间的互通性；其二，进一步揭示“花山精神”之于广西当代文学思想启迪和精神支撑的作用；其三，进一步探讨“花山精神”对于广西文艺创作可供选择的路径、方向，如以民族差异性为艺术个性而获得“跨国文学”甚至是“世界文学”的创作效果等。

总之，这是一个立足本土民族区域现实需要的文学文化学前沿课题，对该课题展开人文学术科学探索，不仅对本土的文艺学研究具有推进作用，而且对重塑本民族的文化精神，提高本民族的文学创作乃至文化创造的自信心，均大有裨益。

二、探索二者互动关系的眼界和思路

探讨花山文化与广西当代文学互动关系重大文化课题，研究者应具备怎样的学术眼光和科学思路是一个关键性的追问，事关所研究课题的人文学术价值构建能否真正实现。笔者认为，对本课题进行探索，应立足于时代文化创造，即从“文化研究”角度出发，站在“文学创作价值论”较为宽阔而又切实的学术视野上，做到理论联系实际、具体问题具体分析，对

① 吴能贞：《花山岩画文化地位刍议》，《广西民族师范学院学报》，2010年第1期，第10–15页。

“花山文化”与“广西当代文学”之间互动关系进行全面的历史回顾和理论梳理，力图从个体的文学文化现象研究而通透人类创造之“人性创造性”本质；从具体的文学文化实践出发，寻找文学文化创新的基本途径。基本思路概括如下：

其一，花山文化的精神内核是什么？花山精神与“广西当代文学精神”之间的互通、互动性如何体现？作为本土的文学文化精神，广西文学里的“花山精神”与文学的“普世价值”如何联系起来？这类问题，可以持这样的基本观点，即肯定“文学是人学”的基本价值理念，肯定人类文化精神的创造性和悲悯情怀。通过美学思考的抽象方式尤其可以通过“文学价值论”的研究方式加以探讨，力图搭建起一种切合本地文化创造实际的文艺理论学科框架。

其二，文艺政策如何利用民族精神的自觉性达成自己的有效性？挖掘花山文化内涵、弘扬传统民族精神怎样成为广西重要的文艺政策？更进一步，“花山会议”[①] 对“文学新桂军”的形成进而“北伐中原文坛”发挥怎样的推动作用？笔者认为，这些问题可以通过对转型期以来广西文学创作实践过程中的现象加以理论梳理、分析、探讨，立足时下本土文学文化创造实际效果分析，针对已经执行的文艺政策（如“广西作家签约制度”）进行理性思考，总结经验、吸取教训，进一步完善当前文艺政策。

其三，当代广西文学在塑造“花山精神”具象方面已经取得怎样的成就？具体到广西本地“经典”文学文本，比如杨克的诗集《图腾的困惑》、聂震宁的中短篇小说集《暗河》以及黄堃、黄神彪、农冠品等诗人所创作的诗歌作品是怎样塑造“花山精神”根性文化具象的？“文学新桂

① 花山会议，1996年召开，由时任自治区党委宣传部部长、作家潘琦先生发起并主持，会上广泛探讨广西文学问题成因，并提出一系列促进广西文学迅速发展的措施。本次会议成为广西“文学新桂军”形成的标志性事件。

军”（以广西“三剑客”为代表）的作品因突出的“现代性”而顺利抢滩全国文坛，甚至享誉海外，因此有人说这些创作对于本土文化尤其是“花山文化”基本是“逃离”甚至是“背叛”的姿态，那么应该怎样看待本土文学的现代性问题？诸如此类的提问，笔者持否定的态度。因为理论和实践的历史虚无主义从来都不可能令人信服，正像韩少功所说的：“文学有‘根’，文学之‘根’应深植于民族传统文化的土壤里，根不深，则叶难茂。”[①]“文学新桂军”的成功又岂能例外。文学的精神主要体现为创新的思维方式，而创新思维的动力潜在于民族文化深处，离开了“花山文化”“花山精神”，“文学新桂军”也就无从谈起。贯穿于东西、鬼子、林白等广西新生态作家创作过程中的所谓的“鬼魅思维”[②]，其本质是“花山精神”的“异名”而已。这一点可以通过对广西当代文学现象进行概括，甚至通过对具体的广西作家作品进行品读、赏析的方式来详细地探讨；抓住“文学性”和“创作思维”这两个文学研究的关键点，从特殊到一般，从具体到普遍，由现象而最终真正达到对文艺创作本质规律性的学术把握。

其四，广西文学（艺术）怎样持续弘扬花山文化精神？传统的民族文化精神怎样进行现代转型？尤其是围绕“左江岩画申遗”问题，广西文艺该如何行动？笔者认为文学创作是一种特殊的人类精神生产。文学主要是以审美的方式直面当下人生、人性困惑甚至劫难，直面的根本原因在于人的需要，需要既是个体的、时代的，也是民族的、社会的。文学是人学，文学必须表现人性，人性是个性和共性的存在，共性是文学的文化价值，

---

① 韩少功：《文学的根》，《作家》，1985年第4期。

② 参见发表于《作家》2008年第5期的拙作《鬼魅思维与南方写作——兼评东西的〈我们的父亲〉》，文中有：“……作家们往往在不经意间会自觉地借用所谓的‘鬼魅思维’。这是一种非常古老的接近于原始自然宗教的非理性思维方式，其在结构故事情节或诗歌意象时特别地偏爱偶然性，常常让‘鬼神’直接参与人事，以求得出人意料的叙事或抒情效果。”

而个性是文学的美学生命，文学只有通过“个性”从而达到“人性”才算是成功的。未来的广西文艺创作怎样通过个性情感而达到普遍人性是摆在广西艺术创造者面前的重大问题。既然时代文学创作必须是一种“生产”，那么时代文学就自然拥有“（产品的）价值”，市场经济下的当代广西文艺也可以主动地纳入“现代文化产业”之中，文学可以借助产业的集群力量发展壮大自己。落实到本论域，当下广西文艺可以主动地为“左江岩画申遗”服务，并通过服务而宣传壮大自己，从而达到双赢的效果。广西文艺（包括文学、影视、书画以及歌舞表演等）如能抓住时机，围绕“左江岩画申遗”，借助时代媒体的强大威力，积极主动地进行策划、创作，前景将是美好且具有重大意义的。

三、创新的文学研究是时代民族文学发展繁荣的前提

文学研究无止境，而“理论支点”的发现或选择是文学研究创新的关键点所在。本课题研究应立足于经典的马克思主义文论，与时俱进，大胆采用当代文化理论研究方法作为理论支点，特别是其中的“第三世界文化研究理论”“文学人类学理论”等。怎样从“花山文化”中挖掘出“花山精神”之本质，并把这种“精神本质”具体联系到广西当代文学及其精神之上，这是本课题研究思维的关键点所在，也是本课题必须重点突破的问题组成系列。它们之间环环相扣，甚至是相互“纠缠”，必须在思维上给予打通、理顺，否则会导致内容不成体系或理论硬伤。另外，材料的拥有非常重要，而理论的创新（从材料中生成）则更难能可贵，创新是最困难的。怎样对客观存在的文艺现象进行个性化研究即“创新广西文艺理论与批评”，这是研究最大的难点，唯有突破该难点才能有望实现最为理想的科研价值。鉴于此，必须力图实现这样的综合目的：既能观照宏观的文化

精神，又能落实到微观的文学精神分析；既是对本土文学历史的概括，又试图达到引领广西文艺创作未来之目的；既能达到文学研究之功效，还可推动正在进行中的“左江岩画申遗”。这一系列的研究意图如果都能具体落实，无疑可以使“中国文学本土研究”达到一个新的高度。

总之，创新的文学研究是时代民族文学获得大发展大繁荣的前提。针对花山文化与广西当代文学互动关系的研究是一个立足于现实需要的前瞻性探索，旨在通过文学文化学研究的学术梳理，对广西民族文学艺术历史经验进行全面的总结、提炼，进而不断借鉴、创新，最终大胆而有创意地构建起崭新的具有时代性的文艺创作及批评理论。鉴于仅仅是“引论”，本篇旨在抛砖引玉，对具体问题展开详细讨论，则尚需时日。

“一带一路”背景下花山岩画“走出去”研究

黄小芬

摘　要：国之交在于民相通，文化先行是“一带一路”建设的重要举措，广西作为海上丝绸之路的重要节点，在海上丝绸之路建设过程中发挥着重要作用。花山岩画是广西目前唯一的世界文化遗产，在“一带一路”建设背景下，花山岩画依托留学生、国内外网络平台，以遗产旅游、文艺作品等方式“走出去”，与其他国家共同探讨岩画遗产的开发与保护，互学互鉴，将增进国与国之间的友谊。

关键词：“一带一路”；花山岩画；“走出去”

在经济全球化的今天，各国间的联系将日益密切，经济相互合作，文化相互交流，人类社会结成了命运共同体。在“一带一路”建设过程中，相似的语言、相近的文化、共同的话语是国与国交流的润滑剂。海上丝绸之路沿线涉及越南、泰国、老挝、缅甸、马来西亚、印度尼西亚等多个国家，地理跨度大，每个国家的语言文字、文化传统、宗教信仰、风俗习惯、政治制度各异。共同文化认知缺乏成为“一带一路”建设的一大难题，寻找沿线国家乐于接受、包容的文化作为交流的切入点成为当前急需解决的问题。①

优秀的艺术文化可超越民族、超越国家而被多数人认可。岩画分布在全世界140多个国家和地区，海上丝绸之路沿线国家多有分布；它是一种古老的艺术形式，是人类历史的真实记录，与甲骨文一样，具有重要的历史价值，是理解人类社会发展的重要史料，是人类共同的宝贵财富。因此，除了佛教、伊斯兰教文化以外，岩画也可作为海上丝绸之路沿线国家文化交流的切入点。以往，对于“一带一路”文化“走出去”的研究主要是从宏观的角度探讨文化交流机制、策略、路径、启示等方面。对于花山岩画的研究也主要集中在它的主题、内涵、艺术表现、开发与保护等方面，很少探讨在“一带一路”背景下花山岩画是如何走向东南亚国家的。

一、花山岩画“走出去”的意义

（一）有利于促进人文交流，加深国家之间的感情

古人云：“国之交在于民相亲，民相亲在于心相通”。岩画是一个民族、国家历史的真实记录，岩画所展现出来的艺术魅力、文化内涵、历史信息将引起各国人们的兴趣，而岩画的保护与开发也将引起各国人们的关注。岩画是古代先民彩绘或者凿磨在山崖岩壁、洞穴岩壁上的图形文字，是人类共同的母语和艺术的瑰宝，更是一份珍贵的文化遗产。中国岩画众多、分布广泛，是世界岩画的重要组成部分。尽管语言文字各异、习俗信仰不同，但是通过一幅幅岩画图像，人们能够品味其中的艺术魅力，读懂其中蕴含的文明乐章，岩画将成为“一带一路”延绵不绝的音符。花山岩画作为世界文化遗产，其规模之大，图案之丰富，内涵之神秘，作画地点

---

① 赵艳梅：《“一带一路”背景下推动中外文化交流的路径选择》，《中华文化论坛》，2016年第10期，第143-148页。

之险峻令人惊叹，其作画的目的是什么？如何在险峻的悬崖峭壁上作画？表达什么主题？是什么颜料构成使之风吹雨打几千年仍然鲜艳？为什么有些地方已经淡化，而有些地方仍然鲜艳，与作画的环境有什么关系？这些未解之谜犹如金字塔一般，将吸引各国人民去探索和思考。岩画历史久远，各个国家、地区的岩画仍有许多待解之谜值得去探索和发现。花山岩画反映了骆越民族铜鼓崇拜、青蛙崇拜等信仰[①]，承载着骆越民族的稻作文化和渔猎文化。[②] 花山岩画“走出去”，可以加深人们对骆越文化的了解。同样，其他国家的文化亦反映着他们的生活方式、宗教信仰等方面，承载着厚重的文化历史。因此，以花山岩画为媒介，通过交流互动，将加深对彼此历史文化的了解，从而有利于促进彼此的感情。

（二）有利于提升国家的软实力

文化对提升国家软实力起着重要的作用。长期以来，广西的旅游商品主要是越南进口的椰子糖、拖鞋、医药、红木小件、香水等，而广西壮族特色商品除了桄榔粉、天等辣椒酱等以外，其他商品很少。散存在民间的文化尚未得到有效挖掘，民族文化面临消失。在“一带一路”建设背景下，开发花山岩画相关产业，使其走出国门，将提升广西人民的自尊心和自豪感，从而以更大的热情不断推动产业的创新。花山岩画“走出去”对内具有凝聚民心、增加民族自信心和国家自豪感的作用，对外可不断扩大花山岩画对海上丝绸之路沿线国家的影响，有助于国家软实力的提升。

① 梁庭望：《花山崖壁画——祭祀蛙神的圣地》，《中南民族学院学报》（社会科学版），1986年第4期，第18–23页。

② 广西壮族自治区民族研究所编：《广西左江流域崖壁画考察与研究》，南宁：广西民族出版社，1987年，第132页。

二、花山岩画“走出去”的内容

（一）遗产旅游

遗产旅游因其深厚的历史底蕴和独特的文化内涵而深受人们的欢迎。花山岩画分布在风景秀丽的左江沿岸，规模大、分布地域广、图案丰富，主要有铜鼓图形、佩刀、狗、青蛙状蹲式人形等，花山岩画反映的稻作文化部分在民间依然传承。花山沿岸周边村民至今仍崇拜青蛙、铜鼓等。古老而神秘的花山岩画、风景秀丽的左江及周边村寨古朴而独特的民俗成为花山岩画遗产旅游“走出去”的优势，花山岩画遗产旅游“走出去”将实现互利共赢。

近年来，海洋、海岛旅游逐渐受到国人的欢迎，越来越多的中国游客经过广西到海上丝绸之路沿线国家旅游。随着越南、泰国、缅甸、老挝等沿线国家生活水平逐渐提高及与广西联系的日益密切，越来越多人希望到广西旅游。广西丰富的旅游资源和稳定的社会环境也吸引着东盟国家的商人前来投资，这为花山岩画遗产旅游“走出去”创造了条件。在花山岩画遗产旅游“走出去”的过程中，应该积极挖掘花山岩画的文化内涵，进一步增加花山岩画遗产旅游的吸引力。依托花山岩画，用外国人易于接受的形式把花山岩画所蕴含的稻作文化、渔猎文化表达出来，加强花山岩画及旅游的对外宣传及推广力度，把旅游与文化遗产结合在一起，开发更多的特色旅游产品，为花山岩画遗产旅游“走出去”注入持久的动力。

（二）文艺作品

花山岩画是一部反映壮族先民——骆越民族的史书，是壮族先民的文化符号和集体记忆，也是壮族先民情感的表达。它既是骆越民族特定历史时期生产方式、物质条件、政治生活、社会交往的反映，也是文化习俗、审美观念、宗教信仰的表达。因此，花山岩画是了解骆越先民历史文化的一把钥匙。岩画是静止的，如何让这些岩画鲜活起来，成为富有生命的艺术形式，电影、电视剧、动漫等便是使花山岩画鲜活的重要形式。通过挖掘骆越民族历史，以实景演出、电视、电影、动漫等形式真实地再现骆越民族文化发展的历程。

中国文艺作品众多，有的文艺作品“走出去”深受人们喜爱，而有的则较少受到关注。“一带一路”沿线国家众多，宗教文化丰富多样，以怎样的艺术形式“走出去”，才能容易被他人接受？《媳妇的美好时代》在非洲深受欢迎，电影《刘三姐》、电视剧《还珠格格》在东南亚国家深受人们喜爱，舞台剧《梁祝》在欧美国家也深受欢迎。近期在中国播出的印度电影《摔跤吧，爸爸》受到热捧，这些作品反映了人类的爱情、亲情、奋斗等，都是人类共同关心的话题。尽管世界各民族文化各异，但是伦理相通。“文化相对论主张文化的特殊性，文化进化论探寻文化的普遍性，而马克思主义则认为，文化普遍性存在于特殊性之中”，世界各个民族的文化千差万别，但是人们对爱情的追求、对亲情的渴望和对大自然的爱惜之情是相通的。岩画是静止的艺术作品，通过岩画，人们只能读出其中的绘画艺术表现形式和当时的生活场景，然而，人们的性格特点、民族的气质特征、人与人之间、人与自然之间的情感等难以体现，这就需要通过文艺作品来表现。

近年来，对于花山岩画的研究取得了丰硕的成果，纵观过去人们对岩画表达主题的研究，主要集中在祭祀、生殖崇拜等，到底表达什么主题，学者们看法各异，尚未达成一致，这些观点中祭祀的说法得到多数人的认可。然而，无论是生殖崇拜还是祭祀活动，人们看到的都是冰冷的画面，较少从人文关怀的角度去解读，缺少人与人、人与自然之间的温情。以列维-斯特劳斯为代表的结构主义学派主张透过纷繁复杂的文化现象，看到文化深层的结构逻辑。因此，世界各民族文化丰富多样，但是其背后都蕴含着人们对亲情、爱情等情感的追求。例如花山岩画出现较多的狗图案，多数学者都从狗祭、狗崇拜的角度去解读，很少有人关注人与狗之间的友好感情。狗是人类较早驯养的动物之一，在狩猎采集时期，狗在打猎和防御过程中起着重要的作用，因此，人们与狗建立了深厚的感情，人们出行时时常带上自己心爱的狗，狗在狩猎、看家等方面起着重要的作用。从花山岩画的图案上看，很少发现刀指向狗或者狗被杀后倒地的画面，多数狗活泼跃动，呈现出人与狗之间近距离相处的和谐图景。如今，花山岩画周边村寨多数村民家门前都立着两只石狗，村民认为狗是他们的保护神。关于花山岩画的民间故事传说《猎人与狗》，讲述的就是狗帮助贫穷人打猎还清财主债务后升天，人们为了纪念它而在崖壁上画狗与人的感人故事。花山岩画表达的主题应是多样的，有祭祀场景的记录，有生产生活方式的表达，画面上出现的动物、图像也不全是人们崇拜和祭祀的对象。神界是人们想象的现实生活的另一个空间，即便是祭祀抑或巫术，亦是人们生产生活方式的映射，是人们情感的表达。花山岩画有孕妇图和男女交媾图像、蛙人图像，因此学者们主要是从生殖崇拜的角度去解读的，而较少关注生殖崇拜和人丁兴旺追求的背后含蕴着人类对爱情的向往、亲情的渴望和生命的敬畏。

至于花山岩画为何在平坝对面河流拐弯处的悬崖峭壁上，有学者认为河流拐弯处易停留意外伤亡人的尸体，花山岩画是为了让这些人升天①，或者祭祀水神、蛙神② 等，在水深滩险的河流拐弯处更能表达人们的虔诚，而且岩画对岸的平坝方便人们举行集体祭祀活动。在壮族地区，有着在河流拐弯处接灯，祈求人丁兴旺的习俗。然而，按照文化整体论的观

① 黄桂秋:《巫麽信仰：广西左江崖壁画新探》,《宗教与民族》，2007年，第141–154页。

② 梁庭望:《花山崖壁画 —— 祭祀蛙神的圣地》,《中南民族学院学报》(社会科学版)，1986年第4期，第18–23页。

点，文化是物质与精神的统一，人们较少关注的河流拐弯处往往是各种浮游生物集中之地，鱼虾比较多。同时，通过江水的冲击，拐弯处的平坝土地肥沃，能够给人们提供更多的食物，世界上许多文明的产生都是在大江大河冲刷而成的平原地区。因此，人们在河流拐弯处作画，不仅表现出人们对神灵的虔诚，也表现出人们对大自然馈赠的感恩，祈求风调雨顺，人丁兴旺，渴望大自然继续厚爱。不同国家表达情感的方式、生产方式、习俗信仰各异，但是对于爱情的追求、对亲情的渴望和对社会、自然的爱惜之情是相通的，因此，花山岩画演艺作品，无论是歌舞表演、舞台剧还是电视、电影、动漫，都以人们喜爱的壮族特色歌舞形式表达了对人丁兴旺的祈求，对风调雨顺、五谷丰登的渴望，此外还应体现更多的人文关怀，呈现骆越民族的爱情、亲情和对自然的感恩之情，才能引起人们的共鸣，受到人们的喜爱。

由广西歌舞剧院和广西演艺集团创作演出的壮族岩画音乐舞蹈诗《花山》，在第五届全国少数民族文艺会演中获音舞类剧目银奖，作品提取花山岩画中的壮民族文化内涵，突出表达了壮族铜鼓、绣球、繁星、青蛙以及壮锦等文化符号，以《太阳之下》《月亮之上》《繁星之间》《山水之中》四幕为主体构架，每一幕都有其抒情意境营造之象。该作品展现了广西壮民族厚重的历史文化底蕴和各民族生生不息的和谐景象，体现了壮族男性的强壮和女性的静美，反映了壮族先民美丽的爱情故事和勤劳、勇敢、团结、奋斗的精神品质，以此表达壮族的子民“从花里来，往花里去”，轮回往复，生生不息的哲学思想，受到了国内观众的好评。海上丝绸之路沿线国家的人们很欣赏中国人勤劳的品质和对爱情的忠贞，因此，一方面，积极推动《花山》舞台剧在“一带一路”沿线国家的巡演。另一方面，在音乐舞蹈诗《花山》的基础上，加入聂震宁1984年发表的中篇小说《岩画与河》中的感人至深的爱情故事，花山岩画的民间传说《楼梯山》兄妹相助的故事传说,《药园》邻里团结互助的故事，及反映人与动物和谐相处的《人与狗的故事》等，改编成动漫、电视剧、电影走出国门，将进一步提升花山岩画在“一带一路”沿线国家的吸引力。

一部优秀而感人的电影、电视剧、动漫容易引起人情感上的共鸣，人们常常因为一部优秀的文化作品而喜欢上这个国家的饮食、服饰等文化，或者因为影片中出现的美丽景色，喜欢的演员而希望到文化作品的拍摄基地去旅游等。优秀的文化作品可以增加文化的魅力和吸引力，提升一个国家的外在形象和软实力。国之交在于民相亲，民相亲在于心相通。人是文化的主人，因此，研究文化离不开人的属性。各个国家由于历史文化、宗教信仰不同，表达情感的方式各异，但是人类对爱情的追求、对亲情的渴望和对自然的感恩之情是相通的。文艺作品永恒的价值是人们对真善美的追求，让人心动是艺术最高的境界，使人们的心灵受到洗礼，让人们发现自然、生活、社会和心灵的美。

三、花山岩画“走出去”的方式

（一）留学生

在古丝绸之路上，传教士、商人、外国使节在文化对外传播中扮演着重要的角色。今天，随着“一带一路”建设倡议的提出，海上丝绸之路沿线国家的学生到广西高校留学的人数逐年增多，他们主要学习国际贸易、国际旅游、国际物流、医学、汉语等专业。这些留学生对中国文化表现出较浓厚的兴趣，他们将成为未来中国文化对外传播的重要力量，因此在他们学习中国传统文化的过程中，向他们展示花山岩画文化景观，分析花山岩画文化的内涵，同时，改变以往单向介绍的方式，让留学生介绍自己国家的岩画，并与花山岩画进行对比分析，有条件的情况下，带他们到实地参观，开展以花山岩画为主题的艺术品制作、诗歌比赛、营销比赛、视频比赛等活动，引导学生思考自己国家岩画的保护与开发，激发留学生的学习兴趣和热情。

随着中国与东盟国家合作办学的加深，越来越多的广西学生到海上丝绸之路沿线国家学习，有的学生学成归国后成为对外文化交流的使者，有的在越南、泰国、缅甸等国家工作，这些学生都将成为传播中国文化的主要力量。因此，加强对中国留学生岩画知识教育，包括花山岩画与东盟国家岩画的知识教育，培养他们以花山岩画为主题开展宣传活动的技能，选出优秀的热爱花山岩画知识传播的学子作为对外文化传播的使者。

（二）网络

在信息发达的社会里，网络成为知识传播的重要媒介，花山岩画在申遗的过程中，制作精美的宣传片以中英文的形式展现了左江风貌、花山岩画文化遗存和花山岩画景观。宣传片的播放推动了花山岩画在海外的传播。其中，澳大利亚和欧洲均有专门的网站介绍花山岩画。崇左广播电视台加入中央电视台“1号线上”微信平台，通过该平台，向世界传播花山岩画；中国岩画学会也有专门的网站宣传包括花山岩画在内的国内岩画。这些宣传在推动花山岩画“走出去”方面产生一定的影响。然而，花山岩画在对外宣传方面也存在一些不足之处：从内容来看，以往的宣传主要是花山岩画的图片和宣传片视频，主要展示的是花山岩画景观，而与花山岩画相关的饮食文化、稻作文化、村落文化、花山岩画的故事传说等方面的宣传较少。以往关于花山岩画的宣传仅仅局限于花山岩画本身，很少涉及海上丝绸之路沿线国家的岩画。从方式上看，以往的宣传主要是单向的对外宣传，而较少是双向互动交流的宣传方式。从宣传语言来看，主要应用中英文来宣传，而较少应用越南语、泰语等其他国家的语言来宣传。

在未来网站设计上，可根据海上丝绸之路沿线国家信仰佛教、喜爱黄色等特点，在宣传花山岩画的网站上也主要以黄色为底色。在宣传内容上，除了以图片、视频、文字宣传花山岩画景观以外，还应以图片、视频、文字等方式增加与花山岩画相关的习俗信仰。例如铜鼓、壮锦、船只的制作、文化变迁、故事传说；壮族的婚恋习俗、怀孕禁忌、育儿文化、生命文化、稻作饮食、稻作节日等文化。生动有趣的民俗文化和优美的风景更加吸引人们的注意。鉴于海上丝绸之路沿线各国均有岩画，因此，花山岩画对外传播过程中，除了宣传自身，还应宣传海上丝绸之路沿线各国的岩画，只有自身的岩画在其中，人们才会有意识地关注其他国家的岩画。在宣传方式上，由过去的单向传播改为双向互动；在传播过程中开设留言板：如让人们参与讨论花山岩画反映的主题是什么，花山岩画的作画方式是什么，花山岩画的颜料是什么，为何有些地方淡化，有的地方依然鲜艳，如何开发与保护好岩画等问题。花山岩画与海上丝绸之路沿线国家岩画的异同，不同国家人们文化各异，对于同一事物人们会有不同的观点，这将推动花山岩画的进一步研究。此外，还可以设置有奖竞答活动，这些将会吸引其他国家的人们参与。在语言使用上，改变过去单一的中英文形式，应增加越南语、泰语、缅甸语、老挝语等海上丝绸之路沿线国家的语言，人们对自己的母语有着自然的亲切感，因此，网站传播到哪个国家，应使用汉语兼该国的语言。除了网站，还可以开通微信公众号，同步传播网站的内容。此外，还可以邀请在东南亚国家有影响力的明星，开发关于花山岩画的微博，通常名人有众多的粉丝，通过名人传播，可进一步扩大影响力。

（三）官方和民间共同推动

近年来，随着花山岩画申遗成功，广西文化厅、广西民族博物馆、广西社科联等部门积极开展岩画的研究，取得了丰硕的成果，他们通过举办岩画展、参加国际研讨会、举办国际岩会等形式，积极传播花山岩画。崇左市博物馆更是以大量篇幅介绍花山岩画，向世界各地的专家、学者开放。中国岩画学会在全国各地举行了主题为“亘古天书”的岩画展，展示了世界各地的岩画，这些在一定程度上促进了花山岩画的对外传播。然而，一方面，中国学者关于海上丝绸之路沿线国家的研究不足。只有研究越南、泰国、缅甸、老挝等国家的岩画，进行国际岩画的交流对话，才能进一步扩大花山岩画在海上丝绸之路沿线国家的影响力。另一方面，花山岩画申遗成功后，关于岩画在海上丝绸之路上的交流主要是以学术论坛的形式，而国际岩画展、国家岩画艺术品展、国家岩画艺术品比赛等活动比较少。岩画艺术品是岩画的艺术再现，它可以超越民族、国家的界限，成为人们共同欣赏的对象，周氏兄弟以花山岩画为题材，创作了一批凸显人的生命力量的作品，因其作品富于神秘感和生命张力而受到欧美国家的好评，从而扩大了花山岩画在欧美国家的影响力。在未来花山岩画“走出去”的过程中，应加强对海上丝绸之路沿线国家岩画的研究，进行国际交流对话。同时，还可以通过到海上丝绸之路沿线国家举办世界岩画展、岩画艺术作品展、岩画艺术品比赛等方式，不断推动花山岩画“走出去”。

除了依靠官方“走出去”，还需要借助民间力量“走出去”。中国与日本合拍的丝绸之路文化节目受到世人的关注，因此，在《花山》舞台剧“走出去”的过程中，除了依靠官方推动，牵线搭桥外，寻找国内文化企业和海上丝绸之路沿线国家文化企业合作共同推介，将会增强文化“走出去”的效果。因为国外文化企业更加了解本国国民的文化需求，因此，积极寻找国外企业合作共同推介舞台剧《花山》，共同拍摄以海上丝绸之路岩画为题材的岩画动漫、电视、电影，将不断扩大包括花山岩画、越南岩画、泰国岩画等在内的海上丝绸之路国家岩画的影响力，从而达到互利共赢的目的。随着海上丝绸之路建设的推进，海上丝绸之路国家与广西的交通联系日益密切，越来越多的国内游客到越南、泰国、缅甸、老挝等国家旅行。然而，由于旅行社推荐的路线大同小异，竞争日益激烈，同时，由于国内许多游客均有去泰国、越南等国家旅行的经历，相同的旅游线路吸引力不大。越南岩画隐藏在风景秀丽的梯田，泰国岩画分布在具有“秘境天堂”之称的帕田国家公园内，还有印度尼西亚、老挝等国家岩画周边的风景也是秀丽迷人。因此，可以设计“海上丝绸之路岩画”旅游路线，人们通过旅行不仅可领略沿途的美景，还可观赏不同国家的岩画，从而了解不同国家的文化。旅游发展的需要将会推动其他国家对岩画的关注与研究，从而自觉主动与花山岩画进行对话，实现花山岩画由“走出去”到人们主动“走进来”学习的转变。文化可以推动商业的合作，商业的合作共赢亦可进一步促进文化的交流。

结语

“一带一路”建设是一项伟大的工程，涉及的国家、地区众多，在“一带一路”建设过程中，除了佛教、伊斯兰教外，应探寻诸如花山岩画等更多的共同文化因子作为国与国之间交流的切入点。国之交在于心相通，心相通在于民相交。相近的语言、相似的文化可以加深民族之间的感情，拉近人与人之间的距离。文化交流是其他交流的基础，只有了解彼此的文化，增进友谊，才能促进经贸等领域的交流与合作。岩画是人类宝贵的精神财富，保护岩画是人类共同的责任。花山岩画作为目前中国唯一的岩画类世界文化遗产，在“一带一路”背景下，积极“走出去”，与其他国家交流岩画的保护与开发，互学互鉴，加深国家之间的友谊，成为“一带一路”建设的助力器。

提升广西左江花山岩画文化影响力探讨

韦永恒 农淑英

摘 要：广西左江花山岩画是距今2000多年前生活在左江流域的壮族先民骆越人的珍贵文化遗存，是源远流长的中华优秀传统文化的重要组成部分。左江花山岩画具备世界文化影响力的潜质与价值，因此，应统筹考虑，整体谋划，在花山故事、花山印象、花山精神、花山传播及花山保护等方面做足文章，切实提升左江花山岩画的文化影响力。

关键词：广西左江花山岩画；文化影响力；文化自信

左江花山岩画是距今2000多年前生活在广西左江流域的壮族先民骆越人珍贵的文化遗存。2016年7月15日，经联合国教科文组织在伊斯坦布尔举行的第40届世界遗产大会上审议通过，中国广西左江花山岩画文化景观（以下简称“左江花山岩画”）成功列入了世界文化遗产名录，自此，左江花山岩画成了中国第49处世界遗产、中国第一个岩画类世界遗产、广西第一个世界文化遗产。[①] 这次申遗成功让左江花山岩画成为人们关注的热点和焦点，慕名而来的国内外游客越来越多。站在新起点，肩负

---

① 《广西左江花山岩画文化景观列入〈世界遗产名录〉》2016-07-15，http://culture.people.com.cn/n1/2016/0715/c87423-28558353.html.

新使命，如何统筹考虑，整体谋划，推广世界文化遗产名片，释放世界文化遗产红利，将突出的传统文化资源优势转化为切实的文化影响力优势，成为后申遗时代亟待探讨的重要课题。

一、文化影响力释义

文化是人类群体在长期的社会历史发展过程中所创造的物质财富与精神财富的总和，它既是生产、生活的积累，也是文明、智慧的积淀。文化是民族的，每个民族都会有自己独特的文化，民族文化不仅是一个民族的根与魂，也是一个民族区别于其他民族的独特标识；文化又是世界的，各民族文化都是多样性世界文化中的重要组成部分。文化差异引发文化交流，文化交流产生文化影响力。

文化影响力是一国、地区或民族的文化在他国、地区或民族中所产生的认同与接受的程度，具体体现为一个国家或地区、民族的文化吸引力、传播力、辐射力和感召力。文化影响力包括对内影响力和对外影响力两个方面，文化的对内影响力是指一个国家内部的不同地域和民族之间的文化影响力，属于国内影响力；文化的对外影响力则是不同国家间的文化影响力，属于国际影响力。

当今世界，国与国之间的综合国力竞争，不仅仅是经济、科技、军事等“硬实力”的比拼，还有“软实力”的较量。相对于看得见、摸得着的“硬实力”而言，“软实力”是无形的，是“通过吸引别人而不是强制他们来达到你想要达到目的的能力”[①]，这种能力的强弱主要由文化的影响力、意识形态的影响力、制度的影响力和外交的影响力四个方面的要素决定，

---

① 约瑟夫·奈:《软力量：世界政坛成功之道》，吴晓辉、钱程译，北京：东方出版社，2005年，第121页。

其中，文化影响力是国家“软实力”中更为广泛深远和关键的因素。具体来说，如果一个国家、民族的文化能够对他国的民众产生较大的吸引力、辐射力，甚至融入他国民众的日常生活之中，那么这个国家在意识形态、制度、外交等方面的影响力就会相应地得到增强。可见，文化影响力大小往往是衡量国家“软实力”强弱的重要指标。

当前，随着中国国家政治、经济地位在世界舞台上的不断提升，中国文化在世界上的影响力也在不断地提升，如遍布世界各地的孔子学院的设立、来华留学生的逐年增长以及方兴未艾的“汉语热”等等。然而，不可否认，相较于中国作为具有悠久文明历史的文化资源大国、全球第二大经济体的地位而言，当前的文化影响力状况尚未能够与之相称，因此，坚定中华民族的文化自信，并以高度的文化自觉，挖掘中华文化资源，推进中华文化国际传播能力建设，宣传和推介优秀的中华文化，讲好中国故事、传播中国精神、树立中国形象，让优秀中华文化在多极化的全球世界中大放异彩、富于吸引力和影响力，意义深远。

二、左江花山岩画具备世界文化影响力的潜质与价值

“与国内外岩画相比较，左江花山岩画无论在分布的地理环境、作画地点、绘画颜料、绘画方法，还是画面规模、图像种类与形态、文化内涵和艺术风格等方面，都具有其独特性和创造性，表现出鲜明的地方民族特色，具有十分重要的历史、文化、艺术、美学与学术价值。”[①] 正是在岩画艺术与文化景观这两个范畴都体现出的优秀品质的交融，造就了该遗产在

① 覃彩銮:《左江花山岩画的独特性》,《广西日报》，2016-07-18.

全球范围内的突出普遍价值。”[①] 2016年左江花山岩画成功列入世界遗产名录的事实，印证了左江花山岩画不仅是中华民族也是全人类共同的艺术瑰宝，具备不可多得的世界文化影响力的潜质与价值。

（一）独特的艺术创造性：左江花山岩画是世界岩画艺术的瑰宝

左江花山岩画地处中国西南边疆，具有鲜明的地域性和特殊性，岩画艺术成就独特，堪称创造性的天才杰作。首先，独特的选址环境。纳入世界文化景观遗产的左江花山岩画共3个区域包含38个岩画点，这些岩画点的选址大都在江河转弯处、面向江水来向的陡峭崖壁上，岩画、山崖、台地与流淌的河流及河岸周边自然美丽的生态环境共同构成独一无二的景观。其次，神秘的作画方式和杰出的绘制技术。岩画遗址多在河岸难以攀援的悬崖峭壁上，古骆越人是凭借什么工具到悬崖峭壁上作画的？虽然目前推测有山顶绳吊法、攀岩法和搭架法三种，但无论采用哪一种方法在悬崖峭壁上作画，在今天看来，没有卓越的技术水平及身体体能仍极为艰难。更令人惊奇的是，究竟用什么颜料、技术在岩壁上作画使其历经千年而不褪色？当今因为技术的先进可以检测出颜料的基本成分，但要配制出同样功效的颜料，没有丰富的专业知识和卓越的工艺技术仍极其不易。再次，作画年代的久远及跨度之大绝无仅有。根据碳-14测定，岩画的制作年代大概在战国时代至东汉末年即公元前5世纪至公元2世纪之间，中间跨度约700年，这意味着在漫长的岩画绘制传统存续的年代，骆越族群社会组织结构应当相当成熟，否则很难有协调统一的行动。最后，岩画色彩之艳丽、风格之突出、规模之宏大和表现形式之独特可谓空前。左江花山岩画共包含38个岩画点107处岩画3788个图像，是中国南方乃至亚洲东南部区域内已经发现的规模最大、图像数量最多、分布最集中的岩画群。

---

① 赵云:《左江花山岩画文化景观突出普遍价值解读 —— 杰出的岩画艺术与独特的文化景观》,《中国文化遗产》，2016年第4期，第4–13页。

其中，尤以崇左市宁明县城中镇耀达村濑江屯明江岸边崖壁上的岩画群最为著名，被视为左江岩画的代表，该处岩画点在当地壮语称为“岜莱”（PyaLaiz），意思是绘有花纹、图案的山崖。此处岩画为中国乃至世界上迄今为止发现的画面最大、图像最多、规模最宏大、种类最丰富、保存最完整的单体岩画长廊，其1800多个图像全部用赭红色颜料平面涂绘而成，其主体形象是“蹲式人形”图像，呈蛙形状态，辅助形象为动物、器具等，通过精心构图、密集组合，“最终构建成内涵丰富、逻辑清晰的图像表达系统，创作出画幅巨大、内容丰富、描绘宏大祭祀场景的画面”[①]，具有文化、艺术、宗教、考古等多重意义和价值。总之“在世界范围内具有独创性和创造性，是左江花山岩画对于世界岩画的一个伟大贡献”[②]。

（二）鲜明的民族特性：左江花山岩画是骆越文化的见证

岩画是凝固在岩石上的巨大史诗，常常能为一种已消逝的文明或文化传统提供一种独特的见证。左江花山岩画“是迄今为止在该区域发现的规模最大、内涵最丰富、最重要的文化遗存，故这一见证既独特、神秘，又极其珍贵”[③]。广西左江流域是壮族先民骆越族群的集中聚居区之一，这里世代居住着骆越民族及其后裔。至今流域内的崇左市仍是中国壮族人口最为集中的设区市。作为壮族先民骆越族群的文化遗存，左江花山岩画是骆越文化最集中的展示，岩画中的图像、画面、场景及其艺术表达的丰富性、神秘性集中体现了壮族先民古骆越族群的文化特征，蕴含着鲜明而独特的价值取向和精神追求。仅从左江花山岩画中的人物图像来看，据不完

① 赵云：《左江花山岩画文化景观突出普遍价值解读——杰出的岩画艺术与独特的文化景观》，《中国文化遗产》，2016年第4期，第4-13页。

② 赵云：《左江花山岩画文化景观突出普遍价值解读——杰出的岩画艺术与独特的文化景观》，《中国文化遗产》，2016年第4期，第4-13页。

③ 赵云：《左江花山岩画文化景观突出普遍价值解读——杰出的岩画艺术与独特的文化景观》，《中国文化遗产》，2016年第4期，第4-13页。

全统计，人像占全部图像的95%以上，这些人像以裸体为特征，发式有披发、短发、辫发、椎髻四种，也常有羽饰，都带有古骆越人的服饰文化习俗，其“蹲式人形”图像呈蛙形状态，也与骆越族群信仰崇拜有关①。岩画中含有众多的铜鼓图像，见于35个岩画地点，计有254面之多②，铜鼓既是号令之鼓，也是祭祀神器，是骆越铜鼓文化的生动体现。此外，还有环首刀、羊角纽钟、羊角头饰、舟楫以及猎犬鸟兽等等，这些图像及其仪式场景画面，都是骆越族群日常生活、民间信仰及其宗教仪式活动的真实记录。骆越先民将其中最具有代表性的场景、动作、神态等仪式画面绘制于崖壁上，不排除有希望这些图像能像真正的祭祀仪式那样发挥作用的心理愿望，以此求得灵魂的慰藉，得到某种超常力量的庇佑。所以，以岩画为代表的花山文化堪称中国壮族历史文化和民俗文化资源的瑰宝，解读这部宏大的史诗，可以探寻到古骆越民族早期文明的足迹，了解民族根脉、流脉，唤起民族历史记忆。

（三）显著的稻作文化特征：左江花山岩画是骆越稻作文化的标志

水稻、小麦和玉米是当今世界的三大粮食作物，其中以大米制品为主食的人口占到一半以上，可见发明水稻栽培种植对于全球的重要意义。已有的考古成果充分说明，“中国是世界上最早发明水稻人工栽培的国家”，而“最早发明水稻人工栽培的是中国南方的越人，即江南汉族的先民和壮侗语系民族的先民，而壮族地区在越人稻作文化区中居于核心地位”③。壮族先民骆越人生活的左江流域，其水文、地理因素和气候条件为水稻种植生产提供了良好的自然生态环境，为骆越人成为稻作民族奠定了物质基

---

① 王克荣、邱钟仑、陈远璋:《广西左江岩画》，北京：文物出版社，1988年，第189–191页。

② 王克荣、邱钟仑、陈远璋:《广西左江岩画》，北京：文物出版社，1988年，第193页。

③ 梁庭望:《左江花山岩画的稻作文化内涵》,《当代广西》，2016年第16期，第28–29页。

础。围绕稻作农耕活动和族群繁衍，骆越人形成了自己独特的物质民俗文化、行为民俗文化和精神信仰文化，并在左江花山岩画文化遗存中得到集中展示，“左江流域的岩画内容非常丰富，它的主题其实就是一种稻作文明的宗教信仰表达，其内容是骆越人围绕两种基本生产——稻作生产和人的生产而举行的宗教祭祀仪式场面的图画”①。岩画中的图像、仪式和场景即体现了稻作民俗文化元素，蕴含着丰富而鲜明的稻作文化特征。从左江花山岩画的主体形象“蛙形人”来看，人身蛙形的图像是对壮族图腾蛙神的崇拜和祭祀，有祈求风调雨顺、水稻丰收和保佑人丁兴旺的含义。其他形象如铜鼓“日芒纹”“环首刀”“犬祭图”“行舟图”等都是祭祀蛙神的器物或辅助仪式，是稻作文化的体现。古骆越人把这种祭祀场面重现在悬崖峭壁上，也不排除希望将族群信仰世代传承下去的意图。与稻作生产生活有关的祭祀仪式及其衍生出来的节日活动，至今仍保留在骆越后裔壮族人的生活当中。如左江流域的“歌圩”“霜降节”“侬垌节”，龙州金龙一带在稻作农耕之前的“求务”法事仪式，红水河中段的巴马、凤山、东兰一带的“蛙婆节”（也叫“蚂蚂节”）等，都带有左江花山岩画稻作文化的遗韵。

三、提升左江花山岩画文化影响力的思路与对策

（一）花山故事：花山之谜与花山传说

自发现左江花山岩画文化景观遗址以来，专家学者对其作画人、作画年代、作画颜料、作画手法技巧、作画意图等问题的探究从未间断，并取得了一系列重大成果，然而，即便如此，仍有一些方面未有确切的定

① 李富强：《对左江流域岩画的新认识》，《广西民族研究》，2015年第4期，第126–134页。

论。比如，通过检测分析可测定岩画涂料的基本成分，但其中的配比方法和工艺技术仍难以确定，涂料颜色为何经历过上千年的风雨侵蚀、岩石风化以及自然病虫害仍然基本保持？又如，古骆越人为何会冒着如此巨大的生命危险在悬崖峭壁上绘制这些图像？他们出于什么目的意图？其文化内涵是什么？ 围绕这些问题，专家学者们提出了岩画创作动机和内涵的各种假说，其焦点集中在“祭祀水神说”“巫术文化说”“祭祀蛙神说”“祖先崇拜说”这几种观点上[①]。这些观点虽都有一定的合理性，但仍未能完全定于一尊。谜一样的花山充满神秘和遐想，正因如此，左江花山岩画充满故事和传说，围绕左江花山岩画的神秘和种种传说像左江花山岩画一样久远，在左江流域壮族民间代代相传，构成了关于花山的故事。左江花山岩画并不缺少故事和传说，但这些故事和传说在区域内外还没有广为人知，因此，一方面要让已有的故事传说广为流传，另一方面还要深入古骆越民族生活过的区域，尤其是岩画遗存比较集中的左江流域，继续挖掘、收集、整理流传于民间的传说和故事，让更多的民众通过花山故事了解花山，加深对花山的认知与认同，进而培育和提升左江花山岩画文化的吸引力、向心力、凝聚力和影响力。

（二）花山印象：花山之旅与花山体验

良好的文化印象是文化产生影响力的前提和基础，而人们对一种文化的印象往往是通过各种媒体的宣传报道、可见的历史文字资料和实地参观考察体验而得到的。因此，要进一步提升左江花山岩画的文化影响力，须在做好左江花山岩画媒体宣传的基础上，着重从花山实地参观考察和旅游体验的角度在“花山印象”上下足功夫。通常，实地考察体验是个体在旅游中通过观赏、参与、模仿和消费等活动形式实现的。左江花山岩画地处

① 李富强：《对左江流域岩画的新认识》，《广西民族研究》，2015年第4期，第126–134页。

广西左江流域，周边峰峦起伏、绿水如带、密林通幽，岩画画面色彩鲜艳，雄伟壮观，山、水、林、画融为一体，景色宜人，若能打通周边交通经脉，完善相关旅游设施，就可以使游客在畅游花山岩画景观过程中获得令人心旷神怡的感官体验；此外，左江花山岩画是中国南方壮族先民骆越人社会生活的场景再现，岩画内容丰富，意境深沉，震撼人心，在不影响花山岩画文化景观保护的前提下，依据花山文化本体及其相关联的骆越文化、稻作文化、铜鼓文化、歌舞文化及山水文化等的内涵，结合现代生活进行适度的花山体验项目开发并打通相关产业链，可使游客获得良好的深度体验。如开展现代生态农业体验活动，举行“花山印象系列”表演，创办花山文化博物馆，参与衣食住行民俗活动、节日游戏及岩画临摹活动，观赏花山歌舞及民族工艺品制作，品尝壮族传统美食，购买花山岩画纪念品等。通过游览、娱乐、美食、购物等一系列美丽花山之旅的活动及项目，充分满足游客的感官体验、情感体验、心灵体验及精神体验，使游客得到不同于其日常生活的愉悦感、获得感，形成良好的花山印象，感悟别具一格的花山精神，提升左江花山岩画的文化影响力和吸引力。

（三）花山精神：花山之魂与花山回响

作为壮族先民创造的文化遗产，左江花山岩画展现了壮族先民对稻作生产和族群自我生命存续、种群繁衍的主体意识，对图腾崇拜、生殖崇拜、祖宗信仰、自然崇拜及巫文化信仰等民间信仰文化心理的认知及文化表达方式，其所蕴含的文化基因、精神元素、族群信仰、族群文化心理等依然存活在左江区域民族日常生活当中，体现在左江区域现代民俗文化之中。如以糯米为主食、以五色糯米饭祭神的饮食及祭祖习俗；独特的民族服饰及干栏居住等习俗；左江区域民族民间独特的传统节日，如“三月三”、侬垌节、霜降节等。虽然这些节俗已经由神事化的祭祀活动逐渐演变为世俗化的节庆活动，但其活动内容、仪式仍然带有左江花山岩画仪式场面的文化元素，这些祭祀拜祖活动与左江花山岩画上壮族先民的祭祀行为一脉相承，是千百年来人们在生活和生产中积淀形成并共同遵守的风俗习惯。然而，左江花山岩画文化的影响远不止于此，它在审美感悟、艺术想象和表达上所体现出来的神秘、丰富和深刻，一直被人们津津乐道并竭力寻求解答。当前，左江花山岩画已经成为人们艺术创作的重要题材，作为具有独特文化基因和精神的文化艺术符号，它带给区域内的艺术家、作家及艺术工作者以无限的想象力和创造力，是人们文艺创作的灵感源泉，如《走向花山》《岩画与河》《红水河》等文学作品及当代“文学桂军”的崛起，再如《花山战鼓》《骆越神韵》《花山》和《蚂蚜舞》等以左江花山岩画为题材创作的经典舞蹈剧目，又如广西著名画家周氏山作、大荒兄弟的艺术作品，等等，这些艺术创作都是人们对“花山之魂”孜孜以求而带来的“花山回响”。可见，积极鼓励和推动有关花山岩画题材的花山影像、花山文学和花山艺术等创作活动，对于进一步提高左江花山岩画文化品牌的影响力具有非常重要的作用。

（四）花山传播：花山之声与花山流传

位于广西西南边境地区的左江花山岩画是壮族先民古骆越人创造的文化遗产，它是中华优秀传统文化的重要组成部分，左江花山岩画的保护与利用对提升民族文化自信、维护国家文化安全和人类文化多样性都具有异乎寻常的意义，对于促进中国和东盟各国的文化交流与合作以及“一带一路”建设也具有尤为重要的历史意义和现实作用。讲好花山故事，传播花山之声，使左江花山岩画文化得以在国内外广泛流传开来，是讲好中国故事、传播中国声音、提高中华优秀文化影响力的重要因子之一。其一，利用花山故事和花山传说，进一步挖掘、提炼左江花山岩画景观所蕴含的民族文化精神内涵，通过广播、电视、报纸、微信、微博等多媒体形式并借助研讨会、节庆活动平台进行广泛宣传，在广西区域内形成高度共识，提高区域的文化凝聚力、认同力和传承力。其二，以“骆越根祖，岩画花山”作为文化标识，打造面向东盟的骆越根祖文化品牌。左江花山岩画文化是壮族先民古骆越民族创造的灿烂文化，骆越后裔遍及中国西南诸省及东南亚各国民族，要充分利用这一得天独厚的条件，进一步加强与东南亚各国的文化合作与交流，通过举办各种形式的论坛和骆越“贝侬”互动走亲戚节庆活动，综合运用各种现代媒体手段在东南亚进行传播，形成共同研究、协同推介、广泛宣传花山文化的格局，扩大花山文化作为骆越根祖文化在东南亚的传播力、认同力和影响力。其三，加强对外交流，吸收各国优秀文明成果，增强民族文化自信，突出左江花山岩画文化的民族特色、区域特色和国际特色，把左江花山岩画景观区建成骆越文化圣地、壮民族文化高地。

（五）花山保护：花山之貌与花山环境

文化遗产是历史与文化的积淀，其中一个重要的功能是记载历史与文明，属于不可再生的珍贵资源，具有不可复制性和无法超越性，它不仅仅是当代人的财富，更是子孙后代的财富。左江花山岩画不仅是壮族先民骆越人遗留下来的文化景观遗产，也是全人类共同的文化瑰宝，被称为“无字的天书”，展现了壮族自古以来的价值取向、精神追求和族群文化，彰显了民族的内在活力和创造力。目前，在缺乏更多的文字史料、考古材料和出土文物的情况下，要保持左江花山岩画所标示的民族文化精神永续相传，提升左江花山岩画的文化影响力，就必须保护好左江花山岩画文化资源的完整性，即保护好现存的岩画、崖壁及其地台原貌、周边山体、河流环境等的生态平衡，只有保护好岩画文化景观区域的生态安全，左江花山岩画文化才能得以传承下来，才能产生更大的影响力。据已有的经验看，在文化遗产申遗成功的初期，通常会引发一段时间的文化遗产地旅游“井喷”现象，左江花山岩画申遗成功后也不例外，因此，我们不仅要考虑如何进行旅游开发利用的问题，而且还要从整体上谋划好如何更好地进行保护的问题，如果一味盲目地追求短期经济利益，忽视了文化遗产的脆弱性和旅游承载力问题，大规模、超容量地接待游客，甚至在景观红线保护区域内进行一些不恰当的项目开发，势必会损害文化遗产，得不偿失。所以，申遗的成功，并非功成名就、一劳永逸，而是新的开始，是站在保护世界文化遗产的高度和科学的角度去认真谋划好保存、保护与利用的问题。目前，第一部比较完整的关于左江花山岩画保护的地方法规《广西壮族自治区左江岩画保护办法》已经出台，左江花山岩画文化景观遗产的保护已经有法可依。同时，我们要在保护的基础上加以利用，推动文化旅游产业的发展。

花山文化传承、保护、开发与“壮美广西”建设

唐华清　黄红涛

摘　要：广西左江花山岩画是古壮族先民中的西瓯、骆越族人，在从战国到东汉的漫长历史时期内，先后在临江高山的悬崖峭壁上绘制而成，距今已有两千多年的历史，是广西左江流域壮族传统文化的瑰宝，历来备受国内外关注，2016年入选世界文化遗产名录。传承、保护、开发好花山文化，在“壮美广西”建设中具有重大的现实意义和深远的历史意义。

关键词：花山文化；传承保护；“壮美广西”

花山岩画是古壮族人的一个支系——西瓯、骆越人在两千多年前陆陆续续绘制而成的，时间大约跨越战国到东汉时期[①]，因为大都在濒临左江边的高山悬崖峭壁上作画，历经千年历史而较好地保存至今，成为富有民族特色的花山文化，堪称左江边上的“千古之谜”，历来备受国内外学界关注，探究者众多，研究成果颇多。2016年7月15日在土耳其伊斯坦布尔召开的联合国教科文组织第40届世界遗产大会上，左江花山岩画文

① 广西壮族自治区民族研究所编：《广西左江流域崖壁画考察与研究》，南宁：广西民族出版社，1987年。

化景观通过审议，列入“世界遗产名录”，成为中国第49处世界遗产，实现了广西和壮族世界文化遗产“零的突破”，同时填补了我国岩画类世界遗产的空白[①]，花山文化进入了历史发展的新阶段。花山文化的成功申遗，无疑在“壮美广西”的建设上具有重大和深远的现实与历史意义，具体而言，在民族文化的弘扬、边疆民族地区的经济社会发展和生态保护上都具有积极的推动作用。

一、做好文化篇：传承好花山文化，让民族文化“壮起来”、精神文明“美起来”

花山文化的传承、保护与开发是“后申遗时代”的历史机遇与任务，必须充分发挥好政府主导作用、学校主体作用及广大民众的参与作用，使之持续、深入、广泛而有效，从而增强文化自信。

（一）发挥政府主导作用，做好花山文化精品的开发和保护

做好文化篇，政府主导是关键，花山申遗的成功，充分说明了这一点。政府对花山文化的开发主要体现在以下三个层面：一是开展实地考察研究，中华人民共和国成立以来，在各级党委和政府的大力支持下，先后组织专家学者对花山开展了几次大规模的考察研究活动，涉及多个学科领域，取得了重大科研成果，为科学探究和揭开千年花山神秘的面纱提供了大量的科学数据和理论依据；二是组建科研机构，如花山研究院、左江流域文化研究中心等，系统、深入地开展花山文化的研究，成果丰硕；三是组织花山文化的系列活动，如举办骆越根祖祭奠大会、壮族“三月三”民族传统文化艺术节、中国－东盟文化艺术节、壮族歌坡节、花山印象系列

① 蒋肖斌:《广西左江花山岩画文化景观成功申遗》,《中国青年报》，2016-07-16.

影视和歌舞剧等，还通过广播电视、网络新闻等媒体深度宣传花山文化，如魅力中国城等，使花山文化得到广泛传播，花山文化魅力吸引了广大国内外游客，产生了广泛的社会影响和积极的社会效应。

政府的主导作用还体现在对花山文化的保护方面，两千年的风吹雨打，日晒雨淋，岁月的沧桑，护理的缺失，使得花山长期处于“自生自灭”的“天然”状态，雨水漫漶、岩石崩塌、台地裂陷等自然灾害时有发生，以及游客随意进入而在岩壁上题写刻画等人为破坏，都会对花山造成直接的损毁，有些图像已有被掩埋、剥损、坍塌的情况，只有在政府组织下，调动人力、物力、财力和高科技等条件和因素，进行修复、防护，同时对花山的考察、旅游等行为进行有效的、科学的管理，才能使花山出现的这些损失得以遏制，保护好花山文化。

（二）发挥学校主体作用，做好花山文化的传承工作

学校是花山文化的传承主体，无论是大学还是中小学校都可以结合各自的办学实际和特色，开展花山文化传承工作，把优秀民族传统文化融入教育教学中，甚至在一些学前教育阶段也可以进行启蒙教育，形成浓郁的校园民族传统文化，使各族师生在耳濡目染的基础上了解、喜爱、接受、传承、传播花山文化。

大学应该成为花山文化传承的主要场所，可以从以下三个方面开展：一是建立研究机构，开展花山文化研究，把民族传统文化融入教育教学，加强学科、专业建设，深度开展民族传统文化的研究、传承、弘扬，如民族体育学科，把花山拳术引入教学，既可传承和弘扬民族武术，又可使广大师生达到强身健体的目的；民族艺术学科，可以把花山岩画的绘画艺术引入教学，可以挖掘民族舞蹈、民族音乐，形成特色教学；民族学、民俗学等学科可以开展多方面的理论研究。二是通过举办校园文化艺术节和少数民族传统体育运动会等形式，传播、弘扬花山优秀传统文化和西南边疆

少数民族传统文化，使花山文化通过来自全国和世界各地的广大师生传扬开去，如广西民族师范学院举办的“中国壮乡‘三月三’校园文化艺术节”，规模宏大，内容丰富，既有大型文艺会演、民族文化传承、民族艺术展演、民族体育体验，又有花山文化高级别论坛，得到广大师生的欢迎和喜爱，也通过融媒体进行了直播，产生了广泛的社会影响，艺术节也已渐成品牌。三是建立花山文化传承基地，使花山文化传播、弘扬有师资保障、物质保障、设施设备保障、技术条件保障，做到传承可持续发展。

（三）发挥民众参与作用，做好花山文化的挖掘整理和普及工作

民众的广泛参与，是花山文化得以广泛、深远和持续传播传承的基础，主要有四个层面：一是花山文化的民间挖掘整理工作。如民间传说、民众口口相传的关于花山的历史故事等的挖掘整理，花山文化传承人的技艺传承，如花山拳术通过民间传承人的代代相传，使花山文化的精神和内涵得到久远的传承传播，这是一条重要的途径。二是开展花山文化的群众性活动。通过山歌传唱、传统文化艺术节、少数民族传统体育运动会等群众性活动形式，把花山文化广泛传播开来，使优秀传统文化在民众间从自觉走向自信。三是开展科学普及活动。把花山文化的内涵传播给民众，教育民众，使广大民众从科学视角把握好花山文化的精髓，摆脱历史上对花山岩画的不科学解读，使民众从花山文化的创作年代、创作族群、表达的思想等方面全面了解花山，正确认识花山，摆脱对花山文化的畏惧与迷信。四是搞好花山文化的旅游宣传及服务工作。申遗成功后的花山进入“后申遗时代”的开放开发阶段，国内外游客会比以往任何时候都多，因此，做好对游客的宣传和服务工作，满足游客对花山“千古之谜”好奇心的解答，将是花山文化对外宣传的一条重要途径，也是花山文化得以广泛传播的好渠道。

二、做好经济篇：开发好花山文化，让民族经济“壮起来”、发展质量“美起来”

抓住“一带一路”和中国–东盟自由贸易区等国家战略的实施，做足花山文化品牌，打造富有边疆特色和民族特色的旅游产业文化精品，做强花山文化旅游产业，实现民族地区经济高质量发展。

（一）彰显特色，开发花山文化旅游产业

左江花山岩画是独具南方民族特色的崖壁画，主要在沿江高山的悬崖峭壁上绘制而成，集中反映了西瓯、骆越民族从原始社会末期到阶级社会形成初期的原始宗教活动，表达了那个时代部族人在穷山恶水的险恶环境下对风调雨顺、生产发展、族人兴旺的祈愿，号召族人团结奋起对自然灾害、部落争战进行不懈的抗争，场面宏阔，气势恢宏，震撼人心，叹为观止，艺术感染力超强，充满神秘色彩。在“后申遗时代”开发花山文化，首要任务是把花山文化景观开放给国内外游客，把游客带到现场，使游客饱览花山岩画现实图景，满足游客多年的夙愿，使游客慢慢揭开花山神秘的面纱，品味千年花山神韵，解读花山“千年之谜”。现场考察花山，主要是通过旅游船搭载游客，从江面上由远及近，当船由江心慢慢靠近花山岩画台地时进行观察是比较理想的，视角、远近、山与水的距离、周边的整个环境等因素都可在考究的视野范围，应该是最佳的考察方案，为此，要做好水上交通的建设与维护工作，服务好现场考察研究工作的开展。此外，陆路交通也做好配套加以完善，方便游客随时到达各处岩画景点，进行比较研究、参观、考察。

（二）打造精品，做足花山文化产业品牌

采用现代信息技术、融媒体技术、大数据等，打造文化精品，将花山文化所内蕴的思想以艺术再现的形式表达出来，呈现给观众或听众，具有形象性、生动性、直观性的特点，传播面广而迅速及时，有时代气息，也能跟上现代观众或听众的节奏，同时满足了现代社会人们对异域风情、不同民族文化及历史发展的好奇之心，也能增进不同文化的相融相通，增进不同民族间的文化认同，增强文化互信，不仅可以收到较好的艺术效果，有效地把花山文化传播出去，还可以迅速地、全面深入地扩大花山文化的宣传，进一步提升其地位和影响力。比如，以歌舞剧、话剧、现代剧等艺术形式融合呈现的“印象系列”文化精品，通过灯光舞美、三维技术、动感舞台、震撼音效、浪漫情节、悠远传说、神秘梦幻等艺术集中呈现，将左江流域古壮先民西瓯、骆越人的创世神话、部落征战、灾害抗争、民族繁衍、追求幸福、向往和谐、寻求光明等动人故事，生动、形象地传达给观众，既形成艺术精品、文化品牌，又带来可观的经济效益，促进本地经济文化事业的繁荣发展。

（三）立足边境，做好关联性产业发展

改革开放四十多年来，人民生活实现从温饱到小康的历史性跨越，“富起来”的国人生活结构发生历史性变化，旅游、休闲、娱乐等消费也随之迅速生长起来，旅游产业在国内日渐兴盛，成为扩大内需、拉动经济强势增长的朝阳产业，在此背景下，富有青山绿水生态美和奇异多彩民族风情的少数民族地区备受旅客青睐，迅速发展成为国内最大的旅游目的地，既满足了国内外游客旅游消费的需求，也给民族地区带来旅游业的繁荣发展，改变了民族地区历史上贫穷落后的面貌。左江流域既是少数民族聚居区，这里以壮族为主，多民族共同聚居，除了壮族、汉族、瑶族为世居民族以外，还有苗、侗、京等34个散居少数民族，其中，壮族人口占89%左右，各民族团结和谐；也是红色革命的热土，1930年2月邓小平在此地领导发动了震惊中外的龙州起义；同时也是有着悠久历史的南国边关，中国九大名关之一的友谊关，驰名中外，近代史上著名的镇南关大捷就是在这里打响；这里也有驰名海内外的美丽的亚洲第一大跨国大瀑布——大新县德天跨国大瀑布。发展左江流域的旅游业，可以把花山文化、红色文化、边关文化、民族文化，直至跨境旅游一起考虑进去，开发好相关产业链，做足关联性产业发展，形成产业集群，既可在更高程度上吸引国内外游客，也能促进本地区旅游业的结构优化，提升产业品质，持续推进祖国西南边疆民族地区经济高质量发展。

三、做好生态篇：保护好花山生态，让绿色发展“壮起来”、民族地区生态“美起来”

（一）树牢绿色发展理念，保护花山生态美

“绿水青山就是金山银山”，对于今天的左江流域而言更是突显生态的重要性。左江流域本是喀斯特地形地貌，山险水恶，生态环境脆弱，生存条件本已艰难；加之又处在亚热带季风气候区，水旱无常，农业基础差；近代以来，长期处于战争前哨，工商业、旅游业等发展缓慢。改革开放以来，这里才渐渐成为对外开放的前沿地带，成为中国通往东盟的门户，通道经济逐渐成为比较优势，随着开放程度的加大，交通等基础设施的建设与维护、美好生态环境的保护、相关优势产业的相互协调发展等必须相依相存、共生共荣，美好的生态、优质的资源、和谐和美的文化才是对外开放的魅力所在，才能对国内外产生强大而可持续的吸引力，形成竞争优势，因此，必须牢固树立走绿色、环保的生态发展之路的理念，坚持走可持续发展之路。其实，从花山文化的内涵解读而言，古壮先民西瓯、骆越人也早已在两千多年前的岩壁画上宣示了生态和谐的理念，坚持呼吁族人同大自然作斗争，战胜穷山恶水，祈求族人世世代代得以生生不息，只不过悠远历史上的他们是通过原始宗教的仪式进行祈福祷告罢了，可谁

也不曾否认，这种带有古朴色彩的原始祭奠仪式在世居此地的民族心中埋下了超强的意志和信念的种子，这种意志和信念成为流淌在本地区民族人民中的血液和基因，这种因子一经点燃便成为一种文化的力量。一种浓郁的与大自然和谐共生的“那文化”，就是水田稻作文化，而这里的水田并不是平原旷野式，是在山间水坝世代耕耘，艰苦劳作，甚至精耕细作而成，来之不易，当地人倍加珍惜，不容破坏，这是良好的生态理念树立的坚固根基。

（二）夯实生态保护基础，建好花山生态保护屏障

花山生态保护应是一个系统工程，不是头痛医头、脚痛医脚的零敲碎打所能解决得了的问题，必须从微观、中观和宏观三个层面上加以推进，标本兼治，方可持续。

首先，花山岩画的图像保护是微观层面，属于治标范围，主要包括山顶和山脚两个方向。针对长期从山顶上流下来的雨水对岩画图像本身的侵蚀、掩盖，及至造成的岩体剥蚀和崩塌，可以从山顶植被的保护做起，引导山顶雨水改变流向，使之向背离岩画图像所在的岩壁方向流淌，不直接从图像上流下，另外可以考虑在岩画所在地正上方的山顶岩壁建造挡雨墙带或者堵住流下来的水道，可以缓解问题的发生。山脚台地可以采取加固台基、加装防护栏、处理崩塌岩石等措施，禁止游客随意出入乱涂乱画、任性题字。

其次，左江流域河道的整治是中观层面，主要包括禁止盗采河沙、私建码头等对山体基岩造成危害的行为发生，保护好河堤；保障河道的交通运输安全，保护河流水质不受污染；做好陆路交通的科学规划，禁止在附近山体开采岩石矿石、开通山路等破坏行为出现。

最后，对左江全流域的生态进行保护是宏观层面，对从上游、中游到下游的河道、植被、矿藏、农业、工业、山林、水库等进行全方位的整

治，力促生态良性运转，也包括对道路、城镇的建设规划，乡村生态治理等方面进行综合治理，保持山清水秀、环境优美，确保全流域生态安全。

（三）宣传好教育好广大群众，确保花山生态保护可持续发展

生态文明建设必须发挥人民群众的主体性作用，依靠人民群众的行为自觉；必须开展生态文明的教育，进行生态文化的普及，使广大人民群众在生产和生活中养成保护生态的行为习惯，花山生态的保护也是同样的道理；必须宣传好教育好广大群众，增强群众的环保意识，强化绿色发展理念，走可持续发展之路。针对不同的群体，主要从以下五个层面开展保护工作：一是政府部门层面上的决策群体、执行群体，这是花山生态保护的主力军，是政策的制定者、执行者，其措施的强弱程度、执行力度，直接关系到花山生态保护目标的达成，效果的保证，在花山生态保护上哪种行为应该提倡，哪种行为应该禁止，就看这一层面的力度有多大、态度有多坚决、工作有多到位，比如上文提及的花山岩画本体的保护、台地的加固、河道的整治、道路交通的规划建设、防护措施的保障、相关企业及个人行为的规范等，凡是涉及花山岩画保护的关联性问题，必须由这个层面来主导，才能有效调动各方力量和积极性，确保花山生态保护取得实效。二是群众层面的践行群体、守护群体，这是花山生态保护的基础，包括社区、城镇、乡村的广大民众，要广泛、持续、深入地对他们进行宣传教育，唤起他们对花山生态保护的觉醒，包括对花山文化的科学认识，保持与世界非物质文化遗产保护的强烈意识相适应、相对称、相一致、相同步，自觉参与到花山文化的保护行动中来。三是学生层面上的受教群体、生力军群体，从学前教育、小学教育、中学教育群体到大中专层面教育群体，持续开展花山生态保护的宣传教育，营造良好的校园文化氛围，使广大学生从小养成保护花山生态的思想意识、行为规范和行动自觉。四是游客层面上的行为规范群体、规则遵循群体，无论是国内游客还是国外游

客，都必须对他们进行有效的花山生态保护的宣传教育，规范他们的行为，制止游客随意破坏花山岩画、随意污染花山周边的环境，甚至包括任意诋毁花山文化、曲解花山文化内涵、散布民族文化优劣论等行为，让游客自觉维护好花山文化的地位及价值。五是国际合作层面上的互惠群体、共享群体。左江流域上游的河流大部分源于越南北部，或者如发源于靖西市的归春河，南流过越南北部后又折回我国境内，形成德天跨国大瀑布，所有这些河流都具有国际性，因此，在生态保护上应该朝着建设人类命运共同体的目标，积极调动各方积极因素，共同维护好本流域内河流的生态环境，最终实现互惠互利。

保护好花山良好生态环境，走可持续发展之路，是民族地区根本利益所在。

第四篇 花山岩画旅游开发研究

广西左江花山岩画发展民俗旅游探析

黄新宇

摘　要：广西左江流域花山岩画是壮族文化的杰出瑰宝，其民俗旅游前景较为乐观。文章针对当前民俗旅游的开发现状以及存在的问题进行了综合分析，并提出开发、发展模式的探讨和思索。花山岩画的成功申遗，其民俗旅游如何借鉴他者的成功经验，借助有利机遇进行可持续的开发、保护和发展，改善民生，则是更值得深思的本质问题。

关键词：左江花山；岩画；民俗旅游

一、基本情况

广西左江地处祖国西南边陲，其花山岩画在左江流域绵延两百多公里，其中以宁明县明江河段花山岩画最具代表性。自二十世纪五六十年代以来，广西壮族自治区人民政府数次邀请、组织历史学、考古学、民族学等各界专家到左江进行实地考察勘探，辨认图像约5258幅；二十世纪八十年代中期，通过碳-14测定，基本断定岩画成画时间在战国至西汉，但不排除作画年代上限扩展到春秋晚期，下限延伸至东汉的可能性。明江河段岩画规模最为宏大，影像最为集中，单幅画面图像最多，有人物、禽兽、圆圈、刀剑器具等。从描影形式、内容、手法、地点、造型等来看，花山岩画展示了壮族先民对族类生命的认知，对周围世界的认识，对生存、生命延续的向往和渴求，以及对力量的崇拜和对美的敬仰，先民通过自我的主体性地位意识展示乐观自信的文化意识，表现了族众激昂的民俗文化风采，再现了百越先民原始古朴的宗教内涵和文化特征，体现了族群追求灵魂安宁的文化心理。

民俗旅游是民俗与旅游相互结合的产物，是以民俗事象为主体内容的旅游活动，给游客以文化、精神上的享受和体验，这是社会经济文化发展到一定程度后游客更高级的精神追求和旅游趋势。花山岩画展现了左江流域的民族民俗、文化艺术、跨国跨境风情等独特内涵与魅力，展现了壮族民众鲜活的动态文化、活态文化，并以当地百姓的具体活动为文化娱乐载体，让游客参与互动、体验了解其民俗。因此，开发花山岩画民俗旅游具有极高的文化价值、经济价值及社会价值，其发展潜力巨大。

左江流域地处中国通往东南亚陆路门户的广西西南部，包括崇左市宁明县、龙州县、江州区、大新县、扶绥县等地，该区域为我国面向东南亚的最前沿，是南宁—新加坡经济走廊的重要节点旅游胜地，具有“沿边、临首府、近海、连东盟”等得天独厚的区位优势和地缘优势。近年来，崇左市积极打造边关风情旅游带，立足岩画旅游资源，依托中越边境的地域优势，发展旅游产业，进一步推动花山岩画旅游产业的持续健康发展。最近几年，崇左大力实施“陆路东盟崇左看”战略，主动融入“南北钦防玉崇百”区域经济，形成崇左“通边达海”一小时交通圈格局，将花山岩画旅游的区位优势、资源优势和政策优势转化为发展优势。崇左市正依托国家“一带一路”发展战略，构建面向东盟区域的国际大通道，打造西南、中南地区开放发展新战略的支点，最终形成21世纪海上丝绸之路与丝绸之路经济带有机衔接的重要门户。当前，崇左市全力打造陆路东盟大通道，努力打造边境旅游胜地，大力推进跨境经济合作、中越国际旅游合作以及边关风情文化旅游产业，为左江花山岩画民俗旅游的发展提供了重要条件和机遇。

左江花山岩画是崇左市重要的旅游景点，“发现山水崇左　圆梦别样桂林”，建设边关风情旅游带是自治区党委、政府对崇左市旅游发展提出的要求，如何做好左江花山岩画民俗旅游建设规划，其旅游现状及前景如何，可行性、持续性是否符合当地的文化、经济发展要求。针对以上问题，课题组三次造访宁明县，四次深入花山脚下调研，数十人次走访周边县、市、区的旅游、宣传、发改、民族和财政局、花山风景区管理局等单位、部门和民间人士。

二、民俗旅游发展现状

崇左市为全国壮族人口最集中的地级市，壮族人口占比达88.3%，民族文化丰富发达，民俗旅游基础厚实，民间民俗活动活跃，具有独特的南疆民俗特色和跨国跨境色彩。左江流域至今仍在传承壮族民间艺术、体育竞技、歌墟对唱、以歌代言等民俗民风，传达地方族群信仰、人生仪礼、文化风俗等，其活态文化成为重要的民俗旅游资源，而左江岩画则是当地族群文化历时性民俗的集中体现之一。当前，游客文化层次越来越高，对旅游品位的追求随之提升，精神享受等要求不断提高。该现状给花山岩画民俗旅游带来机遇的同时，也对其存在的问题提出更高的改进要求。

（一）基础设施尚未完善

一是左江流域花山岩画民俗旅游度假基地基础设施建设进度较慢。度假基地的住宿宾馆、场地建设、地基开建、路桥修建刚起步，相关配套服务设施初现雏形，但要在短期内把整个工程衔接好、配套好，并非易事。

二是交通问题成为制约旅游发展的因素。从宁明县城到花山对面河岸的道路交通目前还在平整，部分路段凹凸不平，底盘低的小轿车难以通行，雨季时节更是泥泞满路，令人痛苦不堪；目前少数地段过河还要依靠渡船摆渡，在河水暴涨期间更难以操作；跨河大桥工程浩大，全部完工估计也要10个月以上，无形中影响了进度。从目前的修路、搭桥、建房等情况来看，要在短时间内做好配套的基础设施，难度不小。崇左市虽有铁路、南友高速公路横穿其境，但包括花山岩画在内的各旅游景点大多分布在乡村地区或者小城镇，其交通等基础设施滞后，少数景点甚至还不通二级公路，各景点之间也未形成通畅的道路网络，使旅行社对开辟新旅游线路的热情削弱。三是游船档次和导游解说方面的问题。目前往返于左江码头和明江河段花山岩画之间的快艇和大游船不多，快艇和游船档次较低，配套设施尚未完善，机器噪声严重影响游客的感受，使景美、静美左江和旅游氛围不协调，导致游览舒适度降低。导游队伍素质尚需提高，游客在前往花山岩画景点的过程中无法获得较丰富的岩画文化知识。文化遗产旅游客人的重要目的是获得文化遗产方面的知识，如没有高素质导游队伍科学、精彩地讲解岩画文化以及左江流域的自然和人文景观，游客难免期待受挫，进而产生心理落差。

（二）娱乐节目不够丰富

从目前调研采访所获信息来看，左江流域民俗文化旅游主要是以参观、住宿、餐饮为主，其中多数以岩画景观观赏为主，以农家饭菜为招牌招揽游客，初步计划把烧烤列入餐饮项目，但未把诸如舞蹈表演、民歌对唱、游戏互动等民俗活动，以及打陀螺、抛绣球、踩高脚马、板鞋赛跑、划船、擂铜鼓、舂米、磨玉米、打糍粑、打榔赛等富有左江流域少数民族文化气息的娱乐活动设计进来，未能让游客真正参与体验到左江流域丰富多彩的少数民族民俗活动和日常生活习俗，未能对西南边疆少数民族的文化生活进行深入了解。当前，部分景区没有独特创意，未能主动争取回头客及吸引、扩大客源，未把民俗旅游做强做大。花山作为壮族先民伟大的文化创造，被赋予了丰富的文化内涵、高超的艺术技能，蕴含了先民多姿多彩的民俗风情、人生礼仪、宗教信仰、族群精神、生产生活、生殖崇拜等。如仅把重点放在吃喝上，未免单调乏味，缺少吸引力，其创造的二次消费以及游客消费也缺少动力。由此形成的旅游良性消费循环，良性文化传播度不足。在旅游活动较为火爆的景区，大多设置丰富多彩的娱乐活动及互动节目，引导游客深入参与，真切体验，甚至以各种刺激、冒险的方式提高游客依恋度，延长游玩时间，促进二次消费，从而提高收入。桂林乐满地高空体验、南宁动物园加勒比海探险、靖西通灵大峡谷漂流、儿童主题乐园、山歌对唱赠特产等，都安排有游客参与的节目，让其体验各种娱乐活动，寻找刺激，不断引介各方旅客继续前来游玩。

（三）管理规划尚未健全

当前，左江花山岩画民俗旅游更多的是引进投资商建设度假村及其部分附设场所，系列管理规划尚未出台。数年后，一旦其民俗旅游经营顺利，客源充裕，利润可观，极易导致当地村民与投资方之间的利益冲突，难免会出现低价争抢客源、内斗内耗、无序竞争等现象，严重者还会出现群体破坏事件。因此，花山景区管理部门及经销方要事先进行长远管理规划，合理分配旅游收益，共建利益共同体，避免日后纠纷。

（四）民俗品牌效应尚未形成

目前，花山民俗旅游尚未形成独特的品牌、名牌效应，特别是在旅游商品的设计方面，体现花山文化内涵、西南边疆少数民族民俗风格的商品不多，也未形成鲜明特色。如绣有花山图案中具有代表性的蛙形人、犬类动物、铜鼓等的荷包、挎包、头巾、服饰、背袋、香包、水杯、布鞋、壮锦等丝织品、日常用品等商品尚未出现。在游客旅游之际，可展示部分具有当地民俗特色的日用品、艺术品、手工艺品等，用以纪念或赠送其亲朋好友，既可留下美好印象，又可将花山岩画日用品、艺术品赠予他人，吸引更多游客前来游览，从而形成良性循环的旅游模式。同时，不仅可以让游客在吃住等方面进行一次性简单消费，还可以通过有特色的、实用的、有意义的壮族布艺、食品、工艺等消费，扩大影响力及竞争力，形成自身品牌和实物广告宣传，增加知名度和美誉度。

三、当前的建设情况及发展思路

（一）抢抓机遇，策应民俗旅游产业发展

一是依托上级规划政策及措施，积极发展花山岩画民俗旅游产业。近四年来，广西壮族自治区党委、政府以及崇左市委市政府大力实施“发现山水崇左　圆梦别样桂林”旅游发展战略。2010年1月27日，时任广西壮族自治区主席马飚在自治区十一届人大三次会议政府工作报告中指出，把花山岩画申遗列为2010年自治区政府重要工作。此后，花山岩画申遗工作进入一个新阶段，同时得到国家各部委的大力支持，并将其上升到国家文化战略的层面进行。2015年1月，自治区主席陈武深入崇左市各县市，就如何实施好左右江革命老区振兴规划进行调研时指出，要结合崇左实际，大力发展旅游经济，通过整合旅游资源、强化规划引领、抓好重点项目，打造边关风情旅游带，完善旅游业发展格局。2015年自治区政府工作报告中指出，要重点规划建设边关风情旅游带，使左江花山岩画民俗旅游的地位优势更为凸显，前景更加光明，价值得以提升，使其成为继桂林国际旅游胜地、巴马长寿养生国际旅游区之后又一个重要的旅游节点。红水河铜鼓、左江岩画、民间歌墟作为壮族文化的三大代表，对岩画进行挖掘、研究、推介、打造，进而惠泽民生福祉，其意义、价值显而易见，

不容小觑。二是挖掘左江花山岩画内涵，积极传播民俗旅游价值。开展岩画民俗旅游建设，积极传播骆越根祖文化，打造岩画民俗旅游品牌，有利于左江流域经济社会全面发展；有利于富民兴边、富民强桂、巩固民族团结、维护边疆安全稳定；有利于深入实施西部大开发战略和左右江革命老区振兴；有利于完善广西旅游发展布局，加快左江流域旅游业发展，实现从旅游资源大市向旅游强市的历史性跨越；有利于深化广西与东南亚各国的交流交往，加强同根生民族、族群的友谊交流合作，为国家的“一带一路”发展战略建设增色。而且对推进中国－东盟自贸区建设，带动我国西南以及西部地区的开放发展、和平稳定、民族团结、国际友谊，都具有重大的现实意义以及深远的国际战略意义。三是抓好规划编制，主动迎合左江流域旅游新布局。自从决策打造边关风情旅游带以来，自治区相关部门高度重视，目前由自治区旅游发展委员会牵头，就边关风情旅游带建设问题组织开展专题调研、规划编制、经费预算等。边关风情旅游带已被列为广西旅游业“十三五”重点发展线路，崇左市已先后出台左江流域旅游发展总体规划、花山景区详细规划等文件，成立广西崇左市花山国家级风景名胜区宁明管理处，为左江花山岩画民俗旅游发展打下良好的基础。同时，出台了加快旅游业跨越发展及若干政策等一系列扶持旅游产业发展的政策措施，为花山岩画民俗旅游业的发展提供政策保障、依据和物质扶持等。目前，已初步完成崇左市“十三五”文化旅游产业发展课题研究，并启动《崇左市旅游业发展“十三五”规划》的编制工作，为花山岩画民俗旅游的持续健康发展奠定了基础。四是积极策应当前全区经济、旅游布局，整体规划配套建设。花山岩画民俗旅游方兴未艾，申遗工作进展顺利，当前要抢抓机遇，依托国家、自治区、崇左市的政策支持和总体战略布局，积极策应上级部门的规划建设，把相关配套基础设施规划好、建设好，形成一整套、一条龙的民俗旅游服务体系，创建富有西南边疆少数民族民俗特色的旅游胜地，引领左江旅游新局面，使其科学、健康、可持续地发展。

（二）加强项目引进，跟进配套基础设施建设

花山岩画申遗相关县区先前的基础设施及旅游配套设施如交通、餐饮、住宿、娱乐、购物等，与发展旅游强市的要求尚有较大距离，特别是从宁明县城到花山河对岸，从龙州县城到花山山脚的道路交通依然为游客所诟病，再加上相关配套的娱乐活动缺乏及基础设施陈旧落后，多数游客在花山脚下除了抬头数分钟仰望岩画的壮阔风采，惊叹先民的创造与智慧之外，几乎别无他获，往往未能尽兴，便索然而归。针对这些情况，申遗涉及的县区都在加大力度，努力改善相关设施，把基础工作做实做细，将民俗旅游推上一个新台阶。一是加强实施项目引进工作，创建特色旅游项目。目前宁明县已被列入广西特色旅游名县创建县名录，国家旅游发展局已批复崇左市为“全国红色旅游国家合作创建区”，一批具有示范性、带动性和全局性的重点旅游项目相继落地，花山景区的相关配套设施也在加赶进度。崇左市及宁明县正加快旅游线路建设步伐，大力发展美化、绿化环境工程，各条旅游线路以及各项配套设施明显得到较大改善，交通、餐饮、住宿、娱乐等基础设施环境大为改观，档次逐渐提高。如今宁明乡村整洁、环境舒适、景色优美，与周边城市构建“一小时交通圈”格局已初步形成，旅游信息咨询服务等相关配套服务设施得到进一步改善。旅游强市的目标正在推进，随着花山申遗的顺利通过，其旅游前景不可估量。二是花山度假基地建设进度加快，民俗娱乐旅游逐步规划完善。花山度假基地的各项工程正在整合建设，宾馆住宿、农家餐饮、娱乐表演、民俗互动等设施正在设想建设当中，亦即将投入运营。截至目前，花山度假基地的主体已建成，周边的附属设施也在紧张施工，2016年初已开展游客接待工作。

四、建议及对策

针对花山民俗旅游的现状，课题组通过多次现场考察以及召开专题座谈会、专家咨询会、个别访谈等形式，综合各方意见并分析，提出部分意见措施及建议。

（一）借助申遗有利时机，加大宣传力度

通过广播、电视、网络、报刊等多种形式进行广泛宣传，以提高左江花山岩画的知名度、美誉度，扩大影响力。要在崇左市并借助中央、省级乃至境外媒体宣传，普及花山岩画蕴含的民族文化、民族历史等基本知识，增强自豪感，使人人参与，老幼皆知，个个宣传，在地方上达成共识，吸引游客，使其感受花山民俗旅游的热烈氛围。为提高民俗旅游的知名度，除借助各级别、各类型的媒体宣传外，还可搭载中国与东盟国家经济发展战略的便车，到东南亚等地进行推介。宁明县及崇左市在近年来的中国与东盟博览会上积极宣展，主动造势。但在博览会上，参加人员多为政府高官及企业高管、记者等，真正对民俗旅游感兴趣、懂行的不多，对其宣展影响力有限，虽然在一定程度上提高了花山岩画的知名度及形象，但不能形成大众普及，未能影响到中低端广大游客群体，效果不明显。因此，政府部门需认真分析客源市场，明确目标，有针对性地加强营销策划。目前，初期游客重点先放在崇左市及广西各市等距离较近的周边地区；中期目标应扩大到华南地区、西南地区国内游客；远期的目标可放到北方及东南亚周边国家市场。

（二）大力开发民俗娱乐互动参与型节庆项目

壮族民众能歌善舞，每年春季都有不少民间自发组织的歌坡节活动，大多是壮族特有的脚腰韵山歌，其歌谣富于民俗特色和诗性思维；每年岁时节令，左江流域各地都有较多的民俗节庆活动，如龙州正月的侬垌节、天等五月的昆那节、宁明的“三月三”等。近年来，民间自发组织的民俗娱乐活动轰轰烈烈，部分县市还由政府出资组织民族歌舞比赛。西南地区，特别是左江流域，每年都有较多的民间大型民俗活动，活动期间举办各种娱乐项目，政府部门以及科研单位专家、学者热情参与造势，民众通过媒体了解、参与，使其知名度提高，美誉度较好。但也出现局部不如意之处，民众参与率、互动率不太高，原因大致有：一是部分活动为观赏型，如打榔舞、蚂蜗舞等都是表演者在台上舞动，观众在台下观看，本地群众熟悉这些舞蹈或本身就是舞蹈演员，对其吸引力不大；二是参与型节目较少，一般情况下，观赏型旅游节目的游客参与率较低，观看一次即可，因此在节目编排上最好加入观众的参与互动，以提高游客的旅游参与热情，制造兴奋点，搞活气氛，提高满意度。因此，花山岩画旅游部门在开发民俗旅游项目上，要主动想方设法结合花山岩画以及当地民俗资源和特点，多开发挖掘参与型、观赏型、体验型兼顾的民俗旅游项目，使游客在感受花山文化内涵的同时，能参与其中，体验民俗。如歌坡民俗设数个方阵比赛拉歌，也可模仿花山岩画图影跳舞助兴，或抛接绣球、爬竿、踩高脚马竞走等，并对获胜方奖励地方性、民族性、民俗类纪念品、工艺品等。

（三）开发民俗商品，提高旅游民俗吸引力及趣味性

到左江花山旅游的游客大多是仰慕岩画景观真容及为探索花山的未解之谜而来。当前，如乘船观赏崖壁图影，非专业人士大多只是看个热闹，图个一饱眼福，与民俗旅游的初衷尚有较大距离，游客匆匆而来，索然而归，其实际意义不大。如开发具有左江特色的商品进行销售，举办与花山岩画有关的歌舞习俗互动活动，将游后趣味延长，既有游客旅游的初次消费收入，又有民俗旅游的二次三次消费收入，亦不失为一种较好的营销策略。又如将壮锦绣到布匹、衣物、日用品等壮族土布丝织品上，在荷

包、香囊、挎包、绣球、衣物、布鞋、迷你水杯、钢笔、圆珠笔、木雕、根雕、笔筒等日用品、工艺品、艺术品上雕刻、印染、喷绘岩画标志性图案、连环画，题写当地谚语、山歌、俗语、对联等壮族古文字，使商品具有花山岩画以及地方民俗的文化元素，其民俗旅游的价值会得到提高，其知名度、美誉度、满意度也会得到提升。

（四）定期举办祭祖大典，扩大营销模式及影响力

根据花山岩画的文化内涵及左江流域的民俗特点，确定旅游主题和内容，开展多种营销模式。近四年来，宁明县每年农历三月初三都在县城广场举行壮族始祖根祖祭祀大典，现场观众及参与人员均超过五万人，丰富多彩的节庆活动扩大了花山民俗旅游的影响力，以多样化的营销模式推介花山文化内涵，不断吸引周边地区的民众以及东南亚壮傣族群前来参与庆祝，认祖归宗。另外，度假基地可在游客比较集中的时段举办小型的类似于晚会的表演活动，采用“政府指导，社区经营，居民参与，市场运作，自负盈亏”的模式，在政府旅游、物价等部门的指导下，以公司或社区成立合作社等方式来进行经营，消化当地部分人工，形成利益共同体。同时，可根据市场变化及游客的要求不断设计新产品，满足游客多方面需求，接纳当地居民广泛参与民俗旅游，分享红利，减少村民与公司、政府的利益落差与隔阂摩擦，使民俗旅游的真实性、参与性、市场性、群众性积极发挥和体现出来，使其民俗性更真实地展演，给游客更多的民间体验和享受，更利于传播以花山文化为核心的壮傣族群文化。

（五）建立民俗村旅游模式，游客“三同”融入民俗

在花山对岸建立壮族民俗旅游村。民俗旅游村落的经营主要是通过在花山附近的村落，采用原地保护和开发民俗旅游资源相结合的模式，民俗旅游村落的选址主要以在丽江两岸和花山附近壮族人口居住较为集中的区域为宜，条件许可的农户还可以接纳游客同吃、同住、同娱乐。在我国部

分地区，如云南丽江泸沽湖民俗村（篝火歌舞晚会）、云南纳西族民俗村（走婚习俗）、广西龙胜龙脊民俗村（乡村田野体验）、内蒙古牙克石民俗村（狩猎习俗体验）等少数民族地区都有成功的运作案例，在少数民族聚居区域选择较有代表性、较有当地民俗特色的村落进行旅游资源的开发、保护和利用，向游客展现地方原生态的民俗生活，以民俗文化的本真性招揽客人，让游客在游玩的过程中深刻体验到当地的习俗、信仰、禁忌以及文化内涵与趣味等。通过这种方式，一方面开发民俗旅游资源，改善民众经济生活状况，提高生活水平；另一方面也进行较真实、独特的保护，尊重当地的风俗习惯、文化尊严，使其不至于在开发中受到大破坏。从而既可保护好当地原生态的民俗旅游资源，又能以本真的面貌展示花山岩画的原始风貌，使游客感受、享受当地民俗的审美与信仰的魅力。花山附近壮族村落当前被保护得较好，岩画图案清晰，修复后更具有观赏性，能体现出壮族的民族特色。如建立民俗旅游村，不仅不改变当地群众的日常生活秩序，还能展示壮族风情风貌，保护民俗文化，为当地群众发展经济、改善环境、扶贫就业助力，又能使游客真实体验、享受民俗魅力，不失为良策。

（六）建立模拟民俗旅游村，汇聚人造景观

这是以一种或几种主题来展演地方民俗，通过仿制、浓缩、移动、加工、重构部分民俗资源，使游客在短时间内领略、感受到南疆壮族的民俗文化精华，吸纳其感恩天地、万物和谐、团结友善的民族精神。建立模拟民俗村旅游模式，可以在左江两岸花山附近运用主题公园的方式来进行开发，把壮族民俗文化的精华，特别是把花山文化的内涵按照一定的风格和方式集中起来，使游客在短时间内感受到花山岩画当中所蕴含的文化精髓，甚至也能真切感受到广西各地壮族民俗文化的风情。但这一方式要进行多方论证，并征求附近居民意见，不能因利益问题、风俗禁忌等问题引发纠纷矛盾，不能太过于注重商业开发，过度商业包装甚至会失去花山民俗文化的内核，乃至改变、歪曲、丑化壮族民族文化，不能让无序不良的商业竞争导致市场混乱、民怨盈天，甚至引发民族、族群隔阂与矛盾。

此外，依据花山岩画的文化内涵与当地民俗风情特点，还可以开发多种民俗旅游模式，突出花山岩画民俗旅游资源的优势与特色，并在开发中注重民俗文化的保护和传承。一是建设生态民俗博物馆模式，将具有代表性的民俗物品实物、图像、视频等汇集在度假基地附近或县城，集中展示当地民众的日常生活起居、饮食、服饰、民间信仰、宗教习俗等，通过观赏、品味感知壮族先民的人群分布、生活习俗、演变历程、生产习惯、民间技艺、传统风俗等，让游客了解花山岩画的价值意义，增强民族自信心、自豪感，加强民族团结合作，友好相处。二是专项旅游模式，以专门的考察、观赏、采风等形式进行开发，这种模式较单一，但主题分明集中，对赶时间的游客较为实用。三是民俗旅游商品模式，主要是进行民俗商品开发，将有形的、物化的民俗事象开发成为旅游商品，如将有关花山岩画的神话传说故事绣到壮族土布上，将当地一些饮食造型设计成花山岩画图案，制作惟妙惟肖的岩画图形木制、陶制工艺纪念品，裁剪花山图案服饰，用壮族的印染手艺将图案印到布艺上等。

五、满足游客寻求精神家园的需求

与文化寻根、民族文化挖掘、非物质文化遗产保护相随而至的民俗文化旅游在我国各地正如火如荼地进行开发，也越来越受到游客青睐，但各地发展水平却是参差不齐。在众多的民俗文化旅游中，以苏州周庄为代表的江南水乡古镇和蕴含丰富少数民族文化底蕴的云南丽江古城为代表，走在了我国民俗旅游开发的前列。通过对比，左江花山岩画民俗旅游不管以何种方式开展都要考虑做到满足游客寻求精神家园的需求。随着城市化进程的不断加快，越来越多的人离开乡村到城市谋发展，其节奏紧、压力大的生活方式和状态导致市民渴望一种世外桃源般的精神家园，希望在山村能找到心灵的幽静皈依和梦想乡愁。在城市急剧扩张的当下，对“家”的寻找对于现代人尤为重要，因而寻求精神家园的民俗文化旅游会对游客产生强烈的吸引力。部分民俗文化旅游做得不好的景区往往是因为缺乏文化内涵和氛围，难以满足游客寻找精神方面的需求。

因此，左江花山岩画民俗旅游要做好，不仅要在“发现山水崇左”上下功夫，更要在“圆梦别样桂林”上有所作为。左江花山岩画的“别样”就别在底蕴深厚的民族文化内涵上，“别样”在可以满足游客对已经忘却了的、在大都市里寻找不到的民族精神家园的追求上。

六、结语

左江花山岩画是壮族先民的伟大创造。自中华人民共和国成立以来，广西已多批次组织多学科、跨领域的专家、学者对其进行考察研究，并取得了诸多重要成果，当前其民俗旅游也进展顺利，花山申遗对当地的民族文化保护、文化遗产认知、民俗传承发展是一种有益探索，对兴边富民和富民兴桂新跨越具有重要意义。将花山岩画的文化内涵结合到左江流域民俗旅游当中，为弘扬左江流域文化提供展示契机和条件，把西南壮族优秀文化呈现出来，也起到了保护岩画遗产的推动作用。同时，通过开发左江民俗旅游，把花山岩画表达的壮傣先民宗教、信仰、禁忌、习俗、文化性格、民族心理等展演出来，因势利导，移风易俗，优化环境，促进当地经济、文化发展，扩大其影响力和美誉度。

西南边疆左江流域自古以来就是中国通往东南亚的重要门户，又处在当前国家“一带一路”战略的重要枢纽位置。通过发展左江花山岩画民俗旅游，进一步推动桂西南边疆经济社会发展和民族文化认同，对广西民族文化发展，乃至提升我国少数民族文化在世界的影响力具有重要意义。当前，应抓住花山申遗的有利机遇，组织左江花山岩画所涉及的县区对民俗旅游进行综合性研究，拿出切实可行的方案，协调资源保护、基础设施建设、城镇发展规划与旅游利益分配等问题，促进桂西南边疆地区和平稳定发展，巩固民族团结与边疆安全。

左江花山岩画旅游现状与发展策略

黄尚茂

摘　要：左江花山岩画是壮族先民杰出的文化创造，近年来左江花山岩画旅游取得了较大进展，但也还存在一些问题。分析左江花山岩画旅游存在的问题，探讨解决问题的方法和进一步发展的策略有利于推动左江花山岩画旅游的发展，促进民族团结和祖国南疆稳定。

关键词：左江花山岩画；旅游；开发现状；发展策略

旅游业被称为21世纪的朝阳产业，已经成为很多地方尤其是边疆少数民族地区经济社会发展的重要产业。旅游是旅游者感受、体验他者文化与生活的重要方式。左江花山岩画旅游是将美丽的左江自然风光、古老神奇的花山岩画、当下依然在传承的壮族民俗风情等静态与动态、自然与人文要素融为一体进行旅游开发，使岩画资源与旅游相结合的一种乡村民族文化旅游方式。作为广西壮族先民杰出的文化创造，左江花山岩画是具有世界影响力的文化景观遗产。将左江花山岩画与旅游业相结合必将有利于左江花山岩画文化的传承、传播和广西旅游业的发展。近年来随着乡村旅游、文化遗产旅游的持续发展以及左江花山岩画修复、保护工作取得的成绩，左江花山岩画旅游取得了较大进展，但也还存在一些问题。如何充分挖掘左江花山岩画重要的民族文化内涵，进一步提升左江花山岩画旅游业绩是一个值得研究的问题。

一、已取得的成绩

（一）岩画本体抢救性修复保护工程完成

2015年5月10日，历经5年的左江花山岩画本体抢救性修复保护工程完成。左江花山岩画的代表作宁明花山岩画整体画面不再被修复脚手架遮拦，其千年神韵再次展现在游人面前。其实，地方政府对左江花山岩画的保护工作从20世纪80年代就已经开始。1988年，宁明县政府修建了花山岩画保护站，正式拉开花山岩画保护序幕。其间国家文物局、自治区政府也在技术、政策、经费等方面给予了左江花山岩画保护工作极大的支持，使左江花山岩画保护工程能够最终完成，从而在技术上解决了左江花山岩画有可能随着时间的推移而慢慢开裂、剥落的问题。

（二）成为2016年中国申报世界文化遗产唯一项目

左江花山岩画以“左江花山岩画文化景观”为名经中国联合国教科文组织全国委员会讨论通过，已被确认为2016年中国申报世界文化遗产唯一项目，联合国世界遗产中心遗产评估专家也已经现场考察了左江花山岩画。2016年6月—7月，世界遗产委员会大会对申遗项目进行终审表决。成为世界文化遗产对左江花山岩画旅游产生了重大影响。因为世界文化遗产所具有的历史性、知识性等极高的价值对旅游者而言具有极强的吸引力。很多旅游景点在成为世界文化遗产以前其知名度并不高，有的甚至默默无闻，但是一旦被确认为世界文化遗产，其旅游往往会呈现出“井喷式”发展态势。

（三）宣传工作取得新进展

“成功的宣传既要有思想精美的内在体现，还要有感染力强的外在表现。”① 近年来左江花山岩画在宣传方面取得了新的进展，主要表现在以下几个方面。一是采用老百姓乐于、易于接受的方式对普通大众宣传。崇左市文化局印制了《花山神韵》宣传台历。把左江花山岩画神奇、壮美的自然、人文景观和左江花山岩画申遗宣传标语有机融合在台历上，而且标语采用言简意赅、整齐匀称、形象生动的四字格形式，如“花山申遗　人人参与　传承文化　利在万民”等。二是采用趣味性与知识性相结合的方式对大学生和党政机关、企事业单位人员宣传。崇左市申遗办印发了花山申遗知识手册，并组织了花山申遗知识竞答活动，让花山文化的历史、内涵、主题、申遗历程等在学习与竞答活动中得到传播。三是通过树立宣传广告牌的方式对社会宣传。在南（宁）友（谊关）高速、崇左市辖区各省（县）道两侧及重要路口、市县城区重要位置通过树立宣传广告牌、拉挂宣传条幅等方式直观、醒目地宣传左江花山岩画。四是通过互联网等现代传播媒介实现跨区域宣传。宁明县建立了左江花山岩画网，该网站较好地介绍了左江花山岩画的档案文献、旅游指南和国内外岩画等。多元化的宣传方式让左江花山岩画的传播效果明显增强。

二、存在的主要问题

（一）旅游交通问题

旅游交通是现代旅游业的重要支柱之一，是旅游业发展的先导因素。“旅游活动表现为一定距离的空间移动，而要完成一定距离的移动，就决

① 白四座:《从舌尖效应看旅游宣传》,《中国旅游报》，2012-06-25.

定于速度快慢和时间长短两个主要因素。”① 发达的旅游交通可以缩短游客消耗在路上的时间，进而使景区具有更强的吸引力。相反，没有发达的旅游交通，再好的旅游景点也难以吸引当下在快节奏背景下生活的广大游客。

目前，旅游交通是制约崇左市旅游业发展的最后一步路。俗话说“要致富，先修路。”这一观念在崇左旅游业上表现得尤为明显。虽然崇左市有铁路，有南友高速横穿其境，但是包括左江花山岩画在内的旅游景点大多分布在偏僻的乡村地区或者小城镇。这些地方的交通设施还比较落后，有的景点甚至还不通二级公路。如通往棉江花山岩画的路是一条在甘蔗林中穿过的乡间小路，如遇到甘蔗榨季，运甘蔗的大卡车停在路上，旅游大巴更是难以通过。此外，各个景点之间也还没有较好的道路连接，使得旅行社对于开辟旅游线路的热情受到削弱，自驾游的旅客也不得不考虑交通要素。左江花山岩画旅游的交通问题包括陆路交通和水路交通。除前文所说的陆路交通方面存在的问题之外，水路交通方面，目前还没有成熟的往返于左江沿岸花山岩画景点之间的游船线路。大多游船只往返于山寨码头和宁明耀达花山岩画之间，这一游览线路行程太短，还无法让游客感受到左江花山岩画的丰富形态和左江沿岸更多的自然、人文景观。

（二）导游人员问题

经过多年的发展，往返于山寨码头和宁明耀达花山岩画之间的游船数量和档次都有了较大程度的提升，然而部分游船上却没有安排专门的导游人员解说，使得游客在乘船前往左江花山岩画景点的过程中无法获得较丰富的岩画文化知识。导游人员是旅游文化的主要介绍者、传播者。在文化遗产旅游中导游人员的作用显得尤为重要，因为文化遗产旅游游客的重要

---

① 赵媛媛:《论交通运输在旅游业发展中的作用》,《北京交通管理干部学院学报》，2005年第3期，第21–23页。

目的是获得文化遗产方面的各种知识。对于左江花山岩画旅游而言，如果没有高素质的导游队伍科学、精彩地讲解左江花山岩画文化以及左江流域的自然和人文景观，那么游客即使面对着神奇的岩画、静美的左江，期待也难免受挫，进而产生心理落差。

（三）民俗村建设与开发问题

左江花山岩画旅游的民俗村 —— 濑江屯在码头和耀达花山岩画景点之间，对于未来作为世界级文化景观遗产的左江花山岩画旅游而言，该村规划和开发的重要性将日益凸显，然而目前该村的建设与开发水平都还比较低。游客从耀达花山岩画景点归来登岸该村，除了看到一座庙宇和一个小的村史馆之外，便很难发现其他具有民族特色的民俗文化事象。作为一个被命名为民俗村的村子，应该能够让游客一进村就感受到浓厚的民俗文化气息，包括静态民俗文化和展现左江花山岩画文化内蕴的活态民俗文化。左江花山岩画旅游民俗村在这两方面的建设还需要加强。

（四）民众参与问题

旅游景点所在地民众能通过各种形式参与旅游开发并从中获益是旅游业发展的题中应有之义，也是各级党委政府在发展旅游过程中需要关注和协调的问题，民族文化旅游尤其如此。如果这个问题处理不好，当地民众没有能够从当地民族文化旅游开发中受益，那么该旅游项目将得不到当地民众的支持和拥护，必将很难进一步发展，甚至无法生存。左江花山岩画申报世界文化景观遗产的工作虽然得到了当地民众的大力支持，但是左江花山岩画旅游目前让民众受益的做法还不多，能够真正参与到旅游开发中的当地民众也比较少。因此，从长远角度考虑，左江花山岩画旅游项目在如何吸纳当地民众参与方面还需要进一步调研和规划。

（五）旅游纪念品开发问题

游客到每一个地方旅游大多喜欢购买具有地方、民族文化特色的旅游纪念品，因此旅游纪念品是旅游购物的重要组成部分。左江花山岩画旅游作为文化景观遗产旅游项目，也应该开发与世界级文化景观遗产地位相匹配的旅游纪念品供游客购买。然而目前左江花山岩画旅游涉及的区域江州、宁明、扶绥、龙州在旅游纪念品的开发与销售方面都不同程度存在旅游纪念品较单一、时代痕迹不明显、档次不够高等问题，不能很好地满足现代旅游者对旅游纪念品的多元化需求。

三、进一步发展的策略

（一）统筹规划，解决旅游交通问题

根据左江花山岩画旅游所涉及的江州、宁明、龙州、扶绥等县区经济社会发展状况，统筹考虑全市包括左江花山岩画在内的历史文化遗产、民俗文化遗产、各级别风景名胜区资源，把左江流域小城镇发展和保护、整合、开发各种类型旅游资源相结合，在编制县域城镇体系规划时充分考虑旅游活动规律，科学、合理安排左江花山岩画旅游区域内左江流域旅游线路沿线码头、公共交通、旅游交通线路的布局与发展。同时，注重提升区域内所有交通线路的旅游服务功能。如在道路两侧进行左江花山岩画主题景观的设计，这样是凸显旅游交通的旅游服务功能的重要方式，既可以让游客感到赏心悦目，又可以宣传左江流域的旅游产品和旅游城镇。这样的宣传方式让旅游交通、景区、产品、企业、城镇形象相得益彰，从而促进左江花山岩画旅游获得更好的发展。

（二）校地合作，培养高素质导游队伍

广西民族师范学院地处左江花山岩画所在的地级市——崇左市，是崇左市唯一一所公办本科院校。该校办学定位是立足崇左，服务广西，面向东盟的应用型本科院校。该校经济与管理系开设有旅游管理专业，该专业为自治区级重点培育学科和优势特色专业，系内有3D虚拟导游实训室，开设民俗文化旅游等课程，着力提升学生在边境少数民族文化旅游方面的服务能力。左江花山岩画旅游相关管理部门和旅游企业可以考虑和该系合作，走“产—学—研”一体化的导游人才创新培养之路，这样的合作是互利共赢的。对于旅游企业而言可以得到受过正规的旅游管理专业本科学习的高素质的导游人才加盟，也可以使旅游企业相关人员有机会到该校进修、培训，从而解决了左江花山岩画旅游高素质导游队伍欠缺的问题；对于广西民族师范学院而言，可以为旅游管理专业的学生提供很好的校外实习、实训、就业平台和学科建设发展的调研基地。互利共赢是左江花山岩画旅游和广西民族师范合作的必然选择。

（三）着眼长远，科学建设与管理民俗村

民俗村旅游模式是左江花山岩画旅游的重要方式。要科学建设与管理民俗村就要坚持政府主导、企业主建的民俗村建设与管理模式。

首先，要坚持政府主导。政府主导是民俗村建设成功的保障。在实际操作过程中政府的“导”主要体现在政策、资金、土地使用方面的引导，建设和管理过程监督、指导上。政府及其职能部门坚持要政策、要审批、要补助，就必须坚持科学、合理规划的原则，避免乱建、违建。其次，要坚持企业主建。企业主建是民俗村建设的核心推动力。要充分利用旅游行业骨干企业的品牌优势，支持旅游行业骨干企业参与左江花山岩画旅游民俗村的建设。在建设过程中骨干企业在发展地方旅游项目的同时要注重投资建设左江花山岩画旅游景区的基础设施，这是新时期旅游、扶贫、社会主义新农村互动发展的新方式，是小企业难以做到的。如华昱集团旗下的三生公司投资巴马生态养生旅游项目给巴马旅游业的发展带来了巨大变化，也给巴马盘阳河流域的基础设施建设带来了巨大的变化，进一步提高了巴马生态养生旅游的品位和知名度，同时也让巴马的生态养生旅游更加深入当地人心。华昱集团是资产逾百亿的公司，其公司本身就具有品牌优势。行业骨干企业往往会更加注重长远效益，更加注重与当地人搞好关系，处理好利益分配问题，也更加注重民族文化的传承与保护，更加注重在长期持续经营中获得相应回报。所以要选择行业的骨干企业来主建民俗村。

（四）分类指导，实现民众深度参与

要实现使民众参与到左江花山岩画旅游建设与发展中去，首先要提高左江花山岩画旅游景区内民众的民族文化自觉意识和民族文化认知度，这是民族文化得以进一步传承和保护的根本，也是民众自觉参与的基础。民族文化的传承和保护是民俗村建设的基石与源头活水，为此要采取系列的民族文化认知教育措施。如加强当地民众骆越根祖历史文化知识学习，壮族民俗文化学习与实践，让当地民众了解本民族的过去、现在，才能使民族文化进入他们的视野，自觉参与到民俗村的建设中去。其次，对民众参与方式进行分类指导。在接受培训的基础上结合民众自身的素质、技能和意愿，充分接纳他们到景区和民俗村的各个项目中去就业。如度假酒店、农家乐饮食、乡村田园休闲观光、旅游纪念品开发与生产、民俗文化表演、景区交通服务等，让当地民众能够从中受益，从而自觉维护景区、民俗村的各项工作，形成人与项目良性互动发展的态势。

（五）深入挖掘，开发特色旅游纪念品

好的旅游纪念品是“能使人回忆某地、某事、某次旅游或经历的东西，即为对某一特定旅游目的地有纪念意义的实物商品。”[①] 开发、销售旅游纪念品不仅是旅游创收的重要途径，也是宣传旅游景区文化底蕴和特色的重要媒介。左江花山岩画旅游纪念品的开发要深入挖掘左江花山岩画文

① 杨文华、林移刚：《韶山旅游纪念品开发中的问题与对策》，《特区经济》，2007年第11期，第196–197页。

化内涵。如左江花山岩画文化内涵之一是稻作农耕文化，可开发与之有关的众多旅游纪念品。现代都市人在工业化、信息化的时代背景下生活节奏快、压力大，他们渴望田园稻香式的生活。能够开发出体现田园风格的旅游纪念品，将必然受到都市旅游者的欢迎，具有良好的市场前景。此外，深入挖掘左江花山岩画生殖崇拜、团结拼搏、庆贺胜利与丰收等多层次的内涵也是设计、开发系列具有地方特色又融汇人类共同情感的旅游纪念品的创意之源和实现途径。之所以注重旅游纪念品的文化内涵是因为左江花山岩画旅游本身就是文化旅游，其旅游纪念品自然要追求应有的文化品位与艺术特色。

结语

左江花山岩画是广西的，是中国的，更是世界的。它在静美的左江之滨矗立了两千多年。悠悠岁月给它带来的是历史与厚重；申报世界文化景观遗产给它带来的是新的生命与契机。在乡村旅游、文化遗产旅游热的时代背景下，左江花山岩画旅游管理的相关部门应主动抓住这一难得的历史机遇，使之尽早融入旅游业的大潮中。通过发展左江花山岩画旅游来带动左江流域民族文化的传承与开发，促进民族团结与祖国南疆稳定是对“发现山水崇左，圆梦别样桂林”的充分诠释。

宁明花山岩画景区旅游资源开发刍议

黎遗业　覃朝膺　李彩玉　李小红　韦倩虹

摘　要：文章叙述了我国第49项世界文化遗产广西崇左市宁明县花山岩画景区旅游资源的特色，较全面地分析了目前宁明花山岩画景区旅游存在的问题，提出了花山岩画景区旅游资源的开发策略：加大宣传力度提升知名度；完善基础设施建设便利旅游；加强环境监控，全面保护主体景区；打造精品旅游线路，增加体验项目；加强人才培养，多渠道筹集资金；深度挖掘民族产品，丰富旅游项目。

关键词：广西宁明花山岩画；旅游开发；存在问题；开发策略

一、前言

古代地理著作《水经注》中有多处岩画记录，这是中国对岩画的最早记录。宁明花山岩画古已有名，近代随着一篇以花山岩画为主题的《略论广西宁明花山岩画》的文章问世，吸引了越来越多慕名前来的专家学者，名气更为扩大。花山岩画景区位于明江河畔，距离县城约25千米，岩画宽度有50米，长度有170米，在左江的崖壁上就像一幅巨大的画卷，以赭红色颜料表现着许多图案，有人像与动物马、狗像，有兵器、铜鼓和羊角钟等器物，其中以人像居多，是世界上单幅体量最大的一处岩画，也是世界岩画艺术宝库中一朵珍贵的奇葩。许多专家学者对其进行了考究与推测，或是日常的生产事件，或是记录战争，又或是祭祀等重大事件，总之这些岩画是古代壮族先民的智慧结晶。以宁明花山岩画为代表的左江花山岩画在2016年7月15日成功申遗，成为我国第49项世界文化遗产，打破了我国岩画类世界遗产零的记录，也成为广西第一项世界文化遗产。宁明花山岩画景区位于广西崇左市宁明县，有良好的旅游发展基础，旅游资源特色显著。地理位置有明显的优势，地处中国西南，东、西、北部分别与防城港市、凭祥市、崇左市交界，而且南部与越南接壤。宁明花山岩画景区旅游全面有序的发展，将增加当地人民的经济收入，全面提升宁明及整个崇左的经济发展。

二、宁明花山岩画景区旅游资源的特色

花山岩画景区旅游资源以花山岩画为主体，明江上的山、泉、石、树等资源丰富，人文资源与自然资源、文化生态和自然生态有机融合，景色和谐。

（一）景区自然资源集聚有机组合

1. 陇瑞自然保护区物种丰富。陇瑞自然保护区位于宁明花山岩画景区的东北部，总面积3.1万多亩（约合20.67平方千米），属亚热带碳酸溶岩地貌，动植物种类繁多。区内有2.6万亩（约合17.33平方千米）常绿季雨林，有枧木、金丝李等珍贵树种，药用植物714种，另外还生长有数目繁多的橡胶类、油脂类、芳香类和染料类等经济林木。种类繁多且异常茂盛，在碳酸溶岩地区实属罕见。区内生长有127种动物，其中国家一级保护动物白头叶猴占世界存量的50%，另有黑叶猴、猕猴、灵猫国家二类、

三类保护动物。保护区内还残留着一些石器和动物牙齿化石。保护区内有丰富的生物资源，优美的景色，是一个不可多得的集旅游和科研于一体的境地。

2. 明江滩多水急，河道迂回。明江也叫素江，发源于十万大山北面的上思县，流域跨钦州和崇左两市，最后汇入左江，全长315千米，流域面积6441平方千米，河道落差较大。明江滩多水急，河道迂回曲折，全程有25个滩，从珠山到花山景区，河道湾湾每转一道弯，都会让人有一种看不到尽头的感觉，清风、河水、岩画使乘船观赏者心旷神怡。明江在龙州县的青龙大桥处与丽江交汇，由于两条江的流速与含沙量的不同，在交汇处水体呈现出青黄两色，犹如水乳交融，美丽无比。

3. 千年神树，独木成林。宁明县明江镇洞廊村，生长着一棵由众多气根组成，最大的主干需要5—6个成年人才能合抱过来的巨大榕树，因为占地较广，兼之气根众多，被形象地称为独木成林。古榕传说是1700年前仙女所种，形如一把巨伞，庇佑当地的人民，被当地人称为神树，每逢壮乡"三月三"歌圩节，临近古榕的各村的村民便会来到这里一展歌喉，更有外地的人到此体验壮族文化，树荫下人们唱歌、跳舞、倾诉爱情，热闹非凡。

（二）景区人文资源高品位特色显著

1. 花山岩画，魅力独特。花山岩画景区位于明江东岸拐弯处，距宁明县城约25千米，是最能代表左江岩画群的一处岩画，也是我国最大的一处岩画点。花山岩画距今已有2500多年历史，采用赭红色的粗犷线条，刻画着许多生活器具，动物和人物形象，形象逼真，大小不一，形成了一幅具有独特魅力的历史画卷。在画中隐藏着许多关于古骆越民族的谜题，如岩画是怎么画的，什么时候画的，为何而画等充满神秘色彩而时至今日尚无法一一解开，吸引着无数的人前来欣赏探索和考究。花山岩画是一种艺术结晶，是一种文化遗存，是原始岩画史上的奇迹，值得我们去研究、探讨和弘扬古代壮族先民的智慧。

2. 民族村寨，古色古香。花山民族村寨距县城15千米，交通方便，南友高速途经山寨旁边，背靠陇瑞自然保护区，紧临明江，依山傍水，景色优美，远离世俗，是一个集旅游休闲度假为一体的世外桃源。景点内有三栋呈品字形排列的木瓦结构的壮族、侗族、瑶族风格的古老木楼建筑群。木楼古香古色，民族风情浓烈。另有一栋现代风格的民族风情楼，歌舞表演台和烧烤场，在民族节日时景区内则常常举行壮族、瑶族、苗族民族特色的晚会或歌舞比赛，场面十分热闹。

3. 花山温泉度假疗疾。花山温泉度假村位于距县城仅6千米的驮龙村狮子屯狮子山上，占地约400亩，以温泉为主体，泉水日流量达1200吨，水温在40—45摄氏度，现已开发为集游览、观光、娱乐、休闲为一体的度假中心。早在20世纪50年代，花山温泉就有“神仙水”的美称，据考证该处泉水内含12种有利于人们身体健康的微量元素，是国内少有的优质硫磺矿温泉，当地群众饮用此泉水可以治愈多种疾病，用此泉水沐浴数日之后，容光焕发，光彩照人。

4. 蓉峰古塔，巨椽沾墨。坐落在宁明县城西郊1千米处的蓉峰古塔，由清朝道光初年土思州（宁明其时称谓）的知州伊枕云主持建造。塔体为八棱青砖结构，高43.44米，共五层，每层各有其名，各具韵味。塔之东二里有东湖，夕阳西下，塔映湖上，呈现“巨椽沾墨”的奇观。塔旁长有一古榕，绿色的枝叶紧紧靠着古塔，形成了树抱塔的景象，古榕的根须又紧紧护绕着塔身，相依相偎，鸟儿在树叶缝隙间穿梭，欢快的叫声非但不影响古塔的宁静，反而相映成趣。

三、宁明花山岩画景区旅游开发优势

（一）花山岩画成功申遗，名气大增

2016年花山岩画景区成为国家4A级旅游景区，同年7月15日，成为我国第49项世界文化遗产。花山岩画成功申遗挖掘了文化内涵，在大力宣传的过程中，极大提高了景区的知名度。在崇左市政府“发现山水崇左，圆梦别样桂林”的发展战略中，还有大力打造的“骆越王节系列活动”和壮族“三月三”等文化旅游品牌，更是以花山岩画为中心，向四周的景区景点进行全辐射，为花山岩画旅游带来了新的契机。

（二）交通便利，通达性好

宁明花山岩画景区有着明显的地理交通优势，便于扩大旅游市场，有力促进景区旅游的发展。就国内市场而言，广西首府南宁是一个很好的中转站，从南宁到达宁明可以选择乘坐火车、长途汽车、轮船和自驾等方式。花山距宁明县城约25千米，游客到达宁明县城后可以选择陆上公交或水上旅游船等自己喜爱的交通工具直达景区。

（三）配套设施，显现雏形

花山岩画景区各景点已建设有6个共能提供600多个车位的停车场，在政府的积极引导和支持下，有5艘大型豪华客船在花山岩画景区进行旅游营运，并开通了直达花山岩画景区的公交车专线。还建设和改造了游船停靠码头、旅游服务咨询点、“驴友”驿站等。为了方便外国友人，主要景区景点均设立了相应的英文介绍牌。此外还在景区内设立了咨询服务点，增加了景区景点的讲解员，方便游客对景区的全面了解。

（四）旅游开发，前景广阔

花山岩画的历史文化内涵表现着一种古老的巫术文化、稻作文化，神秘的花山岩画有着其他景点无法替代的地位。花山岩画景区自开发以来吸引了不少国内外的游客，就是因为自身有着得天独厚的优势。中国-东盟自由贸易区的建立更是吸引了越来越多国外的游客慕名前来，扩大了花山岩画的影响力，使旅游市场更加广阔。

四、花山岩画景区旅游开发存在的主要问题

随着左江花山岩画申遗成功，花山岩画景区得到了质的提升，扩大了旅游市场，但是景区的开发仍然存在一些亟待解决的问题。

（一）宣传力度不够，知名度尚需提升

随着申遗的成功，花山岩画的旅游本该进一步地升温，但因为缺乏进一步的宣传，就连当地人对花山岩画都不太了解。相对于广西的其他景区，如桂林漓江等，花山岩画景区的旅游接待人数总体偏少。根据调查问卷，知道花山岩画成功申遗的仅占前往景区游客的六成左右。花山岩画景区作为广西第一项世界文化遗产，至今因为宣传力度不够，知名度不高，人们知之甚少，导致巨大的旅游市场潜力没有发挥出来。

（二）基础设施薄弱，尚需完善

目前花山岩画景区配套设施还不够完善，景区内接待设施偏少，景点间没有提供游客短暂休息的设施。景区的停车场面积偏小，无法满足国庆等节假日旅游高峰的自驾游停车要求。通往景区之间的公路崎岖狭窄，客船的数量跟不上游客的需求量。标识牌制作不规范，维护不到位，部分标识牌缺少中外文对照，不能为游客提供全方位服务，旅游综合经济效益不高。

（三）花山岩画主景，破坏严重

全球性的温室效应导致气候的极端变化，造成了花山岩画不可逆的损坏。当地村民开荒垦地，导致树木变少，岩画直接受到风吹日晒，加上农

民焚烧水稻秆等形成大量的二氧化碳酸性气体的作用，使崖壁上的石子掉落，旅游开发过程中保护意识不强，造成岩画的部分损坏或者褪色。

（四）游览线路单一，观赏体验不强

花山岩画景区以岩画为核心，配以山水、木棉、奇形怪石增添壮乡的靓丽，可惜在开发过程中并没有将这几样特色元素进行有机融合。花山岩画景区目前开发主要以欣赏岩画为主，没有进行深层次的开发，旅游活动内容比较缺乏，大部分游客会在欣赏完花山岩画后当天离开景区。在游览路线上，景区内没能提供更多旅游路线供选择，旅游活动缺乏吸引力，游客的体验性不足。

（五）管理人才素质不高，开发资金缺位

景区工作人员普遍没有进行过系统培训，对于游客的一些问题一问三不知，加之有的景区工作人员服务态度还欠佳，素质不高。景区的讲解人员对花山岩画的历史文化了解也不是很透彻，导游服务不到位，不能向外籍游客提供外文导游。在景区的开发方面，缺乏资金导致公营的船只偏少，私营的船只趁机介入并导致某些不良竞争。

（六）民族特色挖掘偏少，重游不多

花山岩画景区当前主要以观光为主，没有深入挖掘花山岩画的历史内涵，没有衍生出相应的旅游纪念品，景区内供游客选择的纪念品和宣传品较为单一，旅游商品也是各大景区常见的绣球与土特产等，缺乏应有的特色。大多数游客是走马观花，也无法对花山的意义和神秘性产生深刻感受，离开景区后也没有得到一些留念或感情的寄托，因此重游率不高。

五、花山岩画景区旅游资源的开发策略

（一）加大宣传力度提升知名度

以申遗成功为契机加强宣传力度，除通过电视、广播、杂志等常规渠道进行宣传，提高景区知名度和认可度外，更应该充分利用网络，建设专属于宁明花山岩画景区的网络信息平台，利用广西乃至全国各大旅游宣传网站及时传递和更新花山岩画的旅游信息，加大网络营销，影响和引导一批网民的旅游选择。同时在景区内及周边进行公众号扫码关注的宣传活动，在景区内设立游客咨询中心，提供人工咨询，以及通过赠送景区地图和游览手册，扩大游客获得信息需求的渠道，全面提升景区知名度。

（二）完善基础设施建设便利旅游

加强旅游基础设施建设，营造便利的旅游环境。增加停车场数量，扩大停车场面积，以满足国庆等节假日旅游高峰的自驾游停车要求，另外需要大力扩充公营旅游船或把民间游船整改纳入正规化管理。改善景区之间的交通联系，加强道路设施建设，尤其是公路与水路的建设，增加旅游接待服务设施，为游客提供一个吃、住、行、游、购、娱极其便利的旅游场所。在建筑风格方面要注意与环境相协调，景区内加强道路栏杆等安全设施的建设。增加中英文标识和英文宣传图册，以吸引更多的海外游客。

（三）加强环境监控，全面保护主体景区

在景区的开发过程中一定要树立正确的开发意识，处理好开发与保护的关系。以花山岩画为中心划出一定的区域范围，区域内植树造林，种植花草，禁止砍伐树木和焚烧稻秆，减少二氧化碳气体排放量。政府相关管理部门制定严格的花山岩画保护条例，违规者除进行必要教育外还应做出相应处罚。加大景区保护修复资金的投入，经常对景区的水域进行检测。禁止开山采石、挖河取沙等危害花山岩画景区安全的行为。在游客到达景

区前向游客进行文明旅游宣传，提醒并严禁游客做出有损岩画的行为，向游客发放花山环境保护手册，增强游客保护景区的意识。实现主体景区全面保护。

（四）打造精品旅游线路，增加体验项目

深度挖掘花山岩画的骆越文化特色，借“海上丝绸之路”推力促使景区旅游发展，积极谋划具有民族特色的旅游线路。加强民族山寨、温泉度假村和蓉峰塔等周边旅游景区的营销联合，打造一个两天一夜、三天两夜的具有壮家浓郁特色的“花山岩画尽情赏，温泉度假惬意玩，民族山寨纵情住，蓉峰塔下好乘凉”的体验性强旅游精品线路。在此基础上扩展与崇左市范围内的凭祥市友谊关景区、大新县德天瀑布与龙宫仙境景区、扶绥县九重山白头叶猴生态旅游区与龙谷湾旅游休闲度假区、江州石景林景区与崇左园博园等精品线路。再扩之则与南宁形成一个大的旅游圈，在增加体验性旅游的同时，旅游线路也将更为丰富。

（五）加强人才培养，多渠道筹集资金

旅游业的发展离不开高素质的人才和充足的资金。花山岩画景区要注重对人才的培养，对现有服务人员除了进行定期培训适时淘汰不适合的人员外，还应该通过高薪聘请方式引进一批高素质的从业人员，引进先进的管理理念，建立完善的管理体系。在政府的支持下，通过集资或引进外资等多渠道筹集资金，经必要评定论证将一部分旅游项目承包出去，解决旅游开发资金不足的问题。

（六）深度挖掘民族产品，丰富旅游项目

针对宁明花山岩画景区旅游商品匮乏且缺乏特色的问题，需要深度挖掘花山景区独有的充满民族气息的骆越和稻作文化特色，突出亮点。围绕花山这一核心，配合山、水、木等元素，开发一系列以花山为主题具有民族特色的壮锦、风情画册、民族服饰等大型饰品和杯子、钥匙扣、项链等小型饰品等有特殊意义的纪念品，丰富旅游项目，提高游客重游率。

六、结束语

左江花山岩画景区有显著的地理位置和交通优势，旅游资源特色突出，有良好的旅游发展基础。但尚存在知名度不高，景点交通条件欠佳，娱乐设施配套不完善及旅游活动内容单一等严重制约旅游发展的问题。宁明花山岩画景区只有利用成功申遗的春风不断扩大影响力，完善基础设施，注重打造文化品牌，深度挖掘壮族文化，开发精品旅游路线等行之有效的针对性强的开发策略，才能使景区旅游正常有序地发展，才能增加当地人民的经济收入，增强当地人民对旅游开发的支持，从而促进整个崇左地区旅游的全面开展。

基于花山岩画申遗成功的中越文化旅游发展研究

蒋露娟

摘　要：中越跨境地区集聚了两国丰富的少数民族文化资源，左江花山岩画申遗成功为中越文化旅游合作创造了良好的机会。目前中越文化旅游发展备受关注，随着中越旅游文化的频繁交流，中越文化旅游新产品层出不穷，推动了广西特色民族文化与中越边境旅游产业深入融合，打造了中越友好文化集中展示平台，并构筑了文化旅游合作平台，使得中越文化旅游合作日益加强。建议充分挖掘花山文化的价值，开发中越文化旅游新线路以及加强花山岩画在越南的宣传、中越文化旅游合作研究和人才合作培养，从而实现中越文化旅游新发展。

关键词：花山申遗；文化旅游；中越；合作

一、问题的提出

2016年7月15日，在土耳其的伊斯坦布尔举行的第40届世界遗产大会上，“左江花山岩画文化景观”正式入选《世界文化遗产名录》，成为广西第一个入选世界文化遗产的文化景观，也成为中国第一个入选岩画类世界遗产的涂绘类岩画。“左江花山岩画文化景观”申遗成功，不仅实现了广西在世界文化遗产申报上“零”的突破，也填补了我国岩画类世界遗产的空白。左江花山岩画位于中国与东盟的沿边地区——广西壮族自治区崇左市宁明县，自中国-东盟自由贸易区建立以来，左江与东盟国家的旅游文化交往越来越频繁，中越文化旅游交流与合作对广西扩大对外开放，发展广西大旅游，建设“面向东盟的国际大通道”具有重要意义。广西应把握左江花山岩画成功申遗的重要机遇，努力发挥边疆民族地区的独特优势，深度开发左江花山岩画旅游文化价值，大力打造中越民族历史文化旅游新名片，进一步促进中越文化旅游合作发展。

二、中越文化旅游发展现状

（一）中越文化旅游发展备受关注

中越跨境地区民族文化旅游资源丰富，且有着相似的民俗文化，这为双方协同挖掘特色民族文化资源，通过整体开发、合作共建机制转化为特色旅游资源，进而促进双方开展跨境民族文化旅游合作提供了新的契机。2014年广西打造了中越边境、红水河、桂北三条以民族文化特色为主的旅游带，并以此形成了中越边境览胜游、世界长寿之乡休闲养生游、广西少数民族风情游三条民族文化旅游线路。2016年靖西孟麻—越南北坡红色旅游合作区建设的加深推进，使得中越文化旅游备受国内以及国外旅游市场的关注。

（二）中越旅游文化交流频繁

中越旅游文化交流体现在中越游客的相互往来以及中越学者的相互探索交流。2009年8月，越南驻华大使馆与越南文化体育旅游部在中国北京组织开展了越南旅游形象推介研讨会，越来越多的中国游客赴越南开展旅游交流。2018年2月，中国彭城书院组织学生参加“中越文化交流之旅”，通过游览越南的文化圣地来了解越南文化。越南及其他东盟国家也不断派出代表团到左江一带开展调研，联合国教科文组织于2015年6月率领国际岩画专家组考察宁明花山岩画；越南高楼社代表团于2015年12月到宁明县进行旅游文化、旅游经济合作的交流。在广西高校就学的东盟留学生代表也曾到宁明开展以“骆越文化、花山元素”为主题的文化交流活动。

（三）中越文化旅游合作日益加强

1. 打造中越文化旅游新产品

依托中国-东盟自由贸易区、中越跨境经济合作区推进文化产业布局，在中央文化产业发展资金的扶持下，广西以花山文化为核心，打造了文化旅游新产品。《百鸟衣》演出即为重点打造的产品，演出依托东兴市作为中越文化融合地的区位优势，对中国民族文化与越南特色文化进行了全新演绎和展示。以壮族经典民间传说为素材，融入花山岩画、铜鼓、壮族山歌等文化元素，讲述壮乡铸鼓人古卡穿上百鸟衣，在太阳鸟化身的帮助下，创作花山岩画的故事。这一演出涵盖了多个艺术种类，其中包括音乐剧、杂技剧、舞剧、魔术、动漫剧等，是目前国内面积最大、综合性最强的可移动剧场之一。剧场将休闲、娱乐、购物等融为一体，打造出集娱乐、休闲、演出、体验于一体的中越边境文化旅游新产品。这些文化旅游新产品推动了广西特色民族文化与中越边境旅游产业深入融合，打造了中越友好文化集中展示平台，促进了两国文化交流。

2. 构筑文化旅游合作平台

近年来，随着“两廊一圈”经济区的打造以及“一带一路”战略的推进，中越两国的旅游合作不断加深，并在文化旅游合作方面展开了积极的探索。2016年广西凭祥举行了以“‘一带一路’共荣共赢”为主题的中越边关旅游节，旅游节的举办展示了中国及越南边境丰富的文化旅游资源，促进了中国与越南及其他东盟国家文化旅游的发展。此外，中国与越南通过开展国际体育旅游赛事，展示两国民族风情、民族原生态歌舞、民族传统文化，以比赛促文化传承，以文化促旅游发展，提升中越文化旅游品牌，通过体育文化旅游深层次的交流推进两国文化旅游的深度融合发展，构筑中越文化旅游合作平台。

三、花山岩画申遗成功背景下中越文化旅游发展建议

（一）建设具有壮乡风格的花山岩画文化旅游品牌

世界遗产地对旅游者有巨大的吸引力，花山申遗成功决定了花山未来将成为世界的旅游热点。中越边境文化旅游应立足于区域性和民族性，把握地脉和文脉，以花山成功申报世界文化遗产为契机，打造骆越花山文化旅游品牌。首先，以壮族元素为主体设计统一的中越边境少数民族文化旅游目的地形象标识，通过各种媒体渠道进行广泛宣传，树立中越边境少数民族文化旅游带的整体旅游目的地形象。其次，建立多语种的花山文化旅游专门网站。将花山文化、花山文化旅游产品、花山文化旅游线路在网站上宣传，扩大花山文化旅游带的知名度。最后，借助花山国际文化旅游节等大型节庆活动将宁明花山鼓舞、龙州天琴、天等打榔舞等一系列壮族传统民俗文化进行广泛的对外传播，扩大花山文化的影响力。

（二）挖掘花山文化在中越文化旅游中的价值

民族文化是中越文化旅游发展的根本，花山文化以其神秘性和独特性成为世界关注的焦点，其具有人文和自然相结合的双重价值，花山岩画申遗成功后，如果能在民族、文化、旅游、自然的结合上对花山岩画进行开发，必定能对中越文化旅游开发产生更大的价值。因此，中越文化旅游合作应围绕花山文化这一焦点，深入挖掘花山文化的旅游文化价值。一方

面，可挖掘花山岩画的图形符号价值。花山岩画上有丰富的人物、动物、物态图形符号，对岩画的内容和象征意义进行科学提炼、归纳，有助于越南游客进一步认识花山岩画图形符号的文化价值。另一方面应充分挖掘壮族先人的民俗文化价值。左江花山岩画是一部壮族古俗的“天书”，在花山岩画的文化中，壮族先人的民俗文化是灵魂。在左江花山一带的村落，至今仍保留有部分壮族古老的房屋、铜鼓、民族服饰。在打造中越文化旅游的过程中，应对民居、习俗、耕作等文化实施复原，展示传统渔猎、古法制糖、酿酒工艺、民族服饰等传统文化，进一步深化花山文化旅游的内涵。

（三）开发中越文化旅游新线路

中越跨境旅游主要集中在观光旅游、生态旅游、休闲旅游等方面，文化旅游虽然有所发展，但主要表现为边境红色文化旅游。左江花山岩画申遗成功，为中越边境旅游增加了新的旅游亮点，为中越文化旅游发展创造了极好的机会。中越文化旅游可在以往观光旅游、生态旅游、休闲旅游的基础上，以“花山世界文化遗产教育之旅”“‘探寻花山，追根骆越’文化之旅”为主题开发中越文化旅游新产品；将中越边关红色文化之旅与骆越花山文化之旅结合起来，将凭祥、宁明、龙州、扶绥串成一条线，培育出中越文化旅游新线路。

（四）加强花山岩画在越南的宣传

中越文化旅游发展离不开两国之间的相互宣传，广西的壮族与越南侬族、岱族是分布在中越两国的同一个民族，属同源异流，民族文化的关联性和相似性成为中越文化旅游相互宣传的有利条件。花山岩画景观申遗成功，意味着壮族文化将得到传播和弘扬，应借此机会，采用多种方式和渠道加强广西花山岩画在越南的宣传，大力推广花山岩画这一优秀文化。一方面，可以通过举办与广西花山岩画相关的论坛，组织中国与越南的专家学者深入研讨，以加深越南国家对广西花山岩画旅游文化价值的认识。另一方面，可以花山为主题开展大型旅游节庆活动，如花山申遗周年纪念活动，通过拍摄专题宣传片，展示花山文化的深厚底蕴和神秘魅力，吸引越南民众参与，提高越南民众对花山文化的兴趣，增强越南民众对花山文化的印象。此外，充分利用现代化的营销手段，借助“花山旅游”官方微信公众平台，推送花山岩画的宣传文字、图片及视频，并提供花山虚拟体验服务功能。

（五）加强中越文化旅游合作研究

中越文化旅游合作必须有理论支持，通过成立中越花山岩画旅游文化合作研究课题组，邀请中国及越南在文化旅游方面有独到见解的专家参与，研究如何利用花山岩画申遗成功来加强广西与越南的文化旅游合作，在中越两国专家共同研究探讨的基础上构建理论框架。在此基础上建立中越边境地区民族旅游论坛，联合举办类似于“中越两国友好合作暨花山文化交流会”“中越两国花山文化旅游合作交流论坛”等合作性的交流会议和交流论坛。借助会议和论坛，学者、专家可积极交流与合作，加强花山文化的研究，联合出版发行有关花山文化的研究专著、论文集。

（六）深化中越文化旅游人才合作培养

文化旅游人才是推进中越边境文化旅游合作的重要推力，花山文化旅游的开发与持续发展需要既熟悉两国语言，又了解花山文化背景的高级旅游人才，中越双方应通过多种途径，在旅游人才培养等方面深化合作，形成合理的边境文化旅游人才队伍结构。首先，通过搭建成长平台，挖掘和培养本土文化旅游人才。中越边境本土居民部分通晓中文和越南语，且对边境民族文化有一定了解，具有从事旅游业的优势条件，边境旅游发展部门可建立花山本土文化旅游人才信息库，联合越南旅游部门择优对本土居民进行联合培养，提升其语言、服务等各方面技能，使其成为中越文化旅游发展的基础力量。其次，借助高等院校，加强中越两国高素质跨境旅游专业人才的培养。中越两国的高等院校根据边境旅游发展的实际需求，以培养精通中越两国语言及熟悉两国风土人情的旅游专业人才为目标，进行招生培养，特别开设边境文化旅游专业。同时，也可以在中越合作的高等院校中互派留学生，让越南留学生近距离了解花山文化，以更好地培养高学历、高素质的文化旅游人才。最后，把花山景区建成中越旅游院校的实习基地，为花山文化旅游深度开发储备专业人才。

网络环境下政府对花山岩画传播优化策略初探

王敏利　黄新宇

摘　要：左江花山岩画文化景观成为2016年中国唯一申报世界文化遗产的项目，使针对左江岩画的保护、传承等研究开始热起来。然而花山岩画在网络传播中表现并不突出。本文针对花山岩画网络传播存在的问题，提出若干优化策略。

关键词：花山岩画；网络传播；策略；优化

一、花山岩画与网络传播

花山岩画位于广西宁明县耀达镇明江西岸，是战国至东汉时期岭南左江流域壮族先民骆越人巫术活动的遗迹，也是国内外著名的古代涂绘类岩画点。“其画面规模之大，图像之多，形体之多，气势之雄伟壮观，在中国已发现的岩画中是首屈一指的，国外亦为罕见。”① 2016年花山岩画作为中国唯一申报世界文化遗产的项目展示在全世界面前，与其深厚的文化及

① 覃圣敏主编：《壮泰民族传统文化比较研究》，南宁：广西人民出版社，2003年，第488页。

历史价值不符的是，由于地理环境及经济环境的影响，花山岩画的传播一直处于滞后状态，除了生活在本区域的居民，外围受众对于花山岩画的了解非常少。岩画是在文字媒介产生之前，史前人类表现自我、传播其对世界看法的最重要的媒介和证据，作为一种传播媒介，岩画具备历时性与共时性、形象化与可视化等基本的媒介特征。而对于花山岩画的传播、宣传等都是对花山岩画本身所传递的媒介信息进行再读取的一个过程。

随着传媒技术的发展，网络在传播媒介中的地位日益凸显，“网络传播的出现和发展，极大地改变了信息传播的方式，延伸了传播的广度和深度，打破了多种信息传播类型的界限”①，网络传播具备门槛低、速度快、范围广等特点，使地理环境和经济环境对传播效果的影响相对降低。政府是花山岩画传播中的主力军，也是最有条件改变花山岩画目前在网络传播中存在问题的主体，要适应网络这一新的媒介环境，政府必须立足花山岩画本身特色，积极主动参与到新的传播方式之中，通过创造性的内容和互动体验式的传播形式吸引更多的受众，实现更好的传播效果。

二、花山岩画网络传播中存在的问题

（一）传播主体固定，目的性强

目前，网络中对花山岩画有所传播的媒介主要集中在相关政府部门网站，包括相关地区的党报新闻网，如广西壮族自治区人民政府门户网站、广西壮族自治区文化和旅游厅网站、崇左市人民政府网、广西新闻网、崇左新闻网等，以及部分旅游网站与社区中。其中，占主导地位的是政府网站。特定传播主体传播相关内容，有其特定立场与目的，如政府门户网站

① 屠忠俊:《网络传播概论》，武汉：武汉大学出版社，2007年，第47页。

是概括性简介，文化和旅游厅的传播大多集中在花山岩画申遗的活动宣传……其内容大多比较严肃、死板、陈旧。旅游网站的传播以利益为导向，内容主要集中在价格、酒店、线路攻略等方面，较少挖掘传递花山岩画的真正内涵、价值。

另一类主要传播主体为花山岩画的相关研究者、学者，该群体通过论文的形式来传递信息。同样由于传播主体的限定，使得传播内容严肃、专业，大多仅适合学术交流及学习，未能进行大众化普及宣传。普通受众较少作为其信息接受者，作为传播主体参与到花山岩画传播中来的更少，只有少量的帖子、原创微博等内容在论坛、微博等地发布，零星、散乱、不成体系，极难引起大的关注，更不会引起较高的美誉度、满意度。

通过梳理相关的传播主体，可以发现，目前对花山岩画的传播中存在着官方热而民间冷，研究热而关注冷，宣传热而效果冷等情况。

（二）传播内容重复、散乱

受特定传播主体的影响，网络中有关花山岩画的传播内容大多是花山岩画的简单介绍，有关活动的新闻，旅游简介及路线等信息。内容比较散乱、单调，重复率高，或是简单的知识介绍，或是活动类的报道，多集中在领导人视察、讲话等，或是文娱活动盛况报道。如广西壮族自治区人民政府门户网站在“广西概况”—“旅游广西”—“风景名胜”—“历史人文景观”的多级栏目标题下才有一个“花山岩画”选项，内容是对岩画概况的简单介绍，更新时间是2011年4月17日。值得一提的是由宁明县花山申遗办建立的左江花山岩画网，该网站是在花山岩画申遗的背景下创建的一个专门以花山岩画为主的对外宣传网站，设置的栏目包括新闻动态、花山岩画、花山申遗、岩画保护、历史沿革、学术研究、考古发现、节庆活动、法律法规等18个版块，分类较细，涵盖范围较广。但与其庞大的分类不对称的是好几个版块的内容填充少之又少，在“花山视听”版块下仅有一个视频文件，“岩画保护”版块下则只有一篇文章，笔者数次点击进入该网页，显示在线人数都是仅有1人。总体而言，目前针对花山岩画的传播内容较为单一，概况、历史类的信息在各类网站中重复率非常高，且更新较慢；细分层面则稍显散乱，栏目划分不合理，庞大的枝丫体系下面呈现的内容空洞、缺乏趣味，未能从整体上把握而使各个栏目互相配合及协调宣传，缺少强大吸引力，传播效果并不理想。

（三）忽视受众参与，互动效果差

网络环境下，信息传播将更多的主动权和选择权交给受众。受众参与是实现内容“裂变式”传播最基本的方法，然而目前花山岩画的网络传播，其传播主体与受众互动非常少。比较典型的是广西壮族自治区文化厅和崇左市政府联合主办的“我与花山岩画”主题征文活动，“面向全区征集与花山岩画相关的民间记忆，部分优秀作品将在《广西日报》、《南国早报》、广西新闻网、自治区文化厅网站等媒体刊登”①，但形式相对陈旧，征文比赛毕竟只能吸引有写作特长的少数人，无法实现平等、频繁、趣味式的互动以提高传播对象的忠诚度。以“花山岩画”“广西文化厅花山岩画”“花山岩画申遗”等关键词在新浪微博上进行搜索，得到的内容基本是相关媒体对花山岩画报道的消息，而倾力打造的花山岩画申遗专题片在新浪微博上仅搜索到三条带有视频的相关内容。与此前一些著名微电影宣传片动辄几百万的“裂变式”传播相比，可见其让受众主动参与到二次传播中的效果之微。再以上文中提到的左江花山岩画网为例，十几个版块中无一个互动版块，并且每个版块内容也没有方便受众参与甚至是评论的回复之处。身处“信息爆炸”的环境，摆在受众面前可供选择的内容和参与形式越来

① 李湘萍、谭乐宁：《宁明花山岩画申遗冲刺在即“我与花山岩画”征集民间记忆》，《广西日报》，2015-05-2（4）.

越多，该环节的缺失多少都会直接影响传播效果。

三、基于政府视角的网络传播优化策略

（一）由实用、功利性传播上升到审美传播

上文提到，目前花山岩壁画的传播主体主要是政府部门及旅游单位，使得传播内容的功利性较强，特定的传播内容制约了岩画的受众群体。毕竟常出门旅行的人不在多数，而在该人群中主动选择品牌还在形成过程中的花山岩画的人则更少。因此，打开传播受众面最有效的途径应该是将实用、经济为主的内容传播上升到以审美为主的内容传播。对审美的需求和享受是人类的共性，特别是在新的媒介环境下，有特色的、恰如其分的审美内容会得到非常迅速的裂变传播。如当地政府媒体已推出相关的微电影来适应这个微时代的传播媒介，但仅仅一部或者几部微电影就要包打天下，目前远未达标。

“审美的心理过程是移情或外射。在审美或欣赏时，人们把自己的主观感情转移或外射到审美对象的身上，然后再对之进行欣赏和体验……互联网络这一媒体中，融入了文学、绘画、音乐、舞蹈、电影、电视等多种艺术样式，是各种媒介相互渗透、取长补短的产物。它将多种文化的优点集中起来，加以创造性的发展和发挥，极大地提高了艺术生产的创造力并使艺术消费变得通俗直观、简单便捷。”[①] 花山岩画内容的神秘性为这种审美传播提供了天然条件。以花山岩壁画为蓝本创作的“花山文学”“花山音乐”“花山舞蹈”等，对花山岩画在民间流传的各种传说、神话进行加工创作，能够使其更符合现代受众的接受心理。例如2015年由文化部

① 陈鹰：《网络艺术与受众的审美需求》，武汉理工大学硕士学位论文，2006年。

全国村歌大赛组委会、广西壮族自治区文化厅举办的“歌唱花山·助力申遗”优秀原创歌词大赛就是对花山岩画审美传播的一种非常好的尝试，在条件允许的情况下，还应该鼓励相关的小说、影视、戏剧等的创作，以扩大传播影响。

（二）借助强势媒介影响力，集中推送特色内容

媒介资源是新闻媒介从事传播活动的社会资源，由于花山岩画所处的地理环境、经济环境及媒介环境的制约，花山岩画的传播推广可占用的媒介资源特别是强势媒介较少，使得传播效果大打折扣。2015年湖南卫视的金鹰独播剧场播出的根据同名网络小说改编的电视剧《花千骨》，在左江流域各个景点取景，“石景林”“明仕田园”“德天瀑布”等景点也跟着进入受众眼球，使其知名度大增。借助这一强势媒介的社会影响力和吸引力，一直在“信息爆炸”的媒介传播环境中处于边缘弱势地位的崇左及左江流域得以被发现、被关注，以“花千骨”“崇左”作为关键词，百度搜索出来288000多条相关信息，包括人民网、广西新闻网、天涯论坛、广西壮族自治区旅游发展委员会网站等在内的各大网站都有相关报道与信息。随后著名影星吴奇隆投资拍摄的《蜀山战纪》也前往上述景点取景，该剧集结了赵丽颖、陈伟霆等当红偶像，还未播出已获得非常多的媒体与受众关注。而这些有影响力的作品都是针对年轻受众，也正是在新媒体环境下传播“花山岩画”最应该注重和把握的受众。完全可以借助这些强势媒介资源的影响力，将有特色的景点及文化内容集中推送出去。例如将分散在各地的景点做成影视相关的体验式旅游线路“蜀山——长留线”，甚至以此为契机推出相应的宣传措施及招商机制，吸引更多的剧组，将该区域打造成花山地区影视拍摄基地，借助各种强势影视及媒介资源大辐射大强度，传播本地风土人情，提升花山岩画的知名度。需要注意的是，在推动过程中一定要在强调整体性的同时突出

重点。

（三）公众号的创造性与参与式传播

“2015微信用户数据报告：已覆盖中国90%以上的智能手机，在2015年第一季度末，微信每月活跃用户已达到5.49亿。”而中国互联网络信息中心（CNNIC）发布了第35次《中国互联网络发展状况统计报告》显示“截至2014年12月，我国微博客用户规模为2.49亿”。微博、微信等移动终端App成为新媒体环境下传播的主角。然而，目前花山岩画在新浪微博跟微信上并没有开通相关的公众号，这让花山岩画的传播在新媒体环境下处于被动地位，信息无法主动、及时、频繁地传出，无法与受众适时互动并搜集有效反馈，在新浪微博上搜索到的与花山岩画相关的信息大多来自本地政府、旅游、文化部门及普通个体受众的推荐、评价，这些信息大多是单次、单时间段或者单事件段发布，无法形成长期的、定期的、稳定的信息发布及循环传播，影响力小。因此，建立相关的公众号是花山岩画在传播过程中的当务之急。

微博、微信有着轻便、“裂变”、快速等优点，传播内容只要能在某一个诉求点上引起受众注意，都能很快“裂变”开来。这些特点反过来也对公众号的传播内容提出要求：创造性与参与性是重中之重。早前浙江大学CCNT实验室饮水机发微博的事件就是在新媒体环境中进行创造性传播的好例子。微传播环境下，花山岩画有着“读图时代”接近受众接受心理最好的条件，花山岩画中每一个壁画都非常生动、形象、有趣、神秘，如能创造性地使用这些壁画，就可吸引受众的好奇心与共同参与心理。例如“每日一图”可以每天就其中的一幅壁画或一处壁画进行想象与故事的创作，同时邀请受众共同参与这一创作过程；“图片会说话”可以模拟壁画中的人物或者动物口吻，采用流行的词汇或者新鲜的事件进行信息的传播；“未解之谜”就花山岩画发掘保护与研究过程中遇到的尚未能解答和定论的问题供大家讨论…… 总之，新媒体环境下，主动出击是在信息传播中谋求一己之地的先决条件，在此基础上，通过具有创造性的传播内容，吸引受众参与到传播的过程中来是传播成功的不二选择。

（四）内容细分与集成并行

一方面，对于花山岩画的传播内容应该细分，如旅游、文化、探索、娱乐、参与等根据受众的不同需求进行划分。而专门的旅游性网站则在旅游的统领之下进行再细分，如知识、路线、风土人情、考古、游玩分享等各种细分内容；新闻门户网站可开辟一个“花山岩画”专门版块，有新闻动态、活动、人物、图片等各种内容。

另一方面，信息的集成可以通过主推一两个专门的花山岩画网站实现，如上文中提到的左江花山岩画网，这些网站应该及时将与花山岩画相关的各种信息、活动、知识等内容集纳，让喜欢花山岩画的受众从这一两个网站就能获得需要的相应信息。同时，各种媒介及传播形式的相互联动，也是实现信息集成传播的重要形式。

无论是细分还是集成，都必须建立在信息丰富、更新及时、内容有趣的基础之上。虽然新媒介环境为花山岩画的传播提供了低门槛、易互动的有利条件，但是身处“信息爆炸”时代，并不是占有了一定的媒介就能够博得相应的眼球，必须立足花山岩画自身的特点与优势，充分考虑受众的需求，坚持“内容为王”的传播策略，才有可能在纷繁复杂的信息流中寻找到最有效的传播途径。

四、结语

信息化的时代，传播能力成为文化传承与保护需要的一种新的但是又特别重要的能力。研究花山岩画的传播应该与内容研究、文化内蕴研究、开发与保护研究同步进行。而目前，从传播角度对花山岩画的关注还较少，特别是在传播策略层面的研究可以为实现传播效果的优化进行有益的探索。骆越先民为我们留下了如此瑰丽丰富的宝藏与信息，而这些应该是全人类共享的一种精神文明及财富，这个共享的过程有赖于通过传播来实现。

后记

《世界文化景观遗产——左江花山岩画研究论文集》是继《花山的回响——“本土文学”评论集》出版后，“左江流域民族文化研究中心成果丛书”的第二本集子。左江流域民族文化研究中心于2014年获批成为广西高校人文社会科学重点研究（培育）基地。中心立足于学校地处崇左边境民族地区特殊地理位置的实际，以服务广西发展战略特别是崇左边境民族地区发展需要为主要任务。作为广西特色新型智库联盟的一员，左江流域民族文化研究中心依托区域、区位优势，形成了以左江流域（崇左市）为主的区域性、以壮民族为主的民族性、以中越跨境为主的边疆性的研究特色，确定了骆越文化研究、民族语言文学研究、民族文化与边疆治理研究、民族文化跨国传播研究四个研究方向，其中骆越文化研究方向主要研究左江流域的花山岩画文化、天琴文化等骆越文化中所蕴含的民族社会心理、婚姻家庭伦理、生态伦理以及伦理传承教育方式等民族文化的深层结构问题。

学校决定由左江流域民族文化研究中心具体承担民族学硕士学位授权点建设任务。硕士学位授权点建设对于一所刚升本10年的本科院校来说，其重要性与难度都是不言而喻的，左江流域民族文化研究中心全体人员深知所承担的建设任务责任重大，使命光荣。因此，大家对《世界文化景观遗产——左江花山岩画研究论文集》的编辑工作，一直是认真以待。校党委副书记、左江流域民族文化研究中心主任韦永恒教授多次召集中心全体人员开会讨论论文集的编辑问题，他从论文集的总体框架、入编论文的选取等工作方面做了整体的指导和规划。学校科研处处长、左江流域民族文化研究中心副主任王晓军教授，文学与传媒学院副院长、左江流域民族文化研究中心常务副主任谭群瑛教授多次就论文集的编辑工作做了具体的指导，论文集编辑工作的顺利完成，与他们的指导是分不开的。

左江流域民族文化研究中心秘书黄洪霞在本论文集的编辑工作中，做了大量的工作。此外，中心研究人员杨海龙、黄平、黄尚茂、黄新宇等也参与了本论文集的编辑工作。

长期以来，左江流域民族文化研究中心的各项工作，得到了文学与传媒学院党委书记、院长农辽林，文学与传媒学院党委副书记李盛等的大力支持。论文集得以顺利出版，也得到了入编论文作者的大力支持。这些支持，都是左江流域民族文化研究中心成为学校中坚科研平台的力量源泉。

最后，由衷感谢中央民族大学出版社的编辑们对本论文集编辑出版工作所付出的辛劳！

由于编辑时间较为仓促，以及诸多因素，本论文集难免存在有待完善的地方，恳请方家批评指正。